钱慧真 著

# 惠栋训诂研究

江苏省社会科学基金项目「东吴三惠训诂研究」（12YYC013）结项成果

江苏省「十三五」重点图书出版规划项目

南京师范大学出版社
NANJING NORMAL UNIVERSITY PRESS

**图书在版编目(CIP)数据**

惠栋训诂研究 / 钱慧真著. 南京：南京师范大学出版社，2018.9
　　ISBN 978-7-5651-3661-0

　　Ⅰ.①惠… Ⅱ.①钱… Ⅲ.①训诂—研究 Ⅳ.①H13

中国版本图书馆 CIP 数据核字(2018)第 042695 号

| | |
|---|---|
| 书　　名 | 惠栋训诂研究 |
| 著　　者 | 钱慧真 |
| 责任编辑 | 崔　兰 |
| 出版发行 | 南京师范大学出版社 |
| 地　　址 | 江苏省南京市玄武区后宰门西村 9 号(邮编：210016) |
| 电　　话 | (025)83598919(总编办)　83598412(营销部)<br>83598297(邮购部) |
| 网　　址 | http://www.njnup.com |
| 电子信箱 | nspzbb@163.com |
| 印　　刷 | 江苏徐州新华印刷厂 |
| 开　　本 | 890 毫米×1240 毫米　1/32 |
| 印　　张 | 9 |
| 字　　数 | 210 千 |
| 版　　次 | 2018 年 9 月第 1 版　2018 年 9 月第 1 次印刷 |
| 书　　号 | ISBN 978-7-5651-3661-0 |
| 定　　价 | 59.00 元 |

出版人　彭志斌

南京师大版图书若有印装问题请与销售商调换
版权所有　侵权必究

# 序　言

　　言及清代学术史,绕不开"乾嘉学派"。"乾嘉学派"是清代乾隆、嘉庆时期学术领域逐渐发展成熟的以考据为主要治学方式的学术流派。因这一时期的学术研究一反宋明以来注重理、气、心、性抽象议论的"宋明理学",承继了汉代儒生训诂、考订的治学方法,所以称为"汉学",又因这一学派提倡"实事求是",文风朴实简洁,重证据罗列而少理论发挥,故又有"朴学"之称。

　　自江藩到章太炎、梁启超,学界又将"乾嘉学派"分为两派:创自惠周惕、成于惠栋的"吴派",创自江永、成于戴震的"皖派"。

　　如果仅从地域特点、学术取向而言:"吴派"的惠栋等人注重对六经的注疏,特别是在《易》《书》的考据上成就甚大;"皖派"的戴震等人则更重视以小学求义理,在小学本身有更大的建树。惠派重视"博闻强记""信古尊汉"和戴派"实事求是,不偏主一家"的区别也显而易见。从这一角度看,将他们分为"各成一家之言"的两个学派亦无可厚非。但是如果我们将吴、皖两派看成殊死争锋、势不两立的派别,甚至一味"扬戴抑惠",则失却了学术评价上的公允,不符合科学的精神。

　　记得陈祖武先生在《乾嘉学派吴皖分野说商榷》中指出:戴震的学问受惠栋影响甚大,划分吴、皖则抹杀了考据学的发展过程;且吴、皖的治学宗旨和基本方法都是文字训诂,以考据文字求义理,两者没有本质的区别。又进一步指出:所谓吴、皖两派的特点主要是惠栋、戴震两人的特点,而非整体的特点,相反在这种学派划分方法下,有很多被归为一派的学者反而表现出通常所认为的另外一派的特点。张舜徽先生在分析乾嘉吴、皖、扬三派学术异同时也指出:"余尝考论乾嘉学术,以为吴学最专,徽学最精,扬州之学最通。无吴、皖之专精,则清学不能盛;无扬州之通学,则清学不能大。"两位先生的评价深得我心。我也一直期盼有学者能秉持乾嘉学派"实事求是"的精神,从实际材料出发,结合时代背景、师承关系、理念方法,分别对吴、皖两派的学术传承、学术特色、学术贡献、学术影响及各自的不足作更加深入的分析研究。

不久,这一机缘就来了。2005年9月,安徽大学徽学研究中心的徐道彬博士进入南京师范大学文学院博士后流动站随我进行研究工作,他的博士论文是煌煌50万字的《戴震考据学研究》,如今他从安徽来到江苏,于是我建议他的博士后研究选题为"乾嘉时期苏皖地区考据学风研究",想将他的研究从仅言皖、戴,拉到兼及苏、惠。这一研究很快得到了国家博士后研究基金的资助,两年以后,研究报告得以"优秀"通过。

2009年9月,钱慧真博士从山东大学毕业,亦进入南京师范大学文学院博士后流动站随我进行研究工作,因为她博士阶段随导师徐超教授专攻传统训诂学,因此,便愉快地选择了"惠栋训诂研究"的课题。课题虽是定了下来,但困难也随之而来。首先,学界长期以来因"扬戴抑惠"的某些成见,以往对惠栋的学术成果研究甚少,且不深入。故这一研究几乎是白手起家,缺少依傍。其次,惠栋及吴派的训诂成果大多散见于随文注疏,且卷帙繁多,必须逐一研读爬梳。而且要做到对惠栋的训诂成就的评价不致偏颇,必须与皖派的训诂成就进行比较,这又无形中增加不少的工作量。但让我没有想到的是:慧真娇小的身体中蕴藏着无尽的能量,她从此一头扑进图书馆、资料室,经过两年700多个日夜的焚膏继晷,终于如期完成了10多万字的出站报告《惠栋训诂研究》,并且结合研究课题,撰写了11篇论文,其中9篇都已在学术刊物上刊出(2篇二级权威,5篇CSSCI期刊,1篇核心期刊,1

篇专业类辑刊)。这样的高产在历年博士后中是比较突出的,这充分说明了慧真在学术研究上的努力与执着。也正因为此,博士后一出站,便被留在了南师大国际文化教育学院任教。

踏上新的工作岗位,慧真为了适应国际文化教育学院的学科特点,又申报到了新的国家社科基金研究项目"明代朝鲜使者汉文著述词汇研究",加上繁重的教学任务和刚有一个嗷嗷待哺的幼儿,可以说科研、教学、家庭压力都巨大。但即便如此,她也没有停止对惠栋训诂研究的步伐,而是不断进行着拓展深化。由于该项研究为江苏训诂学家研究之一,紧密结合了江苏省地方文化研究,后来又得到了江苏省社科基金项目的资助,这为研究的持续提供了极大帮助。从 2009 年开始,到 2018 年止,经前后 10 年时间的逐步扩充、反复打磨,慧真才将书稿交付出版社,足见其治学态度之认真。所以当她将 20 多万字的《惠栋训诂研究》书稿交给我,向我索序,我是无法推诿的。

读罢全部书稿,深感这是一部严谨踏实且很有特色的学术史论著。其主要特色有六。

一是考镜学术源流。书稿从惠栋训诂的学术渊源入手,对吴门惠氏家学传承和江苏训诂世家进行了仔细梳理,指出惠栋的训诂取向的形成,渊源深广:惠栋之祖惠周惕在训诂中使用"以《易》说《诗》""以史证《诗》、以《诗》证史"的方法,奠定了惠氏家族"易学""春秋学"研究的基础;"谙知天文历法""以铜器铭文证古文字"又构建了惠氏家族训诂研究的知识结构。惠栋之父惠士奇的"春秋学""易学"在传承家学的基础上,也直接影响到惠栋的经学训诂取向及研究方法。另外,清代江苏一地除了惠氏家族,还有诸多类似的家族。该书对 18 家训诂世家进行了研究,这些训诂世家的家学内容涉及《周易》《论语》《春秋》《尚书》等各个方面。这些训诂世家在时间和空间上不断延伸,就发展成了众多以研究经学为主体的地域性学派,而江苏境内的吴派,就是以惠氏家族为中心而形成的学派。

二是理清原始著述。惠栋的著述是研究惠栋训诂的第一手材料。因此理清、鉴别惠栋的著述必然成为研究的首要工作。书稿对惠栋的著作类型进行了详尽统计与考辨。不仅调查了惠氏 26 种刊刻著作的版本类型,还摸清了 16 种稿本和抄本的内容和馆藏情况,并将调查考辨结果以表格的形式附于书稿之后,让读者一目了然。其间,还从文献学的视野,以敏锐的目光纠正了旧录为惠栋所撰著作的两处讹误:《惠氏读说文记》旧录惠栋作,但经考证,其作者当为惠士奇、惠栋父子,而非惠栋一人;《左传补注》旧说为《九经古义》一种,先有四卷,后又增益两卷,最后才独立成书,但据考证,四卷、六卷本只是分法不同,内容上并无增减,且它一直是单独成书,而非《九经古义》之一种。对惠栋原始著作的理清,为研究材料的可靠性打下坚实基础。

三是分析训诂内容。通过对惠栋散见于各书中的训诂内容的收集分析,发现惠栋对于汉注也多有驳斥,时见驳斥汉儒用字之误或释词之误;而对于魏晋以后的注释成果也多有吸取。书稿中用无可辩驳的事实证明了学界对惠栋"凡汉皆好""不问真不真,唯问汉不汉"的批评有失偏颇。惠氏虽然尊信汉儒,但他在取舍之际并非一味墨守;他虽辩驳魏晋以降有些训释不合古义,但在实践中亦非全盘逐黜。概言之,惠栋的训诂实践是本着实事求是的态度,博采众说而有所裁断,既征汉尊古而又驳汉求实,而非前人所说的"唯汉是从"。

四是归纳训诂方法。书稿首次对惠栋的训诂方法从哲学、逻辑学、语言学三个层面进行总结归纳,并着重提炼出惠栋语言学层面的三种训诂方法:1. 异文考证法。惠栋在训诂中善于利用版本异文、引书异文、他书异文来沟通字际关系、比勘经文、解词释义。2.因声求义法。惠栋在训诂中重视语音的作用,使用读为、声转、同物同音等术语识字审音,并利用协韵解决句读、校勘、破读等问题。3.两重证据法。惠栋在训诂中不仅广征博引历代传世文献(包括经文史传、注释文献、辞书字书)来证明自己的观点,还充分利用金石文字等出土文献作为佐证。这些都证明惠栋不愧是结合传世文献与考古发现进行训诂(运用"两重证据法")的先驱。

五是展开横向比较。要公正地评价惠栋在训诂上的地位,必须比较吴、皖学派的代表人物惠栋、戴震两位在训诂上的同异。惠栋与戴震作为吴、皖两派的学术巨擘,二者关系是清代学术史研究中的一个重要课题,一直备受学术界关注。然而,前人的关注点大多停留在二者的宏观思想层面,而对具体的训诂实践之间的同异却很少有人问津。书稿从戴震手校惠氏著作推断其关注惠氏之学说,从共同的治经取向推断其踵迹惠学之路径,进而阐明二者训诂之同;从归纳戴氏治《诗》特点为"信古求是",归纳惠氏治《诗》特点为"信古求古",进而突显二者训诂之异。另外,还进一步追寻了造成二者差异的原因:一乃地域文风濡染所致,一乃时代变迁影响所致。这种研究是以具体事实为依据,以严密论证为基础,故得出的结论令人信服。

六是作出公允评价。本书的末尾,对惠栋训诂的成就与不足作了较为深入的阐述,指出:在清代学术史上,是惠栋首先祭起汉学的大旗,开创了独尊汉学的一代风气;惠栋用条目式的札记体撰写治经所得,这种札记体的训诂方式,实乃清人撰写新疏的端绪。惠栋在具体的训诂实践中,重视对词义的考辨,这种研究对词义的训释、辞书编纂都具有重要的价值。毋庸讳言,惠栋在训诂取向上确实存在"过于尊古、疏于考辨"等局限,在学术修养上又存在"疏于音韵学"等不足。这大概也是客观上造成学界

"扬戴抑惠"的重要原因。

作出这样的评价,应该说是比较客观公允的。

另外,慧真在书中,还结合惠栋训诂中涉及的14个词语进行了考辨,如《尚书·尧典》"庸违"当为共工名,而非用意邪僻之义。"譇㕤"与謯詉、譇讶、讶譇、厃厈、䁪眲、乍呼、咋呀、咃呀、咃叱、咃呼、咃咄、痄疨、齚齞等为同族词,有大声斥责、喧哗之义。并从语言文化角度考证了"庸违"为共工之名;从古文字角度考校了"侁饭不及一食""贮积也"等。这就将训诂史的研究与自身的训诂实践紧密结合了起来,唯其如此,才能在训诂史研究中对前人的甘苦有切身的感受与体验,避免"看人挑担不吃力"而妄加褒贬。

总之,这是一项具有创新意义的研究成果,从一个侧面为清代学术史、为训诂学史研究作出了独特贡献,也为弘扬江苏地方文化作出了贡献。

如果说还有什么不足的话,那就是对于惠栋训诂的家学传承虽有涉及但还不够深入;另外,还可以以吴派惠栋研究为基点,从吴门惠氏家族的训诂传承进一步拓展到江苏一地的家学文化研究。

衷心希望慧真以《惠栋训诂研究》一书的出版为契机,不忘初心,再接再厉,在学术史研究、地方文化史研究上再创佳绩。

董志翘

戊戌元夕于
石头城下秦淮河畔

# 目 录

| | |
|---|---|
| 序　言 ································· 董志翘 | 001 |
| **第一章　概　论** ····································· | 001 |
| 　第一节　惠栋家学概述 ····························· | 001 |
| 　第二节　惠栋研究现状及其不足 ················· | 008 |
| 　第三节　本研究的相关问题 ························ | 021 |
| **第二章　惠栋训诂的家学渊源** ···················· | 028 |
| 　第一节　惠周惕的训诂传承 ························ | 029 |
| 　第二节　惠士奇的训诂传承 ························ | 034 |
| 　第三节　清代江苏训诂的家学传承 ············· | 041 |
| **第三章　惠栋著述考** ································· | 052 |
| 　第一节　惠栋著述简明提要 ························ | 053 |
| 　第二节　惠栋著述考辩 ······························ | 077 |
| **第四章　惠栋训诂的内容** ···························· | 088 |
| 　第一节　考察旧注 ····································· | 088 |
| 　第二节　考释词句 ····································· | 099 |
| 　第三节　校勘文字 ····································· | 114 |
| **第五章　惠栋训诂的方法** ···························· | 121 |
| 　第一节　训诂方法的层次性 ························ | 121 |
| 　第二节　异文考证法 ·································· | 132 |
| 　第三节　因声求义法 ·································· | 148 |

第四节　博征类比法……………………………………156

第六章　惠栋训诂的比较研究………………………………173
　　第一节　惠栋与戴震训诂的比较………………………173
　　第二节　惠栋学术群体训诂述论………………………185
　　第三节　戴震学术群体训诂述论………………………193

第七章　惠栋训诂的贡献与不足……………………………204
　　第一节　惠栋训诂的成就………………………………205
　　第二节　惠栋训诂的不足………………………………213

附录一　惠栋训诂商榷………………………………………223

附录二　惠栋著作统计表……………………………………254

参考文献………………………………………………………265

后　记…………………………………………………………275

# 第一章 概 论

## 第一节 惠栋家学概述

惠栋(1697—1758),字定宇,号松崖,江苏苏州吴县东渚乡人,乾嘉学派中吴派经学的主要代表人物,清代著名训诂学家。惠氏生于清康熙三十六年(1697),卒于乾隆二十三年(1758),享年六十二岁。其先祖居陕西扶风县,远祖惠元佑迁居洛阳,靖康末以文林阁学士的身份随从宋高祖到临安,家居湖州。惠元佑生惠善。后来其家族分为四支,按曾祖兄弟的长幼排行次序曰四七、二一、三八、小一,三八那一支后代七传至惠伦,开始迁居吴县东渚乡。又五传至惠洪,惠洪活了105岁,号为百岁翁;惠洪生惠万方,万方生惠尔节(惠有声),尔节生惠周惕,周惕生惠士奇,士奇生惠栋。① 可见,东渚惠氏至惠栋已有十一代。东吴惠氏家族"四世传经,咸通古义",第一代是有声,第二代为周惕,第三代为士奇,第四代为栋,其中又以周惕、士奇、栋祖孙三代最为著名,号称"东吴三惠",他们开创了学术史上的一个重要流派——吴派。

惠栋的祖父惠周惕(约1646—1695),字元龙,号砚(研)溪。为康熙辛未年(1691)进士,官至密云知县。"惠氏三世以经学著,周惕其创始者也"②。惠周惕少传家学,官至密云知县,卒于

---

① 此说参考江藩《汉学师承记》,三联书店,1998年,第25页。
② 《四库全书总目提要》卷一六,经部,诗类二《诗说》提要,河北人民出版社,2000年,第133页。

任职期间。惠周惕为经学名家而兼擅文采,工诗和古文辞,有诗集《北征集》《峥嵘集》《东中集》《红豆集》《呓语集》《谪居集》等。惠周惕亦精于经学,有《易传》《诗说》《春秋问》《三礼说》等,今仅存《诗说》。

惠周惕一生以 1680 年为界分为两个阶段,一是红豆斋时期,二是宦游京师时期。在第一个时期,他主要生活在江苏吴县东渚乡,与汪琬、徐枋、僧目存、潘耒等一起钻研经学、唱和诗文。汪琬比惠周惕年长 22 岁,顺治时期进士,曾担任户部主事、翰林院编修等职,后归故里,潜心治经,对《易》《书》《诗》《春秋》以及"三礼"均有研究。惠周惕为汪琬的入室弟子,有"十数年门墙洒扫之旧"①,治学领域和治学方法深得其传,有《易传》二卷、《春秋问》五卷、《三礼问》六卷。惠周惕评汪氏的学术云:"先生之学无所不通,而其旨皆以六经为归。搜择融液,与之大适,然后浸淫于《史》《汉》,反复于欧、曾,折衷乎紫阳,博取于吴临川、元清河、黄金华诸君子之文,因得通其变,穷其神,极其理趣而卓然自成一家,故其立言命意皆有所本,即一字一句,其根柢亦有所自来。"②其实,这些评价汪琬的话,也是惠氏自己治学的宗旨。在这个时期,惠周惕还与徐枋、潘耒交往甚密。徐枋是著名的抗清英雄,入清不仕,致力于学术,有《通鉴纪事类聚》《廿一史文汇》等。其诗词长于叙事述史,感情真挚,情调激昂,惠周惕对之特别喜欢,并收集徐枋的诗文手札,表达对他的仰慕之情:"予之来京师也,搜集先生手书,装之以俱,往往秋风独夜,篝灯披览,若历历见先生于宜桥竹树之旁,与先君子对坐谈笑,且见次耕(潘耒)、超士执简操笔以进,而予兄弟亦若揖让进退于其左右之

---

① 惠周惕《书〈尧锋文钞〉后》,载《砚溪先生遗稿》卷下,清惠氏红豆斋抄本,北京图书馆藏。
② 同上。

间。"潘耒是徐枋的亲戚,也是著名的学者、政治家,一生最高的学术成就是在语音学领域,著有《类音》八卷。惠周惕与潘耒在青少年时期就在徐枋家认识了,他曾写诗记下了二者的交往:"关门雪尽日初和,幽事看看渐觉多。草绿细从微雨来,柳长轻被软风搓。同怀潘子朝堪往,好事侯生夜亦过。懒因春光醉何处?旗亭卢畔碧山坡。"①

惠周惕受到师友的影响,另为才性郁结所促,1681年,他走出红豆斋,北上京师,开始了宦游生活。从1681年北上京师到1691年考上进士,有大约十年的时间往来于京城和故乡之间。在京城逗留期间,他结识了辅国将军博尔都、户部左侍郎田雯、礼部侍郎汤西厓等。博尔都为满洲人,著有《问亭诗稿》,曾袭封辅国将军。惠周惕曾写有《辅国将军博问亭见示春日送别诗慨然有怀次韵奉和六首》,这六首诗写春日里和博尔都游玩后分别的离愁,并表达了客居京城、思念家乡的思绪。田雯比惠周惕大11岁,曾任江南督学。惠周惕与田雯有长期的交往,田雯曾给周惕《诗说》一书写序,抒发了二人之间的深厚感情。惠周惕也写了《至德州饮山姜书屋》这首诗直抒两人的情义,如:"华阳亭边雨三日,刘智社前泥十尺。长鞭挝马马不行,矫首平原空叹息。田公知我将远来,青丝迎我城之隈。暖汤先与洗靴袜,更衣入座排尊罍。"

惠周惕晚年令人同情,他自负才气,秉性耿直,性情高洁,但直到康熙三十年(1691),将近45岁才考上进士,又经考选入翰林院深造,为翰林院庶吉士,后任密云知县,但到任后一年即离世了。郑方坤(雍正元年即1723年进士)为其撰写的小传言:"昔刘须溪(宋刘辰翁)谓士方少时志科举,辛勤通古人,不知心

---

① 惠周惕《书徐昭法先生手札后》,载《砚溪先生遗稿》卷下。

血之耗;及其得也,或陆沉州县,或流落边塞,坐念场屋,何心至此。今观砚溪之才,与其末路之所以蹭蹬者,追诵前言,可为雪涕。"①

惠栋的父亲士奇(1671—1741),字天牧,号半农,人称"红豆先生"。康熙四十八年(1709)进士,少工文辞,盛年治经史,学问渊博,有《红豆斋诗文集》《易说》《礼说》《春秋说》《交食举隅》等著作传世。《惠氏宗谱》卷三有介绍:

> 公讳士奇,字仲孺,一字天牧,号半农,吴县人,周惕子。年十二能诗,及为诸生,益肆力于经史古学。康熙四十七年解元,明年成进士,选庶吉士,授编修。庚子,主湖广乡试,旋奉命任广东学政。粤中现有士子鲜有通经,令诸生诵习五经、三礼、三传,能背诵背写者,即与录取,逾年渐多。会世宗登极,命再任,公益殚心造就,文风大振,为粤东历任学使冠。迁右中允,历升侍读学士。……赞曰:敦经说史,古人与稽,兴文峻峤,配食昌黎。

根据家谱的介绍可见,惠士奇少年时即表现出异于常人的聪颖,十二岁即写成"柳未成阴夕照多"的句子,大受乡人的赞赏。少年时发奋读书,早晚执卷不释,博通六艺九经诸子,《史记》《汉书》《三国志》等史书亦能背诵。康熙四十七年(1708),参加乡试得了第一名,第二年春天在礼部会试,结果以第十六殿试二甲考中进士,成翰林院庶吉士,后授予翰林院编修。

康熙五十九年(1720)秋,惠士奇被派往湖广主持乡试,该年冬天任命为广东学政。他一到广东即焚香设誓,昭示天下,不取

---

① 钱仪吉编《碑传集》,文海出版社,1985年,第1293页。

分文，不徇私情，并颁行条令，鼓励通读经书。士子如果能够背诵五经，背写出"三礼"、《左传》者，由官府无偿供给膳食津贴，童子供给学生服。采取了提倡经学的种种措施后，广东当地原来崇尚空疏的文风和学风都为之一变，学子们专事经籍，争相诵读名篇。

惠士奇在广东任职三年，以清正廉洁驰誉岭南。当时科举考试场中，舞弊之风习见，而作为各省专司文教的最高长官学政，多随波逐流，少有清白之士。但惠士奇"校士公明，一文不取"，为世人称颂。两广总督杨琳曾向皇帝奏称："臣遍历各省，所遇学臣中，仅见者有此清操特出之员。"鉴于惠士奇在广东的成就，雍正皇帝即位后命他留任三年，当地士子为之欢呼雀跃。留任以后，他打算在当地遴选一些经学领袖，使得当地的经学文化建设能够传承下去，曾举荐海阳进士翁廷资题补韶州府教授。这种思路和做法无疑是正确的，但因为他当时是学官，没有资格推荐官员，呈荐翁廷资后，被吏部因"学臣向无题补官员之例"否决，雍正皇帝特旨："惠士奇所举，谅非徇私，着如所请，后不为例。"破例允其所请。

在广东任职期间，惠士奇乐于提携后进，教授当地士子不遗余力，他挑选了一批高才生为入室弟子。南海的何梦瑶、劳孝舆、吴世忠，顺德的罗天尺、苏珥、陈世和、陈海六，番禺的吴秋等成绩尤为突出，有名于时，被称为"惠门八子"。他还对当地的考试纪律大加整顿，曾一天处罚了十五个冒名顶替者，"粤人咸诧为神明"。在广东视学六年，深受当地人的爱戴，雍正四年（1726）他离任时"送行者如堵墙"。后来广东各地还把他配祀先贤祠，广州祀于三贤祠，惠州祀于东坡祠，潮州祀于昌黎祠。每逢元旦及其生日，当地士子都"肃衣冠入拜"，可见确实是深得民心。

回到京城后，惠士奇升任为右春坊右中允，掌管侍从礼仪，后破格提拔为侍讲学士。据说雍正皇帝本来想让惠士奇任封疆大吏,但考察后发现他虽任职公明廉洁,但欠缺行政吏治之才,其特长在于司文墨。所以,最后召其进京专掌论撰文史之事。但天有不测风云,雍正五年(1727)五月,因其"入对不称旨",被罚修镇江城,"即束装赴工所,弃产兴役",但所修尚未到二十分之一就因资金不足而被迫停工,惠士奇也被罢官。乾隆皇帝继位后才又被重新起用,补翰林院侍读,乾隆三年(1738)以病告归,家居时清节自持,"不见长吏,不以书记干当事。子弟应试,虽故旧门生为主司同考者,不以一言属也",三年后病逝,终年七十一岁。

  惠栋能够成为一代训诂学家,实为家学累世相传的积累。其生于这种书香门第,从小浸染其间,加上本人生性"凝静敦朴,好学不倦"①,从小便打下了坚实的学术功底。王昶的《惠先生墓志铭》写道:"承其家学,于经史诸子、稗官野史及七经愍纬之学,靡不肄业及之,经取注疏,史兼裴、张、小司马、颜籀、章怀之注,诸子若庄、列、荀、吕览、淮南,古注亦并及焉,而小学本《尔雅》、六书本《说文》,余及《急就章》《经典释文》、汉魏碑碣,自《玉篇》《广韵》而下勿论也。"②良好的家庭熏陶,坚实的治学基础,广泛的学术积累,使其在很小便展露出异于常人的才智,二十二岁即写成《春秋左传补注》一书。惠栋少年时期是在平静的读书生活中度过的。

  康熙五十九年(1720),惠士奇出任广东学政,惠栋随父前往,在粤数年,与时称"惠门四子"的苏珥、罗天尺、何梦瑶、陈海六谈经论艺,成为莫逆之交。雍正五年(1727)惠士奇因"奏对不称旨,罚修镇江城,用磬其家"③。自此以后,惠栋的生活亦发生

---

① 王昶《惠先生墓志铭》,载钱仪吉编《碑传集》,第6330页。
② 王云五、吴曾祺主编《涵芬楼古今文钞简编》(十五),商务印书馆,1910年,第102页。
③ 同上。

了翻天覆地的变化。于是其走出宁静的书斋,全力帮助父亲筹措银款修城,频繁地往来于京城与吴县之间,"饥寒困顿,甚于寒素"。尽管当时贫穷困顿,但其仍汲汲于学问之道,"闭门读《易》,声彻户外,其世交多跻肮仕,义不一通书问,惟以授徒自给而已"①。彭启丰称赞惠栋说:"行义至高,虽贫,得财辄分与同气,未尝轻事干谒,室无斗粟储,若不知也。"②朱绶也说:"得馆谷金悉以购书,造次颠沛未尝去手,远近号为读书种子,彭尚书启丰称之曰,'学汉儒之学而不志汉儒之志也'。"③

乾隆九年(1744),四十八岁的惠栋参加乡试,因不守朱熹《四书集注》而引用《汉书》立论,被考官驱逐。自此以后,惠栋息意科场进取,转向著书立说、教授门徒。乾隆十五年(1750),朝廷颁诏大力推举经明行修之士,两江总督黄廷贵、陕甘总督尹继善极力推荐惠栋,盛赞其"博读经史,学有渊源"。后因大学士向其索要著书未能及时进送而作罢。李开先生感叹到:吴门多才士,史载从唐代至清末吴县共出进士1538名,清代状元114名,江苏有49名,吴县有16名,比戴震家乡休宁13名还多3名。可是,清代两位著名大家,吴派和皖派的创始人均不在其列。

乾隆十九年(1754),惠栋前往扬州,担任两淮盐运使卢见曾的幕僚,宾主相处甚欢。惠栋后来曾自述作幕扬州的生活,提到"讲授之暇,篝灯撰著","说经论文,亹亹甚乐"④。也正是在此期间,惠栋集中全力撰写其代表性著作《周易述》。与此同时,他还关心学术振兴和人才培养,尤其是与戴震朝夕共处,相与论学,时间长达半年之久,促成了戴震学术思想的重大转折,使其

---

① 王云五、吴曾祺主编《涵芬楼古今文钞简编》(十五),商务印书馆,1910年,第102页。
② 彭启丰《惠定宇传》,载《国朝耆献类征初编》卷四一九,第46函,武汉大学古籍馆藏,第7页。
③ 朱绶《传经图序》,载《国朝耆献类征初编》卷四一九,第15页。
④ 惠栋《松崖文钞》卷二《秋灯夜读图序》,载《丛书集成续编》第129册,上海书店出版社,1994年。

成为乾嘉学派的一领军人物。在扬州期间,惠栋还帮助卢见曾校阅古籍,刊刻《雅雨堂丛书》。卢见曾《雅雨堂文集》当中的许多序言,应是出于惠氏手笔,特别是其卷一《经义考序》《周易孔义集说序》均附有惠栋的评论,而作于乾隆二十一年丙子(1756)的《刻李氏易传序》《刻郑氏周易序》《刻周易乾凿度序》,完全是专宗汉儒、崇尚汉易之作,与惠氏的易学思想一脉相承,如出一辙。又《雅雨堂文集》卷二《徐大中丞谳语序》,亦见于惠栋《松崖文钞》卷一①。乾隆二十三年(1758)春,惠栋因身体原因离开扬州,返归故里。是年五月二十二日,惠栋去世。

惠栋一生专心向学,勤于著述,取得了令人瞩目的学术成就,特别是易学方面,著作最多,成就最大。同时,他在《尚书》学、"三礼"学、《诗经》学、《春秋》学、史学、语言文字等方面亦有重要贡献。

## 第二节 惠栋研究现状及其不足

惠栋为清代经学研究的宗师,又是乾嘉考据学的奠基人。然而,从其诞生至今三百余年,人们对他的关注难与他在清代经学史上的实际地位相匹配。如,据台湾学者林庆彰主编《乾嘉学术研究论著目录》统计,1900年至1993年间,中国大陆、台湾及日本学术界关于惠栋的研究论文仅16篇,而当时与他齐名的戴震则多达361篇。纵观研究惠栋的历史过程,相对集中活跃的时期在其逝世后170多年间,而繁荣期则在20世纪90年代以后。本节对三百多年来的惠栋研究概况作一简单勾勒与评述。

---

① 张涛、陈修亮《周易述导读》,齐鲁书社,2007年,第4页。

## 一、生前至 1936 年:活跃期

这段时期对惠栋进行评价的"官方语言"见于《四库全书总目提要》《清史稿》《清史列传》等。《四库全书总目提要》评价其治汉学"其长在博,其短亦在嗜博;其长在古,其短亦在泥古"①。这种评说,后来成为其学术定论。另外,《清史稿》称:"自幼笃志向学,家多藏书,日夜讲诵。于经、史、诸子、稗官野乘及七经毖纬之学,靡不津逮……栋于诸经熟洽贯串,谓诂训古字古音,非经师不能辨,作《九经古义》二十二卷。"②概括地指出了其治学的路径及方式方法。

较早对惠栋的学术地位和经学成就作出评价的是其学生和友人。他的学生王昶在《惠先生栋墓志铭》中曾说:"先生数千载后,耽思旁讯,探古训不传之秘,以求圣贤之微言大义。于是,吴江沈君彤,长洲余君仲霖、朱君楷、江君声等先后羽翼之,流风所煽,海内人士无不重通经,通经无不知信古,而其端自先生发之,可谓豪杰之士矣。"③学生陈黄中《惠征君栋墓志铭》言:"独抱遗经,远承绝学,则有吾友松崖惠君。盖其学醇行粹,所传者远,所积者厚,其实大声宏,非苟也。"④接着又指出了他在当时的学术名望:"君晚岁遇虽益蹇,名益高,四方士大夫过吴门者,咸以不识君为耻,人亦以小红豆称之。"学生钱大昕《惠先生栋传》又说:"宋、元以来,说经之书盈屋充栋,高者蔑古训以夸心得,下者袭人言以为己有。独惠氏世守古学,而栋所得尤精。拟诸前儒,当

---

① 永瑢、纪昀等《四库全书总目提要》卷二十九,经部,春秋类四《左传补注》提要,河北人民出版社,2000 年,第 770 页。
② 赵尔巽等《清史稿》,中华书局,1998 年,第 10026 页。
③ 王昶《惠先生墓志铭》,载《碑传集》,文海出版社,1985 年,第 6330 页。
④ 陈黄中《惠征君栋墓志铭》,载《碑传集》,文海出版社,1985 年,第 6328 页。

在何休、服虔之间,马融、赵岐辈不及也。"①另有,杨超曾《惠公墓志铭》、彭瑞丰《惠定宇传》、任兆麟《余仲林墓志铭》、阮元《畴人传》等,这些墓志铭和传记材料,都对惠栋的经学和考据学给予了很高评价。

戴震于乾隆二十二年(1757)结识惠栋,九年后(1766)写了《题惠定宇先生授经图》一文,评述了其学问主旨和治学方法:"松崖先生之为经也,欲学者事于汉经师之故训,以博稽三古之典章制度,由是推求义理,确有依据。彼歧故训、理义二之,是故训非以明理义,而故训胡为?理义不存乎典章制度,势必流入异学曲说而不自知,其亦远乎先生之教矣。"②正道出了惠栋以汉为宗、探求故训的治学真谛。

在此期间,一些学者的著作中也有对惠栋的零星评述。赞扬者有:吴德旋《初月楼续闻见录》论及惠栋治学"考辨详博,辨说谨严"。朱克敬《儒林琐记》言"搜采博洽,贯穿掌故"。刘师培《近儒学术统系论》认为:"栋承祖、父业,始确宗汉诂,所学以掇拾为主,扶植微学,笃信而不疑。厥后掇拾之学,传于余萧客。《尚书》之学,则江声得其传。故余、江之书,言必称师。"③江藩《国朝汉学师承记》中,更是指出惠栋为汉学研究的创始人:"本朝为汉学者,始于元和惠氏。"④后来梁启超具体考证出"汉学"一词最早出于惠栋的《易汉学》一书。批评者有:臧庸《拜经日记》言"惠栋之遵守古义而发明之,其功为不可及,而好用古字,顿改前人面目,以致疑惑来者,亦非小失"⑤。王引之《与焦理堂先生书》云:其"考古虽勤,而识不高,心不细,见异于今者则从

---

① 钱大昕《惠先生栋传》,载《潜研堂集》,上海古籍出版社,1989年,第705页。
② 戴震《题惠定宇先生授经图》,载《戴震文集》,中华书局,1980年,第168页。
③ 刘师培《近儒学术统系论》,载《刘师培经典文存》,上海大学出版社,2004年,第304页。
④ 江藩《汉学师承记》,上海书店出版社,1983年,第27页。
⑤ 臧庸《拜经日记》(影印本),国家图书馆出版社,2011年。

之,大都不论是非。"①梁启超在《清代学术概论》中指出"惠氏之学,以博闻强记为入门,以尊古守家法为究竟"②,论及惠栋的治学方法时以"凡古必真,凡汉皆好"八字蔽之,并指出其"未能完全代表一代之学术!不过门户壁垒,由彼而立耳"。这种评论对以后研究惠栋及吴派学者产生了深远影响。后来章太炎在《清儒》又进一步指出惠栋治学博而不精的一面:"其学好博而尊闻……撰《九经古义》《周易述》《明堂大道录》《古文尚书考》《左传补注》,始精眇,不惑于謏闻,然亦泛滥百家。"③

其他涉及惠栋生平的研究著作,尚有李元度的《国朝先正事略》、李桓的《国朝耆献类征初编》、钱林的《文献征存录》、张维屏编的《国朝诗人征略初编》、唐鉴的《清儒学案小识》、方东树的《汉学商兑》、皮锡瑞的《经学历史》等。但这些材料多袭前言。

另外,清人对惠栋易学的研究亦有专门著作,可分为两类:一类主要是补缀惠栋未完之作,如江藩和李林松的《周易述补》,依其原书体例将《周易述》所缺的"革""至""未""济"十五卦及杂卦序卦补充完整。另一类则是指正其研究中未完善的地方,如,纪磊的《周易本义辨证补订》、陈寿熊的《读易汉学私记》,两者都认为惠栋之学虽允当,但犹有疏漏之处,为免贻误后学,因此需要指正。两类书的目的虽有不同,但大体还是在惠栋划定的汉学圈子之中。

总而言之,这一时期对惠栋学术评价和研究主要集中在经学和考据学的范围之内,为后世研究积累了许多有益的第一手资料,是现代学者进行研究的起点,后世许多学者的结论也源于

---

① 王引之《与焦理堂先生书》,《王文简公文集》卷四,《高邮王氏遗书》,江苏古籍出版社,2000年,第205页。
② 梁启超《清代学术概论》,上海古籍出版社,2005年,第25页。
③ 章太炎《訄书》,三联书店,1998年,第49页。

此时的评价。

## 二、1937 年至 1980 年：沉寂期

这一时期，由于时代大潮风起云涌，对惠栋的研究陷入一片寂寥，但仍有一些成果，值得重视。1964 年杨向奎《中国古代社会与古代思想研究》一书中有《惠栋学术思想研究》一节，详细评述惠栋的易学思想，并论及惠栋对传统语言文字学的贡献："清代汉学正统，本来是通过古字古音以明古训，通过古训以明经。此风顾亭林开其端，惠栋奠其基，至戴震、钱大昕而张大其说，段玉裁、王念孙遂臻于极盛。"①并进一步指出惠栋的音韵学成就："铺古服字，孟喜作䰤，今从之……《说文》狱也，或作鞠，古音通也，……对钱大昕提出'古无轻唇'的说法起了一定的影响。……孔广森等人提出的'阴阳对转'说，在惠栋时也有发明。"此为学术史上第一次总结惠栋语言文字学研究的成就。然而遗憾的是，有关惠栋的这一研究至今没有引起学术界的重视。另有台湾学者胡自逢于 1967 年的《吴门三惠——惠周惕、惠士奇、惠栋》一文，概论三惠学术，并指出了惠栋学术的家学传承。

这一阶段惠栋的生平传记材料，主要集中在徐世昌《清儒学案》、支伟成《清代朴学大师列传》、蔡冠洛《清代七百名人传》、萧一山《清代史》等，不过这些材料重在介绍，其评价多因袭前人。

对惠栋的文献整理也引起了当时学界的重视。王欣夫整理三惠著述，辑佚惠周惕、惠士奇、惠栋三人评校古籍的语录，成《松崖读书记》22 卷 14 册，可惜已散佚。然其《蛾术轩箧存善本书录》中保存着惠栋评校古籍的语录等不少珍贵资

---

① 杨向奎《中国古代社会与古代思想研究》，上海人民出版社，1964 年，第 919 页。

料。1967年梁一成撰《吴门三惠所著书目》一文,对惠栋著述亦有专门考索。

### 三、1980年至今:繁荣期

近十几年来惠栋研究出现了空前繁荣的景象,研究资料的挖掘与整理工作卓有成效,视角更为开阔,方法更加多样,队伍不断壮大,新生力量不断成长,可以说迈上了一个新台阶。以新时期对惠栋研究著作的内容为依据,我们从以下七方面分述之:

(一)总论其学术思想及学术地位

惠栋学术思想和学术地位是一个常谈常新的问题,前人对此有深入研究,并提出诸多精辟见解。20世纪90年代以后,一些大陆和台湾学者在前人基础上,将其扩展到更为广阔的研究领域。1993年三英《惠栋的治学思想》对惠栋学术予以专门探讨。1997年尹彤云《惠栋学术思想研究》一文,从惠栋学术思想流布的角度,对惠栋做出实事求是的评价。她指出惠栋推崇汉儒经说的治学主张,从文字、音训入手的治学方法,用经学以济世的治学目的,不仅具有鲜明特色,也为后继者所采纳、遵循,成为有清一代汉学家们共同遵奉的准则。又进一步论述了惠栋因时代及自身原因而造成的学术局限。1998年台湾学者黄顺益的博士论文《惠栋、戴震与乾嘉学术研究》第三章《惠栋的成学历程及学术》,从清代考据学的宏观视野中阐述惠栋的治学思想,并考察惠、戴关系和以惠栋为代表的学术群体。其在2000年又撰《惠栋的成学历程》一文,将惠栋学术思想分为博瞻求古、专明汉学两个时期。2006年王应宪、杨翔宇撰《惠栋"通经致用"思想及其学术转型意义》一文,通过详细阐释其"通经致用"思想,总结其在一定意义上折射出清中后期由古文经学向今文经学学术转型的端倪。2007王应宪《清代吴派学术研究》①博士论文的第三章《吴派学术集大成者——惠栋学论》，通过惠栋的《易》学、《尚书》学、《后汉书补注》《荀子微言》等个案的研究，又进一步阐释惠栋"通经致用"的学术思想，及其在清代经学研究今古文转型之中的重要地位。此论文是在前人的基础上，从其个案出发，实事求是进行研究的优秀之作。其后有《三惠年谱简编》，为现今学术界第一部关于三惠的年谱。

另外，在一些思想史、哲学史类著作中亦有很多提到惠栋，如朱伯崑的《易学哲学史》、廖名春的《周易研究史》、吴雁南等的《中国经学史》、罗光的《中国哲学思想史（清代篇）》、劳思光的《中国哲学史（第三卷）》等。这些著作中的论述很多都是从惠栋易学研究实践去探讨惠栋的经学和哲学思想，归纳各家之说有如下两点：一是认为惠栋只是一个考据学家而非哲学家，如朱伯崑、廖名春等。二是认为惠栋只是罗列了汉儒的注解而缺少自己的分析和见解，故其无论在考据还是哲学上均价值不大，如罗光、劳思光等人的著述。这些对于惠栋思想和学术的评说其实并没有突破清代中晚期和民国时期评价。

（二）对其考据学的研究

考据学是对传统古文献的考证辨伪之学，包括对传世古文献的整理、考订与研究，又称"汉学""朴学"。因在清代乾嘉时期达到顶峰，历史上又称"乾嘉考据学"。惠栋在继承家学的同时，极力反对宋学，力求恢复汉学，确立了"汉学"名称，对乾嘉考据学的形成有奠基作用。历来学者都比较重视这一方面的研究，20世纪90年代以后，又出现了一批新成果。

漆永祥致力于惠栋研究多年，1998年出版的《乾嘉考据学

---

① 王应宪《清代吴派学术研究》，华东师范大学博士论文，2007年。

研究》第五章"惠栋考据学述论",从其著述与《周易述》系列考辨、倡导汉学的廓清工作、倡复汉学之核心工作、易学思想探微、惠学之功绩与影响、惠学之失与倡复汉学之弊等六个方面,全面地评述了惠栋的考据学成就。同年陈居渊《清代的家学与经学——兼论乾嘉汉学的成因》对惠栋学术渊源作出新的辨析,并指出惠栋所创立的吴派是乾嘉之际以苏州地区为核心、由江南地区学者组成的汉学研究群,他们的学术是以《易》学、《尚书》学为核心,尊信汉儒家法的纯汉学研究。2003年刘墨博士论文《乾嘉学术的知识系谱》第二章为"惠栋与汉学",同年台湾学者张素卿有《"经之义存乎训"的解释观念——惠栋经学管窥》两篇论文都提到:惠栋确立了"汉学"名目,完成由宋学到汉学研究范式的转换,促成考据学的真正出现。2005年郑朝晖撰《略论惠栋的考据学特色与既济思想——以〈易大义〉为例》一文,其以《易大义》为例,总结惠栋考据学的三个特色,从而指出惠栋经过择善积善过程最终达到既济的思想界境。又有《略论惠栋重构汉学的方法》一文,指出惠栋运用"逻辑化的叙事方式"和"概念化的注解方式"等来重构汉学。2006年戴逸主编《简明清史》第十一章中有"汉学的形成——以惠栋为代表的吴派"一节,指出了惠栋治汉学的特点:一为治经从研究古文字入手,重视声音训诂,以求经书古义;二为尊信和固守汉儒的说经。

(三)对其易学的研究

惠栋专精《周易》,著有《周易述》《易汉学》《周易古义》《周易本义辨证》《周易爻辰图》《易例》等书。惠栋的易学成就历来不乏研究者,但真正展开深入系统研究当在20世纪90年代以后。

1997年尹彤云撰《惠栋〈周易〉学与九经训诂学简评》一文,指出惠栋对易学的贡献主要为依古训辨别经传中文字的古音、古形、古义,而非哲学和思想上的阐释,故开启了乾嘉易学研究的新走向。这一论说现已基本上成为学术界定论。2004年汪学群、唐明邦《易学与长江文化》一书有《清中叶长江易学》一节，从惠栋批评宋易、发掘汉易以及对易理的新发挥等方面，阐释了其以汉治易学的治学倾向。2005年汪学群《论惠栋兴汉儒易学的学风》一文又进一步指出惠栋复兴汉易的原因。同年郑朝晖博士论文《述者微言——惠栋易学研究》则更为全面地论述了惠栋易汉学的研究方法、具体内涵与理论构建等，指出惠栋的道本理质说、理欲说与既济论这三个重要的治《易》观点。同年陈修亮博士论文《乾嘉易学三大家研究》第二章论"惠栋易学"，详细地阐释了惠栋《易汉学》的研究体例、研究方法和理论框架。他还发表有《试论惠栋〈周易述〉的治易特色》一文，指出惠栋治《易》特点表现出明显的尊汉法、重训诂、以群书解《易》、改易经学等。2002年郑朝晖《论惠栋易学中采用的"逻辑化"方法》一文总结了惠栋在易学研究中"逻辑化"的叙事方式、"概念化"的注解方式、"归纳化"的研究方式、"演绎化"的推理方式和"语法化"的分析方式等，这是学术界第一次从逻辑学的角度来探讨惠栋的易学研究。后来，他又将这一研究深化，于2009年出版《述者微言——惠栋易学的逻辑化世界》一书，为新时期惠栋易学研究开启了新的研究路径。

台湾学者也特别关注惠栋易学研究，成果颇丰。1988年江弘远硕士论文《惠栋〈易例〉研究》，分上中下三篇概述《易例》的体例、内容，认为《易例》较它本言例者更有条理。2003年孙剑秋有《惠栋易学著作、特色及其贡献述评》一文，将惠栋易学著述分为辑校整理汉易和推衍阐发易理两部分加以论述，认为惠栋精研文字以通易学奥旨、整理文献以复易学原貌、分析名物以求礼制本末。2008年康全诚的博士论文《清代易学八家研究》，第八章"惠栋易学研究"，论述易学渊源、理论方法，并特别探讨惠栋恢复汉易、建立乾嘉汉易学的功绩。

由以上可见,90年代以后惠栋的易学研究虽然有些还局限于其思想层面,不过更多的已渐渐考虑到惠栋的经学立场,并运用逻辑学等方法,从经学的角度对其进行研究,评论也渐趋理性。

(四) 对其经学的个案研究

惠栋的经学研究内容除了易学以外,还涉及《诗经》《春秋》《左传》《说文》以及"三礼"等方面。现代学者不仅对惠栋易学成就进行归纳总结,其他方面亦有深入探研。

台湾学者在这方面的研究成果颇丰,涉及的面也非常广。有关惠栋《说文》学的研究:1988年关育玲的硕士论文《惠栋〈读说文记〉研究》,考察惠栋以经注许、以许注经的方法,认为惠栋引用字书经书以校勘核辨,审音声、正文字而求诂训,足为后世效法,并实事求是地指出惠栋训解亦存在着诠解详简不一、含混晦涩的不足。有关惠栋《春秋》《左传》学的研究:1997年蔡孝怿撰《惠栋〈春秋左传补注〉之研究》一文,认为《春秋左传补注》考辨源流、校字通经、搜集古注佚文、考证古史,还原《春秋左传》的古文字面貌,对乾嘉《左传》学起到良好的示范作用。2006年张素卿《惠栋的春秋学》一文,指出其《春秋》学并非如以前学者所说,严守今、古文壁垒,墨守一家之说,而是融合各家之说,去求经文确诂,且指出惠栋以"礼"治《春秋》正是以"汉学"补正魏晋注解的关键。有关惠栋《诗经》学的研究:1998年吕美琪《惠栋〈毛诗古义〉研究》,认为惠栋治《诗》的重要性在于提出汉学观念、重视训诂实证、创新研究方法三方面,肯定了《毛诗古义》在开创吴派学风、拓展研究领域及研究方法上的贡献。2004年张素卿有《惠栋〈毛诗古义〉与清代〈诗经〉学》一文,指出"惠栋的《毛诗古义》上承惠周惕《诗说》、陈启源《毛诗稽古编》,下启陈奂

《诗毛氏传疏》,惠栋的《诗经》学在此学术脉络中有不容忽视的地位。这样由古义逐渐发展成新疏的过程,不仅表征清代"汉学"的治经特色,同时也汇聚着《诗经》研究的重要成果"。

相对于台湾学者,大陆学者也对惠栋的经学研究著作做了专门考辨,如在漆永祥《乾嘉考据学研究》、刘墨《乾嘉知识谱系研究》、王应宪《清代吴派学术研究》等著作都对惠栋的《九经古义》《古文尚书考》《后汉书补注》等经学研究著作做过评述,但其目的均为总结其考据成就、思想价值或学术地位而展开的研究,总体上不如台湾学者从经学角度的研究详细深入。

（五）对其与戴震关系的研究

1998年台湾学者黄顺益的博士论文《惠栋、戴震与乾嘉学术研究》从清代考据学的宏观视野中阐述惠栋的治学思想,并考察惠、戴关系和惠栋学术群体。2000年又撰《戴震与惠栋的学术关系》一文,考察了惠、戴学术之"合"与"别",二人之学在时代发展过程中,有更多的契合之处,并进一步指出后人"抑惠扬戴"的态度并不妥当。2005年程嫩生发表论文《论惠栋、戴震治诗中的信古与求是——兼论吴、皖学派分帜问题》,以惠栋、戴震治诗入手,从信古与求是两个层面对吴、皖分帜问题与惠、戴关系加以论述。

（六）对其家学的考察

惠栋的学术成就和其家学传承紧密相关,故现代学术界对其家学传承亦有较多研究。

1992年台湾孙剑秋的博士论文《清代吴派经学研究》第三章,详细论述了三惠在辑佚、校勘上作出的巨大贡献,剖析了惠周惕《诗说》,惠士奇《易说》,惠栋易学、《尚书》学、礼学、小学著述的体例与内容,指出惠栋治学"学有本源"的家学传承。2006

年杨旭辉《吴中惠氏经学评论》,指出惠氏四世治《易》,远绍汉学,尊汉传统中体现出通达的学术观念和实事求是的学风。2007年王应宪《东吴三惠研究述评》一文,总结了十余年来三惠研究的成果,是对惠栋家学研究的文献总结与述评。

（七）对其著述的整理

在新时期,这方面最有成就者当为漆永祥,2004年他著《惠栋易学著述考》一文,共搜考惠栋有关易学研究的著述20种,其中3种有目无书。所传17种书中,3种为整理辑佚前人易学之作,其余14种为惠氏易学专著。他还为这些著作撰写提要,对《四库全书总目》以来前人论说之误,亦皆一一考辨,并加以补正。他还有《〈四库全书总目提要〉惠栋著述纠误》《东吴三惠著述考》《惠栋与古籍整理》《王欣夫先生松崖读书记蠡测》诸文。另外,漆还汇编《东吴三惠诗文集》,为惠栋的全面研究提供了文献学基础。

除了以上分门别类的研究著述外,现代学者还对惠栋做了全面的研究和总结,其中最有成就者当为南京大学的李开教授。他于1997年出版《惠栋评传——附惠周惕、惠士奇评传》一书,探讨了惠栋成长的人文学术和时代思潮,缕述惠栋在《尚书》学、《诗经》学、"三礼"学、《春秋》学、"易汉学"、史地学、语言文字学等领域的成就,附论惠周惕、惠士奇学行,指出了惠栋的家学传承。此著作为当今学术界第一部全面系统的惠栋研究专著,也是学术界第一次对其史地学、语言文字学的成就进行总结与归纳,为惠栋研究开辟了更为广阔的视野。

从以上各条的论述可以看出,当今学术界已开始重视惠栋在学术史上的地位,并对其进行了全面系统的研究。但是,一直以来受到"抑吴扬皖"思想的影响,这些成果在学术界有很多被星光灿烂的皖派研究所掩盖。有些学者写思想史、哲学史、经学史甚至都没有提及惠栋,如,侯外庐的《中国早期启蒙思想史》在论及清代的学术思想时并没有论及惠栋。钱穆《中国近三百年来学术史》中言惠栋附于戴震之中,将其置于可有可无的位置,并没有设立专章论说。另外,一些训诂学、文献学、传统小学等专著中,用大篇幅去论述戴震等皖派学者,对于惠栋、钱大昕等吴派学者竟只字不提,这实为学术界憾事。

从整体而言,新时期惠栋研究表现出了不少异于前期的突出特点:首先,以其著述为主的个案研究增多。《周易述》《易例》《毛诗古义》《读说文记》等均有个案研究。其次,乾嘉学术群的对比研究加强。惠栋与戴震、吴派与皖派关系日益受到人们的重视。再次,惠栋文献整理日益受到重视。一些学者在这方面做了大量的工作,新整理发现了不少重要资料。

通过以上对三百多年间惠栋研究历史的梳理和探研,我们可以看到,学术界对于惠栋的研究虽然取得了丰硕的成就,但亦有不少薄弱环节。所以,在以后的研究中,我们既要在前人的基础上孜孜不倦继续探研,又要披荆斩棘开辟新径。

就目前学术动态而言,惠栋研究虽然取得了诸多成果(这说明惠栋日益受到学术界重视),但对于惠栋训诂的具体研究,只有上述寥寥无几的论著。目前尚存的现状也存在诸多需要克服的不足,这主要体现在:

(1)对惠栋训诂缺乏全面、系统、深入的研究。已有成果仅仅停留于个案的分析和探研上,在没有穷尽语料的情况下,得出的只能是或然性的结论,其描述也是粗线条的;有的论著虽然较为深入,但只是对惠栋某一部书或某一类著述的研究结果,未能从理论的高度对惠栋训诂做过全面的归纳与总结。

(2)梁启超评价惠栋学术"凡古必真,凡汉皆好",《四库全书总目提要》评价其《左传补注》"其长在博,其短亦在嗜博;其长在古,其短亦在泥古"。现代学术界,很多学者撰文为其翻案,但是,均流于空泛,没有对惠栋著述条例做全面地整理与考辨,用更为客观公允的证据来进行反驳。故而,从这一点来看,目前对惠栋的研究存有严重缺失。

(3) 吴派和皖派代表着乾嘉学术的主要精神,但是传统训诂学往往只注重皖派的研究,而对于吴派有的竟只字不提。学术界存有严重的"抑吴扬皖"之风,对于这一现象,罕有学者从理论的高度做过专门的研究和科学的解释。

(4) 惠栋有《松崖文钞》《松崖笔记》《九曜斋笔记》等学术杂记,汇集着他的经学见解、小学观点、文献学述论、史学评说等,内容极其丰富。上海图书馆所藏《惠氏宗谱》等家谱材料,《苏州府志》《吴县志》《吴门表隐》等方志材料,记载了惠氏交友、游历、生平的事迹,也是极为重要的惠栋研究资料。然而这些文献,时下很少有人整理和研究。另外,戴震、钱大昕、程瑶田、孙诒让等清代著名学者均有全集问世,而作为吴派开山祖惠栋的文献却至今没有人去做全面整理。

## 第三节 本研究的相关问题

### 一、研究缘由及价值

第一,从以上学术研究综述来看,近二十年来对于东吴惠氏的研究虽取得了一些重要成果,但亦存有诸多不足。现代的研究大多局限于泛泛的介绍、评述层面,而对于学术体系的总体构建、三惠文献的系统整理等却很少。再者,虽有关于对惠栋训诂的探研,但以个案居多,从总体上进行总结归纳的几乎没有。另外,单就惠栋研究来看,大陆和台湾也存有差距。从研究成果的数量看,二者不相上下,但是,从其个案研究的深度和广度而言,大陆却远远不如台湾。大陆的研究主要集中在惠栋的易学方面,而对其《说文》学、《春秋左传》学、《诗经》学、惠戴关系等方面,却很少有人涉及。而台湾在这些方面都有非常深入的研究,不仅仅出现了一些单篇论文,还有硕士、博士论文及专著。鉴于学术界的这种研究状况,我们选择"惠栋训诂研究"这一课题,希望大陆关于惠栋个案研究的深度和广度有所拓展。

第二,清代经学研究具有诸多流派,其中吴派即为极其重要的一支,它是依托惠周惕、惠士奇、惠栋的家学基础,逐渐发展壮大起来的。惠氏论学"尊崇汉儒,张扬汉帜",树立了汉学门户,为后来学者开辟了新的治学路径。另外一支是以戴震为代表的皖派。乾嘉汉学主要包括了这两大阵营,就时间而言,显然是"先吴后皖",就学术特质而言,吴派与皖派之间存在着"同中有异,异中有同"的关联。这两大阵营的经学研究是乾嘉时期学术递承与学风嬗变的集中体现。但是,相对于皖派学者,后人对吴派惠栋的评价不高,研究者也很少。我们从训诂学角度,探研惠栋经学的研究实践,阐释其所蕴含的精神内涵,总结归纳其科学的方法论,对于重新审视惠栋的治学思想,确立其在学术史上的重要地位,具有一定的现实指导意义。

第三,惠栋训诂实践秉持"求古"的宗旨,强调最古的经典注疏,并且认为最古的经典可以"存真",故而,在注释、考证、辨伪的过程之中,收集整理了大量关于儒家经典的早期注疏,提供了很多鲜为人知的"古义",这些都成为词义研究最可贵的语料,尤其是对词本义的确定、引申义的探求及其义项的确立提供了有价值的参考。因此,选择这一课题,对古代汉语词义的深入研究有着重要意义。

第四,惠栋在训诂学方面成就卓著。从训诂方法而言,惠栋把"识字审音"作为训诂的第一要务,其《九经古义·述》云:"经之义存乎训,识字审音,乃知其义。"虽然惠栋音韵学造诣不深,但是他却能够意识到古音的重要性。《松崖文钞》卷一《〈韵补〉序》称:"读先王法典,正言其音,然后义全。"更为重要的是,惠栋的大量学术实践启发了钱大昕、孔广森等人的音韵研究。在此后,戴震、王念孙、段玉裁等将其系统化理论化,成为现代训诂学"以形索义""因声求义"基本方法的精髓,故其开创之功不可没。另外,惠栋运用金鼎彝器铭文、碑传石刻、汉简等出土文献,考释经文、申说汉注,将古文字学和考古学的成果运用于训诂实践,这种方法亦由后来学者发展为"二重证据法"。从训诂体式而言,惠栋在《周易述》中采用的自注自疏的写作体裁,孙诒让的《尚书今古文注疏》、江声的《尚书集注音疏》等亦采用。另外,在《九经古义》中,惠栋采用简短的"古义"训释方式,摘述章句,以条目式札记撰述治经所得,渐渐地发展为重新注释全经、依古训撰述新疏。惠栋的"自注自疏""古义"研究体式,为清人撰写新疏开启了门路。从校勘学而言,惠栋对一些文字训诂学著作的校勘整理,成为后来一些学者研究的基础。由此可见,无论是其训诂方法,还是其具体训诂成果,惠栋都有值得彰显和继承之处。对此,我们运用现代思维科学、语言科学予以重新体认,对于训诂学史的编纂和训诂方法的阐释具有重要的理论价值。

第五,乾嘉之际,经学研究风靡一时,同时也形成了家族内部世代均有训诂家的训诂世家。江苏经济发达、文化繁荣,也是训诂世家集中的地方,东吴惠氏家族即为这种训诂世家的代表。其他比较有名的还有高邮王氏家族(王念孙、王引之),嘉定钱氏(钱大昕、钱大昭)、宝应刘氏(刘宝楠、刘台拱),仪征刘氏(刘文淇、刘师培)等等。本研究由吴门惠氏家族映射到整个清代江苏家学训诂,探求训诂学在清代江苏繁荣的家学原因。这种研究也凸显了江苏学术研究的地域特色。

## 二、语料的选择与研究方法

惠栋著述丰富,如果不计批校类著作在其中,共有59种之多,其中自著类(含撰著、注疏、补注类著作)48种,辑佚类有11种,所涉内容遍及经史子集。实际这种统计既不全面也不绝对准确,一方面由于条件所限,我们不能一一亲见全书,另一方面著作的归类也可能存有争议,如《易汉学》这本书,它既可以归为辑佚类著作,也可以归为自注类。此外,惠氏的著作有时作为一本书出版,有时又作为多本书出版,如《九经古义》合则为一本书,分则为九本书。所以,我们所列的数目也是约略数字。惠栋这些著作已出版的有26种,剩下的以手稿或者其他稿本的形式散存在全国各地图书馆中,以上海图书馆最多。其中《周易述》《左传补注》《九经古义》《惠氏读说文记》《后汉书补注》《周易本义辨证》这六部最能体现惠栋训诂学方面的贡献,所以,本书主要选取这六部书作为主要研究语料。

从惠栋训诂的实践出发,本书采用了三种具体的研究方法:

第一,分析归纳的方法。惠栋的训诂实践多是一字一句的考证,其思想精髓也多零散地分散于其中。如果要全面深入地分析他的训诂思想,必然需要在大量数据的基础上作出总结归纳,这样既能保证言之有据,又能保证重要的思想不被忽略,同时也防止断章取义的现象发生。所以在本书中,我们所得结论多是在充分分析数据的基础上归纳而来的。

第二,考论结合的方法。研究惠栋的训诂首先要对其进行考证,因为惠栋的著作及训诂实践现在还存有诸多争议的地方,只有在"考"的基础上才能正本清源探得真知。但是"考"仅是我们研究的基础和方法,"论"才是最终目的,这就要求我们以翔实的材料考辨惠栋训诂的具体问题,又通过分析将问题加以提升,从理论的高度作出科学的解释。

第三,比较的方法。只有在具体的比较研究中,才能体现个体的价值与缺失,才能更为全面深入研究对象,对惠栋的研究亦是如此。既有惠周惕、惠士奇、惠栋三者之间的比较,又将惠栋与钱大昕、王鸣盛、江声、余萧客、段玉裁、王念孙、王引之等相比较。这样既能了解惠氏家族训诂理念和方法的传承,又能全面地掌握吴派训诂的影响与辐射,及吴派与皖派训诂的不同及缺失。所以,在本书中,我们将比较的方法贯彻始终。

### 三、研究结论

本书在前人的基础上,从训诂学角度得出了如下结论:

第一,对惠栋著作类型进行了统计与考辨。书中不仅概括和整理了惠氏 42 种传世文献的内容梗概、版本类型、馆藏情况等,还列举了 12 种存目著作。其中的稿本著作均以珍善本的形式,被束之高阁于各大图书馆,索检实属不易。我们往来于上海、北京等各大图书馆,小心翼翼地翻检查阅,最后,结合前人的研究,给这些著作做了简明提要,这对后来研究者应该有一定的参考价值。另外,惠氏著述中作者的署名、原书的出处及成书的年代、卷数等问题依然存有错讹,这些问题虽看似微不足道,却实实在在地阻碍着研究的深入。据此,我们对两个具体问题做了详细考证,纠正了旧说中存有的讹误:《惠氏读说文记》旧录惠栋作,但据考证,其作者当为惠士奇、惠栋父子,而非惠栋一人;《左传补注》旧说为《九经古义》一种,先有四卷,后又增益两卷,最后才独立成书,但据考证其四卷、六卷只是分法不同,不存在内容增减的问题,且它一直是单独成书,而非《九经古义》一种。

第二,对惠栋训诂内容进行了总结归纳。传统上对惠栋的评价为"凡汉皆好""不问真不真,唯问汉不汉"。但是,我们在具体分析中却发现其对于汉注也多有驳斥,或驳斥汉儒用字之误或释词之误;而对于魏晋以后的注释成果也多有吸收,或用来证成和补充旧说,或直接采取以证成自己的观点。所以,我们认为虽然惠氏尊信汉儒,但他在取舍之际并非一味墨守;他虽辩驳魏晋以降之说有的不符合古义,但在考辨之中并非一并斥黜。概言之,惠栋是本着实事求是的态度,博采众说而有所裁断,证汉尊古而又驳汉求实,而非前人所说的"唯汉是从"。

第三,总结了惠栋与戴震在训诂上的学术关系。惠栋与戴震为吴、皖两派的学术巨擘,二者关系是清学研究的一个重要课题,一直备受学术界关注。本书从戴震手校惠氏著作总结其关注惠氏之说,从共同的治经取向总结其踵迹惠学之径,从而梳理二者训诂之同;从戴氏治《诗》总结其特点是"信古求是",从惠氏治《诗》总结其特点是"信古求古",从而突显二者训诂之异。另外,还进一步追溯了造成二者训诂不同的原因,一是地域文风濡染所致,一是时代变迁所致。这种研究是以具体的考证为基础,从而引申生发最后得出结论的,所以,避免了空洞高谈阔论之弊。

第四,在具体的考证过程之中,亦有诸多结论,主要表现在具体词义的考证之中。本书第四章、第五章虽为惠栋训诂内容和训诂方法的研究,但是,在从宏观上构架其训诂框架之时,在微观上也考证了诸多疑难词语,如《尚书·洪范》"五者来备"之"者"非结构助词,而为"是"之假借字;《左传·僖公二十八年》"且曰:'献状!'""献状"当为呈露其形体之义,而非献功状之义。在"惠栋训诂商榷"部分,有对与惠栋训诂相关的诸多词语的考辨,如《尚书·尧典》"庸违"当为共工名,而非用意邪僻之义。《左传·襄公二十四年》"居转而鼓琴",当为调整琴弦而弹奏之义,"转"为"轸"之讹,为琴弦之义。"谵嫭"与"谵詄""谵讶""讶謑""厏厊""睚眦""乍呼""咋呀""咃呀""咃叱""咃呼""咃咄""痄疨""齰齖"等为同族词,有大声斥责、喧哗之义。此类解释多能用来补充《汉语大词典》《汉语大字典》等辞书释义的不足。

## 第二章　惠栋训诂的家学渊源

乾嘉之际,经学研究风靡一时,同一家族中经学家大量涌现,从而形成经学世家。刘师培言:"自汉学风靡天下,大江南北治经者,以百计。或守一先生之言,累世不能殚其业。"①胡朴安也指出:"国朝学术可称极盛,余姚黄氏、鄞县万氏、高邮王氏、嘉定钱氏,其父子兄弟类能著书成一家之言。家学之盛,超轶前古。"②其中,江苏经济发达、文化繁荣,是清代经学世家集中的地方。据我们统计,有清一代经学世家不到40家,其中18家在江苏一省,占据将近一半。他们埋头经典扎实问学,祖孙、父子、弟兄芝兰续芳、骚雅接响,对江苏一地文化教育的发展起了重要作用。

东吴惠氏家族也是当时比较有名的经学世家,惠栋作为吴派的创始人,其曾祖父惠有声著有《左氏春秋补注》一卷,祖父惠周惕著有《诗说》《易传》《春秋问》《三礼问》等,父亲惠士奇著有《琴笛理数考》四卷、《礼说》十四卷、《春秋说》十五卷、《易说》六卷等。叶昌炽总结惠氏四世传经的情况:"第一代为明经律和先生,名有声,原名尔节,号朴庵,明季以诸生贡成均。第二代为其子元龙先生;第三代为大令次子学士仲儒先生士奇,别号半农;第四代即征君栋,为学士之子,世所称定宇先生也,又号松崖。"③

惠氏家族的学术传承,打下了惠栋坚实学术基础;江苏一地

---

① 刘师培《扬州前哲画像记》,载《刘申叔遗书》,江苏古籍出版社,1992年,第1896页。
② 胡朴安《胡秉虔传》,载《清碑传合集》(四),上海书店出版社,1958年,第3574页。
③ 叶昌炽《惠氏四世传经图跋》,载《藏书纪事诗》,上海古籍出版社,1999年,第419页。

家学传承，成就了惠栋及吴派学者学术地位。本章在系统研究惠栋训诂之前，先以惠氏家族的惠周惕、惠士奇的训诂为出发点，进而论及有清时期，整个江苏地区训诂的家学情况，从而更为清楚地理清惠栋训诂的家学传承。

## 第一节　惠周惕的训诂传承

惠周惕学术，主要源于家学。他的父亲惠有声，是明代科举考试选送入国子监修习课业的生员，以九经传授于乡间，尤精于诗。汪琬、徐枋等人对惠周惕的治学道路也有很大的影响，尤其是汪琬影响更大些。惠周惕主要的训诂学著作为《诗说》一书，全书分为三卷，卷上是对《诗经》中的一些重要的理论问题提出自己的见解，卷中、卷下按《诗经》原诗的顺序从社会的、政治的、道德的角度对诗旨进行疏解，或者揭示出诗作背后所隐藏的历史事件，从而准确地揭示诗旨。从其内容而言，这部书较多地是从文学、历史的角度研究《诗经》的一些具体问题，很少有从语言学的角度对具体词义的解释。但是，他在训释具体问题的时候，基本上以汉学为宗，这也为其子惠士奇、其孙惠栋及吴派经学树立"以汉学为宗"训诂宗旨起到了启蒙作用。南京大学李开教授对此有过深入的研究，在其基础上，我们简述之。

### 一、《诗说》的具体训诂内容

（一）《大雅》《小雅》区分的依据问题

《诗经》研究者对于《大雅》《小雅》的名称，向来有不同的理解。《诗序》中认为大雅、小雅的区分和政治因素有关："雅者，正也；言王政之所由兴废也，政有大小，故有小雅焉，有大雅焉。"在政治因素之外，还有的学者认为是音乐的原因，最早提出这种说法的是郑樵,他在《六经奥论》中指出:"盖《小雅》《大雅》者,特随其音而写之律耳。律有小吕、大吕,则歌《小雅》《大雅》,宜其有别也。"后来,朱熹在《诗集传》中也认为:"正《小雅》,燕飨之乐也;正《大雅》,会朝之乐,受厘陈戒之辞也。"对于这个问题,惠周惕在对前人提出批判继承的基础上,也认为大小雅区分当以音乐为依据,并引用古书提出了以乐分的证据:"《乐记》师乙曰:广大而静,疏达而信者,宜歌《大雅》;恭俭而好礼者,宜歌《小雅》。(《左传·襄公二十九年》)季札观乐,为之歌《小雅》,曰:'美哉,思而不贰,怨而不言!'为之歌《大雅》,曰:'广哉熙熙乎,曲而有直体!'"大、小二雅均有"歌"字,所以,惠周惕的结论是:"大、小二雅,当以音乐别之,不以政之小大论也,如律有大、小吕,《诗》有大、小明,义不存乎小大也。"①惠氏的说法与郑樵一致。

(二)关于《诗经》里所谓的正变问题

《毛诗序》里有"变风""变雅"的说法,大体是以世之治乱、王道兴衰和政教得失作为划分正变的标准。郑玄的《诗谱序》认为周夷王以前的作品为"正风""正雅",周夷王至陈灵公之间的作品为"变风""变雅"。孔颖达的《毛诗正义》、欧阳修的《诗本义》等也主此说,马瑞辰的《毛诗传笺通释》以政教得失分正变,与此说相近。宋以后著作学者不同意《毛诗序》中的划分正雅变雅的原则,提出风、雅应该从音乐不同功能角度来区分正变。清代顾炎武也在《日知录》里将正变问题和《诗经》是否入乐联系起来,认为入乐(房中乐、乡乐和朝廷之乐)的诗篇为"正风""正雅",不入乐的诗篇则为"变风""变雅"。

在批判前人的基础上,惠周惕提出了自己的观点:"以余观之,正变犹美刺也。诗有美不能无刺,故有正不能无变。……美

---

① 惠周惕《诗说》,《文渊阁四库全书》第87册卷中,上海古籍出版社,1987年,第2页。

者可以为劝,刺者可以为惩,故正变俱录之。编诗先后,因乎时代,故正变错陈之。若谓诗无正变,则作诗无美刺之分,不可也。谓《周》《召》为正,十三国风为变;《鹿鸣》以下为正,《六月》以下为变,《文王》以下为正,《民劳》以下为变,则《序》所谓美与刺者,俱无以处之,亦不可也。"①惠周惕将美、刺和正、变联系起来,"正变犹美刺"突破了前人的说法,对后世的影响极大。

(三)对《诗经》中"二南"所指涉对象的阐释

《毛诗序》说:"《关雎》,后妃之德也,风之始也,所以风天下而正夫妇也。"又《葛覃》《卷耳》等诗篇的《小序》有:"《葛覃》,后妃之本也""《卷耳》,后妃之志也""《樛木》,后妃逮下也""《螽斯》,后妃子孙众多也""《兔罝》,后妃之化也""《芣苢》,后妃之美也"。后世学者多将其中的"后妃"指为太姒(周文王之妻),认为"二南"是专写文王和太姒的诗篇。对于这个问题,惠周惕的看法是,"二南"皆拟为房中之乐,不必泥其所指何人。他认为《诗序》里提到的"后妃之德也""后妃之本也"等,并没有确指"后妃""夫人"都是什么人,而恰恰是"后之训诂家推迹其自,始以为太姒耳"。这里所说的"后之训诂家"应该是指《诗序》作者之后的经师们,包括孔颖达、朱熹等人在内。惠周惕所说亦有一定的道理。

## 二、《诗说》所体现的惠氏家族的特色

综观惠周惕的《诗说》,我们认为它是一部在很大程度上继承明代《诗经》学的著作,同时又在某些方面开启了清代《诗经》研究的风气之先,特别应该指出的是,它是惠氏家族经学研究某些特色的渊源所自。

---

① 惠周惕《诗说》,《文渊阁四库全书》第87册卷上,上海古籍出版社,1987年,第3-4页。

（一）以《易》说《诗》

《诗说》有用《易经》说《诗经》数条的例子：

> "螮蛛在东"，阴方之气交于阳，为女惑男而"蛊"；"朝隮于西"，阳方之气交于阴，为男先女而"咸"。①
>
> 《东门之杨》，《序》谓：婚姻失时，女不从男也。《易·大过》："九二，枯杨生稊，老夫得其女妻"；"九五，枯杨生华，老妇得其士夫"。二、五皆阳，以杨象之，则杨所以比男也。春气之动，杨最先发，所以比男先于女也。②

易学当是惠氏的传家之学，惠周惕之子惠士奇著有《易说》六卷，惠栋更有《周易述》《易汉学》《易例》等易学著作数种，为清代易学大家。惠栋的易学注重卦象爻位和宇宙中各种事物的普遍联系，是向汉儒象数易的一种回归，惠周惕《诗说》中的两条笔记已经表现出作者对卦象的重视，正透露出惠栋易学成就背后的家学积累。

（二）以史证《诗》、以《诗》证史

《诗说》中大量地引用《左传》来证明《诗经》中的相关问题：

> 《春秋》书王姬归诸侯，一在庄元年为齐襄公，一在十一年为齐桓公，二者未知孰是。窃以肃雝之义求之疑，是归桓公者。《春秋·庄十一年》书"王姬归于齐"，《传》曰"齐侯来逆共姬"，共固美谥，又与肃雝之意合也。③
>
> 邶鄘先卫，魏先唐，或曰不与卫晋之灭国也。然桧灭于

---

① 惠周惕《诗说》，《文渊阁四库全书》第 87 册卷中，上海古籍出版社，1987 年，第 10 页。
② 同上书，第 22 页。
③ 同上书，第 18 页。

郑,何以不先于郑,且晋之灭魏,左氏传有卫之灭邢廓,吾不知其何所据也。今读其诗皆卫国之事,而山川土风亦无不同。①

由于《诗说》大量引用《左传》,在有些情况下,很难分清作者到底是要以史证《诗》,还是要以《诗》证史。名为《诗说》,实际上在其中大量研讨春秋史事。对于《春秋》学的研究,从其父亲惠有声就开始了,惠有声著有《春秋左传补注》一书。对历史的这一偏好,在他的子孙那里同样传承了下来,惠士奇著有《春秋说》,惠栋更是《春秋》学的大家。

(三) 谙知天文历法

《小雅·十月之交》讲周幽王六年十月发生日食,郑玄认为十月是周历十月夏历八月,苏辙认为是夏历十月,无关周历,惠周惕同意苏辙的说法,并从历法上进行了证明:

> 郑氏谓十月之交是夏八月,苏子由谓阳月是夏十月,孔氏及孙莘老是郑说,朱文公及严华谷是苏说。是苏说者则以《左传》二至二分日有食之不为灾。又汉历无幽王八月朔日食之事,惟唐历有之,出于后人附会。是郑说者则以《春秋》昭七年四月甲辰朔日有食之,其年八月卫侯恶卒,十一月季孙宿卒,以此知。虽在分至亦有灾。又汉历古历有差,古历无推日蚀者,王基独言,周无八月辛卯交会之事,不足信。以此两说抵牾。又有从而为之辞者,王伯厚谓黄帝颛顼夏殷周鲁六年历皆无推日蚀法。②

---

① 惠周惕《诗说》,《文渊阁四库全书》第87册卷中,上海古籍出版社,1987年,第18页。
② 同上书,第45页。

此处惠周惕的结论虽有些偏颇,但他对于古代历法的熟悉,不能不让我们称是。而到了他的儿子惠士奇、孙子惠栋那里更是熟谙天文历算之学。尤其是惠栋,在他的易学著作中充分展示了历算之学的博大精深,清代学术的家族性积累于此亦可窥见一斑。

### (四) 以铜器铭文证明古文字

"舟人之子",传曰:"舟楫之人。"郑曰:"舟当作周。"《朱子集传》用毛说。按《集古录·庚父敦铭》有"伯庶父作王姑舟尊敦",或谓"舟"为"丹",又以为井。董广川以为朱鲔集字,"舟"为古文"周"字。顾野王释亦引《诗》为证。又《史伯硕父鼎铭》亦有"王母舟母"四十二字,则"舟"即为"周","舟人之子"即上文"西人之子"也。①

《小雅·大东》有"舟人之子"的说法,毛传以为是舟楫之舟,郑玄以为"舟"当为"周",惠周惕根据《集古录·庚父敦铭》《史伯硕父鼎铭》证明"舟"字当为"周"。以钟鼎彝器为根据研究经史文字,惠士奇、惠栋有很好地继承。

## 第二节　惠士奇的训诂传承

### 一、惠士奇的春秋学研究

吴门惠氏在《春秋》学方面均有著述。惠有声《春秋左传补注》、惠周惕《春秋问》今散佚未存,惠士奇《春秋说》、惠栋《春秋

---

① 惠周惕《诗说》,《文渊阁四库全书》第 87 册卷下,上海古籍出版社,1987 年,第 34 页。

左传补注》皆为《四库全书》著录。惠氏四世传经,其《春秋》学观点具有一脉相承性,《半农先生春秋说》为惠士奇承续惠有声、惠周惕两世之学而成。

惠士奇《春秋说》有三个版本:《四库全书》存《半农春秋说》或曰《惠氏春秋说》,《皇清经解》存《春秋说》,《璜川吴氏经学丛书》存有《半农先生春秋说》,三种版本的内容相同。这部书共计15卷,书前无各卷的要目和子目,各卷前一般也没有标题,但从内容看,各卷自有其若干侧重点,大体上以礼为纲,各卷内以十二公为序排比内容,各类后有作者的小结。其内容的主要特色有以下两方面:

(一)以"礼"解《春秋》

《春秋》有很多关于朝聘、会盟、祭祀的记载,涉及礼制问题,司马迁就认为《春秋》为"礼义之大宗"。《左传》《公羊传》《穀梁传》中,又以《左传》中涉及礼制问题最多,郑玄论三传特点时即认为《左氏》善于礼,《公羊》善于谶,《穀梁》善于经。惠士奇认为"《春秋》本《周礼》以纪事,学者不明《周礼》焉识《春秋》"[①],故《春秋说》多据《左传》对礼制的记载解释《春秋》经文。惠士奇曾对礼制问题作过深入研究,有《礼说》一书,所以《春秋说》也引用了不少《礼说》的论断来诠释《春秋》。以"礼"解《春秋》是《春秋说》全书最显著的特点。《四库全书总目》概述该书体例和内容特色,"是书以礼为纲,而纬以《春秋》之事,比类相从,约取三传附于下,亦间以《史记》诸书佐之。大抵事实多据左氏,而论断多采公、穀,每条之下,多附辨诸儒之说,每类之后,又名以己意为总论。大致出于宋张大亨《春秋五礼例宗》、沈棐《春秋比事》,而

---

① 惠士奇《春秋说》,《清经解》第228卷,上海书店出版社,1988年,第136页。

不立门目,不设凡例,其引据证佐,则尤较二家为典核。"①

惠栋继承并发展了惠士奇"以礼解《春秋》"的诸多观点。惠士奇在《春秋说》第一卷中讲了上古禘祭的礼仪形式,后来惠栋有《禘说》一文,基本上是承续惠士奇的观点。另外,《春秋》中有"惠公仲子""僖公成风"的称呼,《春秋·隐公元年》"秋七月,天王使宰咺来归惠公仲子之赗。"《春秋·文公九年》记载:"秦人来归,僖公成风之襚。"惠士奇说:"成风者,庄公之妾,僖公之母,母以子贵。而妾不得体君,故于宰咺及秦人来赗襚也,而书之曰'惠公仲子''僖公成风'。"这一四字格称名方式,如何而来,惠氏根据古代礼俗和有关文化思想考证:"《易》之爻辞曰:得妾系于子,故母以子氏其名,正矣。鼎之爻辞曰:得妾以其子,无咎,此之谓也。"②后来惠栋的《左传补注》完全承其说:"近赠僖公并及成风。注非也,成风者,僖公之母,庄公之妾,母以子贵,故上经书夫人风氏,母以子氏,故此经书'僖公成风'。"惠士奇的《春秋说》在惠氏家族"春秋学"研究中具有承上启下的作用。

(二)论《春秋》三传

考察惠士奇《春秋》学思想的一个重要方面,就是看惠士奇如何看待《左传》《公羊传》《穀梁传》三传在解释《春秋》经文中的地位。《春秋说》多见惠士奇论述三传特点和得失的言语,如,"《左传》褒贬皆春秋诸儒之论,见于晋《乘》、楚《梼杌》诸书,而左氏取之,故纪事皆实,其论未公。"③"左氏据国史作传,确然可信。"④"《左传》纪事详而覈,学者当从之。"⑤"《春秋》事莫详于左

---

① 《四库全书总目提要》上册,河北人民出版社,2000年,第240页。
② 惠士奇《春秋说》,第153页。
③ 同上书,第147页。
④ 同上书,第122页。
⑤ 同上书,第154页。

氏,论莫正于公、穀。"①"左氏详于事而略于义,公羊好言义。"②
"盖穀梁之徒,以意说而非本于师说,有所受之者为师说,无所受
之者为意说。后世无师,唐宋俗儒皆好以意说。"③"左氏据国史
纪事,前后详密。公穀不信国史而以意逆之,得失常参半。"④
"《左传》最有功于《春秋》,公、穀有功兼有过"⑤。这些代表性的
论说,也折射出惠士奇对三传的认识。

惠士奇对于三传的认识,对惠栋影响极大。惠栋著有《春秋
左传补注》,删杜注扶贾疏,期望恢复《左传》原貌。当然,惠栋的
《春秋》学也有发展惠士奇的地方,主要表现在对《穀梁传》的看
法上。惠士奇认为《穀梁传》"不见国史,得之传闻","史实"不足
信。惠栋则肯定了《穀梁》传经之功,他在校勘汲古阁本《春秋公
羊传注疏》《春秋穀梁传注疏》所书校语中认为"穀梁子真圣人之
徒""穀梁子之书,有功于名教"。显然,较之惠士奇,惠栋对于
《穀梁传》的见解较为公允。惠士奇的《春秋说》、惠栋《春秋左传
补注》均为《四库全书》经部《春秋》类著录,吴门惠氏的《春秋》学
在清代《春秋》学史上占有重要地位。

### 二、惠士奇的易学研究

惠士奇的易学思想主要集中在《易说》一书中。东吴惠氏,
四世传经,尤以易学遗泽后世,他的易学思想秉承庭训,源自家
学。惠栋在《易汉学》中提及惠士奇《易说》一书的由来:

> 栋曾王父朴庵先生,尝悯汉学之不存也,取李氏《易解》

---

① 惠士奇《春秋说》,《皇清经解》第 228 卷,第 109 页。
② 同上,第 187 页。
③ 同上,第 148 页。
④ 同上,第 140 页。
⑤ 同上,第 116 页。

所载者，参众说而为之传。天棻之际，遭乱散佚，以其说口授王父，王父授之先君子，先君子于是成《易说》六卷。①

惠栋所说的李氏《易解》，是指唐代易学家李鼎祚的《周易集解》，重视汉儒学说，《四库总目提要》说"后世研究汉儒易说，多据之立说"。自惠有声著《周易集解》揭櫫汉易旗帜。《易说》一书有六卷，卷一乾卦至履卦，十卦；卷二为泰卦至复卦，十四卦；卷三为无妄至明夷，十二卦；卷四为家人卦至升卦，十卦；卷五为困卦至丰卦，九卦；卷六为旅卦至系辞。他批判宋易图书派，尊崇汉易象数派，对易经中的先天后天、两仪四象及卦气说、实象论等问题做了精深的辩驳考据。

考察整部《易说》，明显可见惠氏极重视训诂。惠氏的训诂成果可分为两方面，一方面是针对旧说加以抉择辨正，另一方面是不取旧说，自立新说。

（一）辨正旧说

惠士奇有想辨正历代易学训诂的想法，他对于汉易的训诂成就有所肯定，对于分歧的现象，亦能加以抉择辩证。杨自平先生指出：惠氏的训诂做法有几个特点，一是在参考依据上，既重视汉易众家说法，同时引《说文》《尔雅》《广雅》等训诂典籍，作为字词义训诂的参考依据。二是实际解经上，考察该卦的前后文义，甚至包括《易传》，以确定用字及训义。三是不仅重视文义脉络，亦结合卦义及卦、爻画，并以当位及承、乘、比、应诸原则来解释之。② 下面举例分述之：

惠氏释《屯》六二"屯如邅如，乘马班如"言道：

---

① 惠栋《松崖文钞》卷一《易汉学自序》，清光绪刘氏刻聚学轩丛书本。
② 杨自立《从〈易说〉看惠士奇治易的立场和做法》，载李宗桂主编《传统儒学的历史省察》，花城出版社，2012年，第382页。

>《说文》云,"驙者,马载重难行"。六二乘刚之象也。"驙"误为"班",马将行,其群分乃长鸣,故曰"班马之声"。"班"犹分别也,失屯驙之义矣。震马骐足。一其足曰䏆,二其足曰䏏,言有绊之者,故骖驙而不进。六二之难,其象如此。①

惠氏根据《说文》,将"班"改为"驙";并取《说文》:"驙者,马载重难行也"之意,将旧说取"班"的分别之义,修改为"马载重难行之义"。其立论依据是《说卦传》"震,马骐足"及《屯》的卦义。

惠氏释《大畜》六五"豶豕之牙",不取褚仲都所说"除牙之豕",也不取虞翻所释"去势之豕",而取《尔雅》"幼豕之说":

>六五"豶豕之牙,吉。"褚氏云:"豶,除也,谓除其牙。""豶"训为除,未之前闻也。虞氏谓"劇豕称豶",《说文》:"豶,羠豕也。"《韩非子》亦云:"竖刁自豶。"俗名为"劇"。"豕本刚突,劇乃性和,虽有其牙,不能为害。"愚谓,"童牛""豶豕",幼小之名。按《尔雅》"豕子猪、䝔豶、幺幼",注云:"俗呼小豶猪为䝔子","最后生者为幺豚"。然则,"童牛"为小牛,"豶豕"为幼豕,信矣。②

惠氏所以反对将"豶"训为"除",以及将"豶豕"释为"劇豕"或"羠豕"这两种旧说,前者是因为古训并无将"豶"训为除者,故予以反对。至于后者,虽然惠氏并未说明批评原因,但其依据上下文,认为"童牛""豶豕"其义相关,亦间接反对将"豶豕"解为去势之豕的看法。

---

① 惠士奇《易说》,《皇清经解易类汇编》第211卷,艺文印书馆,1992年,第5页。
② 同上书,第18页。

## (二) 自立新说

惠士奇除了辨证旧说外,也自立新说。以下举数例加以说明。

如,惠士奇释《师》六三"师或舆尸,凶":

> 《战国策》曰:"宁为鸡尸,毋为牛从。"然则为尸者,九二也,一阳为尸,群阴为从。……《春秋》宣公十有二年,晋楚战于邲,是时晋荀林父将中军。中军者,军之元帅,所谓尸也。林父欲还不欲战,其佐彘子不从。故荀首曰:"此师殆哉!有帅而不从,彘子尸之,必有大咎!"尸之者,即六三之"舆尸",故曰:"师或舆尸",大无功也。舆尸者,师之进退,以舆为主;凡帅师者谓之帅赋舆,故曰"舆尸"。楚令尹南辕反旆,王用伍参之言,改辕为北,则师之进退在舆明矣。或训舆为众,失之。然则舆人亦非众欤?曰:非也,一舆有七十五人,故曰舆人。人三为众。岂舆之谓哉?训诂之学,莫精于汉,至后世而益乱矣,孰能正之。①

惠氏亦不取程颐所言"舆尸,众主也"将"舆"释为"众",而是将"舆尸"之"舆"释为车,"尸"释为主,"舆尸"便是指统率兵车者,此正是指主帅。就卦象来看,《师》为五阴一阳,九二为师之主,亦相合也。

释"丰其蔀""蔀其家"之"蔀"当作"部",取天部、分部之义。惠氏释《丰》六二"丰其蔀"言:

> "蔀",当作部。《历书》"唐都分天部"注云:"分部二十

---

① 惠士奇《易说》,《皇清经解易类汇编》第 211 卷,艺文印书馆,1992 年,第 13 页。

八宿为距度。"天文、地理皆有部名。《太玄》"方、州、部、家",取诸此。"蔀",草名。《广雅》:"荪、蔀,鱼苹也"。"部",误为"蔀",失其义矣。一曰术家推闰法为蔀首,非也。"部首"作"部",亦误为"蔀"。……斗分阴阳,建四时,均五行,移节度,定诸纪,皆系于斗。分之、建之、均之、移之、定之,所谓天部也。故车盖之部,一名盖斗。斗非部而何?丰部而斗见者以此。①

惠氏认为"蔀"是草,与六二其他文句无关,为"部"之误,"丰其蔀","部"作名词,下句有"日中见斗",故释为天部,即指群星。对于"蔀其家",彼认为"蔀"亦当作"部"。彼言道:"部大而家小。《象传》曰:'丰,大也。''丰其屋'谓大其屋,'部其家'谓大其家,上,高之象也。"其由行政分部,指出"部大而家小",引申出"部"有大的意思,作动词用,且与《丰》卦义相合。但是,仅凭"蔀"与"部"有声音上的关联,就认定"蔀"为"部"之误,且缺乏其他文献印证,虽意义与卦义相合,但恐须进一步证明。

惠氏四世传经,《易说》为惠氏三世治《易》的集体结晶。惠栋承先辈易学开辟的方向,批判宋易图书之学,整理恢复汉易,又将惠士奇辨正旧说自立新说的训诂方法发展到极致。他的《易汉学》《周易述》等易学著作,成为易学研究的经典之作。

## 第三节 清代江苏训诂的家学传承

吴门惠氏家族,在训诂学上取得的重要成就,和江苏一地文化繁荣、训诂之学昌盛分不开。在展开论述惠栋训诂研究的同

---

① 惠士奇《易说》,《皇清经解易类汇编》第 211 卷,艺文印书馆,1992 年,第 14 页。

时,我们有必要将其放在广阔的历史背景中,进一步探源其学术的家学和地域因缘。

我们通过对有关史志、碑传、家乘等史料的勾稽,整理出清代江苏地区类似于东吴惠氏家族的训诂世家共计18家,为了简明起见,兹将他们的主要传承关系及研究内容列表 2-3-1 如下:

表 2-3-1　清代江苏世家汇总表

| 年代 | 地区 | 家族主要传承人 | 人物关系 | 家学内容 |
| --- | --- | --- | --- | --- |
| 乾嘉道 | 扬州高邮 | 王念孙、王引之 | 二世 | 小学 |
| 乾嘉道 | 扬州宝应 | 刘台拱、刘履恂、刘宝楠、刘恭冕 | 三世 | 《论语》 |
| 乾嘉道 | 扬州宝应 | 朱克简、朱克生、朱彬、朱士彦、朱译沄 | 四世 | 礼学 |
| 乾嘉道 | 扬州甘泉 | 焦源、焦镜、焦葱、焦循、焦廷琥 | 五世 | 《周易》 |
| 乾嘉 | 扬州江都 | 汪中、汪喜孙 | 二世 | 礼学 |
| 乾嘉 | 扬州嘉定 | 钱大昕、钱大昭、钱塘、钱坫、钱东垣、钱侗、瞿中溶 | 二世 | 群经 |
| 嘉道咸同光 | 扬州仪征 | 凌曙、刘文淇、刘毓崧、刘寿曾、刘师培 | 四世 | 《左传》 |
| 康雍乾 | 扬州仪征 | 汪棫、汪光燨 | 二世 | 《周易》 |
| 乾 | 扬州兴化 | 顾九苞、顾凤毛、任大椿、任兆麟、任基振 | 二世 | 礼学 |
| 康雍乾嘉 | 常州武进 | 臧琳、臧镛堂、臧礼堂 | 高祖玄孙、兄弟 | 《尚书》 |
| 乾嘉 | 常州武进 | 庄存与、庄述祖、庄绶甲、庄有可、刘逢禄、宋翔凤 | 三世 | 公羊学《尚书》 |
| 嘉道 | 常州武进 | 张惠言、张成孙、董士锡 | 二世 | 《周易》 |

(续表)

| 年代 | 地区 | 家族主要传承人 | 人物关系 | 家学内容 |
|---|---|---|---|---|
| 乾嘉道 | 常州金坛 | 段玉裁、龚丽正、龚自珍 | 三世 | 小学 |
| 乾嘉 | 常州无锡 | 华学泉、顾栋高 | 二世 | 《春秋》 |
| 乾嘉 | 常州无锡 | 任启运、任翔 | 二世 | 礼学 |
| 康雍乾 | 苏州元和 | 惠有声、惠周惕、惠士奇、惠栋 | 四世 | 《周易》 |
| 乾嘉 | 苏州元和 | 江声、江镠、江沅 | 三世 | 《尚书》 |
| 嘉道咸 | 苏州吴县 | 朱骏声、朱孔彰 | 二世 | 小学 |

上述18家经学世家，涉及3府12县，主要集中在经济比较发达的扬州、常州、苏州三地，其中扬州府9家，常州府6家，苏州府3家。而苏南的无锡、镇江，苏北的徐州、淮安、盐城等地竟没有一家。可见，清代江苏经学世家的分布具有极强的地域差异，这种差异反映了不同地域文化繁荣的程度。

清代江苏经学世家在不同时期纵向分布的特点也十分明显，就主要的学术活动年代而言，大部分集中于乾隆、嘉庆、道光三朝，咸同以降，仅仅征刘氏一家。而至清末，典型的经学世家在江苏地区已不复存在。此一演变与清代经学盛衰的历史相呼应，亦是有清一代学术图景变化的直接反映。

上述18家经学世家的内部成员组成结构复杂多样。就代代相传的纵向结构而言，两世传经的家族最多，有11家，约占63%。两世经学世家中，既有父子相传者，如，高邮王念孙、王引之父子，江都汪中、汪喜孙父子，吴县朱骏声、朱孔彰父子；又有父子兄弟相传者，如，嘉定钱大昕、钱大昭兄弟及子侄钱东壁、钱东塾、钱塘、钱坫、钱东垣、钱侗、钱铎，兄弟、父子、叔侄之间皆治经学，时有"嘉定九钱"之称。三世传经的有4家，约占22%，如，吴县江声、江镠、江源，扬州宝应刘台拱、刘履恂、刘宝楠、刘恭冕。四世以上的经学世家仅有 2 家,约占 11%。然其声名显赫,均为专家之学,如,惠栋家族世传易学,扬州甘泉焦循家族世传易学,扬州仪征刘文淇家族世传《左传》。这在一定程度上体现了家学的本质特征——学脉的累世相传。学术数世相传,犹如古董或传家宝一般,渊源愈古老愈尊贵显赫。但数世相传并不绝对等同于学术成就也相应地增长。如钱大昕的经学、小学研究,任大椿的礼学研究,焦循的易学研究,在整个家族中成就均最高,兄弟及后世的子孙无人能企及。除此之外,还有常州武进臧氏一家隔代相传,臧琳的经学研究隔断了三代以后,在其玄孙臧镛堂和臧礼堂处又开始兴盛起来。

另外,清代江苏训诂世家的内部结构,除了族亲代代相传的纵向关系以外,还有复杂的横向联系,这种结构形成了维系家族与社会之间的重要关系网络。这种网络不断加强,使得不同的家学得以相互渗透且共同促进。据《清史稿》等史料记载,扬州一地的汪中、阮元、朱彬、刘台拱、焦循、刘文淇和刘宝楠等人,常相互切磋,为学术至交,互为师友。同时,他们之间还有盘根错节的姻亲关系,汪中之妻与朱士端的父亲朱毓楷为同胞兄妹,朱彬是刘台拱的表弟,朱彬堂弟朱联奎又为王念孙的女婿;焦循为阮元的女婿,阮元与刘台拱又为亲家。另外,还有许多甥舅外孙相承的关系,如凌曙为刘文淇的舅舅,华学泉为顾栋高的舅舅,宋翔凤、刘逢禄为庄述祖外甥,龚自珍为段玉裁的外甥,顾九苞、顾凤毛为任大椿的外甥等等。凡此之类,无不反映着江苏经学世家之间学术的交融与"资益"。

经学世家是以血亲关系为基础而形成的学术组织,同一家族中的成员,从小耳濡目染,受到家族文化的影响,在研究内容上必然会有共同的印记。现将清代江苏一地经学世家的家学内容总结如下:

一、《周易》研究

易学的研究首推东吴惠氏一家,前有详论,此不赘述。另外,苏州元和焦氏一家也世代传习易学。焦循的曾祖父焦源、祖父焦镜、父亲焦葱"皆有隐德,传易学"。曾祖父焦源精于易学,著有《读易图》。祖父焦镜娶王观涛的玄孙女,而王氏世以《易》名家,故而焦循祖、父都承续王氏的易学之法。焦循承家学,自幼好读《易》。焦循在这一领域辛勤耕耘数十年,"始究程、朱,渐探服、郑,自魏晋以来,历唐宋元明,至于惠栋、张惠言诸家,凡说《易》之书,必首尾阅之"。良好的家学渊源,加上焦循后天的努力,使其在易学方面取得了重大成就,所著《易学三书》(《易图略》《易通释》《易章句》),发明了"旁通""时行""相错"等解《易》的法则,被誉为"石破天惊"之作。

另外,还有两世、甥舅、兄弟治易学的家族,如汪棣、汪光爔父子。汪棣与惠栋为莫逆交,从其处学《易》。其子汪光爔"少承庭训,习闻诸老宿名论,乃潜志读书,博通经史……又辨惠氏《易爻辰图》之谬,予服其精深"①。张惠言有《周易虞氏义》九卷,《周易虞氏消息》二卷,由其外甥董士锡传其学。吴鼐有《易象约言》《周易大衍》等,其兄吴鼎亦精通易学,著《十家说易》九十卷、《易例举要》二卷。

二、《论语》研究

清代《论语》研究,以江苏宝应刘氏家族为代表。刘台拱为著名经学家,尤其精于《论语》,作《论语骈枝》一书,为世人所推崇。其堂弟刘履恂,曾任国子监典簿,作《秋槎杂记》一书,被阮

---

① 江藩《国朝汉学师承记》,中华书局,1983年,第118-119页。

元收入《皇清经解》。刘履恂及儿子刘宝楠、刘宝树,均受教于刘台拱,戴望言:"君(刘宝楠)从父端临先生(刘台拱)治汉儒经学,精深有条理,典簿君(刘履恂)及君兄河君(刘宝树)继之。君从学五河君,长则请业端临先生。"①刘宝楠从伯父处学《论语》之学,后依照焦循《孟子正义》的体例,采取《论语骈枝》的诸多见解,作《论语正义》二十卷。但他生前只完成了十四卷,后由其子刘恭冕续成。《论语正义》是在《论语》旧注中"精深邃密""后出转精"的一部著作,代表了封建时代《论语》研究的最高水平,凝结了刘氏三代人的心血。

### 三、《春秋公羊传》研究

清代《公羊》学研究,发端于常州的庄存与。庄存与治经广泛,于《春秋》学研究最为瞩目,他所著《春秋正辞》十一卷、《春秋举例》一卷、《春秋要指》一卷,使湮没长达两千余年的今文经学重现于世。他据西汉董仲舒、东汉何休的《公羊》学,专力发挥《春秋》的"微言大义",诸如天人感应、大一统、通三统等诸说都有论述。其侄子庄述祖深受伯父所倡导的《公羊》学影响,在治学时,亦重视义例的阐发,所著《夏小正经传考释》十卷。庄存与的同族曾孙庄有可所著《春秋注解》十六卷、《春秋字义本》四卷、《春秋小学》七卷,其外孙刘逢禄所著《公羊何氏释例》十卷、《春秋何氏解诂笺》一卷、《左氏春秋考证》一卷等,均一脉相承地阐释了《春秋》的"微言大义"。

### 四、《尚书》研究

常州的庄氏家族,除了治《公羊》以外,还世传《尚书》学。庄

---

① 戴望《故三河县知县刘君事状》,载《清代碑传全集》,上海古籍出版社,1987 年,第 1188 页。

存与的《尚书既见》、庄述祖的《尚书今古文考证》、庄有可的《尚书经文集注》均为经典之作。两位外甥刘逢禄、宋翔凤亦传外家学承,继成其业,深受庄存与的赞赏:"吾甥中刘申受可以为师,宋于庭可以为友。"①刘逢禄在《书序述闻》言:"《书》三科,述二帝三王之业。而终于《秦誓》,志秦以狄道代问,以霸统继帝王,变之极也。《春秋》拨乱反正,始元终麟,由极变而之正也,其为致太平之正经,垂万世之法戒一也。"这正是其外祖父的学说。所著《尚书今古文集解》亦汇聚了两代人的心血。

另外,有常州武进臧氏家族。臧琳研究经学主张以汉唐疏为主,以文字学为基础,著有《尚书集解》一百二十卷,时人评价甚高。臧琳之玄孙臧镛堂,从学于钱塘卢文弨,接续高祖学问,致力于《尚书》研究。其弟臧礼堂精于小学、《尚书》学,有《尚书集解案》六卷。

### 五、《左传》研究

清代江苏研究《左传》著称的家族为仪征刘氏。刘文淇开创一门四世的《左传》之学。他少年之时即精研群经,于《左传》致力最勤。他认为《左传》杜注多袭取汉魏人旧说,为恢复旧注原貌,刺取贾、服古注,疏通而证明。他历时四十年,作《春秋左传旧注疏证》一书,长编草稿有八十卷,晚年集聚一书,仅得一卷。其子刘毓崧以《左传》为重点研习对象,著作有《春秋左氏传大义》二卷,秦汉以来研究《左传》的主要成果,具甄录之。其孙刘寿曾、刘贵曾亦研习《左传》之学:刘寿曾有《读左札记》、刘贵曾有《春秋左传历谱》传世。曾孙刘师培年吝著丰,在短暂的三十六年中,他留下了七十四部著作、一百多篇文章,治学广博。其代表性著作有《左氏学行于西汉考》《春秋左氏传答问》《春秋左氏传古例诠微》

---

① 汤志钧《近代经学与政治》,中国书店,1989年,第71页。

《春秋左氏传注例略》《读左札记》等。刘师培从源头上梳理《左传》的起源与传承，建构《左传》的理论，将家学进一步发扬光大。

### 六、"小学"研究

乾嘉学派讲究训诂考据，主张以文字学为基点，从训诂、音韵、典章制度方面阐明经典大义和哲理。所以，"小学"成了通经的基本工具，受到了经学家的普遍关注，致使有成就的经学家都有着雄厚的"小学"基础。而以"小学"著称的世家，在清代江苏要数高邮王氏。乾隆初，官居礼部尚书的王安国，特延聘小学大师戴震"课其子念孙"。在名师的指导下，王念孙在文字、声韵、训诂学上，特有长进，而训诂造诣尤专深，以"日以三字为率"的毅力和功底，十年始成《广雅疏证》二十卷。他当时被誉为"高邮王氏，郑许之亚"[①]。王念孙又将治学的方法传授其子王引之，王引之深精小学，其精细程度，可与其父相提并论。

### 七、礼学研究

对于礼学的研究，在清代江苏一地，没有显赫的家族，但也出现了父子、兄弟之间互相研习的家庭。如扬州兴化的任大椿，长于礼学名物的研究，他著《弁服释例》十卷、《深衣释例》二卷、《释缯》一卷，皆为经典之作。又作《字林考逸》二十卷、《列子释文考异》一卷。其族兄任兆麟，自经史子集、音韵古籀皆颖悟解脱，以为大椿《字林考逸》《列子释文》二书未备，为之补正，作《夏小正注》四卷。其儿子任基振在父亲的指导下习礼学、小学，作《尔雅注疏笺补》一书。顾九苞幼丧父，其母为任大椿的姑母，精通文史，教授顾氏。顾氏长于礼学与《毛诗》。其子凤毛，亦受教

---

① 张舜徽《清人文集别录》，华中师范大学出版社，2004年，第248页。

祖母。年十一既通五经。从钱塘学音韵学,著有《毛诗集解》《董子求雨考》《楚辞韵考》《入声韵考》等。

以上诸经研究在江苏一地表现出了明显的家学化倾向。如果考察《清史稿·艺文志》所著录的清人经学作品,我们可以看出其中很大一部分都是出自清代江苏的经学世家。现以《周易》、《尚书》、《春秋》三传、"三礼"、"小学"类著述列表 2-3-2 如下:

表 2-3-2 各著作数占比表

| 经名 | 《艺文志》著录数 | 江苏训诂世家中的著作数 | 百分比(%) |
| --- | --- | --- | --- |
| 《周易》 | 246 | 32 | 13 |
| 《尚书》 | 118 | 12 | 10 |
| 《春秋》三传 | 152 | 25 | 16 |
| 三礼 | 271 | 38 | 14 |
| 小学 | 306 | 40 | 13 |
| 总计 | 1 093 | 147 | 13 |

由以上表格可见,《清史稿·艺文志》所著录的 246 种易学研究著作,其中的 32 种出自江苏经学世家,占总数的 13%;118 种《尚书》研究著作,12 种出自江苏经学世家,占总数的 10%;271 种"三礼"著作,有 38 种出自江苏经学世家,占了总数的 14%;306 种小学著作,有 40 种出自江苏经学世家,占总数的 13%,而《春秋》三传的比例则达到了 16% 之多。如果从总体上进行统计,清人上述 1 093 部文献著作,竟有 13% 出自江苏经学世家。除此之外,后人引以自豪的 9 种 12 部清人《十三经》新疏中[1],有 6 种 8 部出自江苏,其中 5 部出自经学世家。这些经学

---

[1] 清人的 9 种 12 部新疏为:1) 江苏苏州江声《尚书集注音疏》。2) 江苏苏州王鸣盛《尚书后案》。3) 江苏常州孙星衍《尚书今古文书》。4) 江苏常州陈奂《诗毛氏传疏》。5) 安徽绩溪胡培翚《仪礼正义》。6) 苏州仪征刘文淇的《左传旧注疏解》。7) 江苏句容陈立《春秋公羊传义疏》。8) 江苏宝应刘宝楠《论语正义》。9) 江苏扬州甘泉焦循《孟子正义》。10) 浙江余姚邵晋涵《尔雅正义》。11) 浙江瑞安孙诒让《周礼正义》。12) 山东栖霞郝懿行《尔雅义疏》。

著作无疑涵盖了乾嘉时期经学领域中的重要成果,此种情况不仅说明了江苏一地为经学研究的重地,也显示了家学在文化传承中所起到的重要作用。也正因此,刘师培无不感叹地评价清代学术为"惟有私学无官学,有家学无国学"①。

　　清代江苏境内的经学世家,由于在时间和空间上的延伸,发展为众多以研究汉代经学为主体的地域性学派。章太炎在论及古代学术流派的成因时曾指出:"视天之郁苍苍,立学术者无所因。各因地齐、政俗、材性发舒,而名一家。"②由此可见,太炎先生认为"地齐、政俗、材性"是构成古代学派的三大因素,"地齐"就是地域,地域的历史文化积淀对地域性学派的形成具有最直接与明显的影响。"封建社会经学世家建立在自给自足的自然经济基础上,社会结构仍然是以一家一户的家庭为单位。因此它的学术研究,虽然有上一辈所积累的研究成果和经验,可以有所继承和发展。但如果一个家族没有顶尖的继承人,及时通过各种渠道向社会积极传播,就有可能成为绝响。"③因此,为了使家族经学研究的传统代代相传,作为家学的补充,便是在家庭内设馆授徒,通过其弟子的一传再传,以扩大影响,争得学术地位和获得社会认可。而弟子中又每每坚持信奉师说,并以此作为自己家庭教育的主要内容,从而形成新的家学。随着在同一区域内经学世家的不断外延和拓展,逐渐就形成了以师长为奠基人和家学为核心的具有鲜明地域特征的学术流派。在清代江苏境内,比较著名的经学研究学派有吴派、扬州学派、常州学派,他们是乾嘉学派的重要组成部分,均是在当地经学世家的基础上

---

① 刘师培《南北考证学不同论》,载《刘师培论学论政》,复旦大学出版社,1990年,第65页。
② 章太炎《訄书》,载《章太炎全集》(三),上海人民出版社,1984年,第133页。
③ 陈居渊《乾嘉学派成因新论——从清代的家学与经学谈起》,载《华学》(三),中山大学出版社,1995年,第127页。

发展而来的。吴派以吴县惠栋家族为中心,惠栋的弟子江声因受其《古文尚书考》的启迪,致力于《古文尚书》的语音研究,并由子孙继承发展为以训诂学为特征的家学。出生于嘉定的钱大昕,从惠栋问经义,而在钱大昕的推动下,钱氏一门子孙多成为吴中著名的经学世家。江藩称之为:"先生之弟大昭,从子塘、坫、东、垣、绎、侗,子东壁、东塾,一门群从,皆治古学,能文章,可谓东南之望矣。"其实,吴派除了苏州府籍的沈彤、江声、余萧客等学者,还涵盖了比较广泛的地理范围,如,洪亮吉、孙星衍、王昶、王鸣盛、钱大昕等分别隶属清代常州、太仓以及松江的阳湖、嘉定、华亭三县,江藩则是扬州府甘泉县人。由此可以得出这样的结论:所谓吴派实际上是清代乾嘉之际以苏州地区的惠氏家族为核心,由多位江南学者组成的经学研究群体。扬州学派的形成亦是如此,因其主要成员都为扬州府籍而得名。这个学派包含了诸多经学世家中的学者,如焦循、焦廷琥父子,任大椿、任兆麟、任兆基兄弟,顾九苞、顾凤毛父子,汪中、汪喜孙父子,王念孙、王引之父子,刘文淇、刘毓崧父子等。除了家族之内相互影响之外,他们还互为师友,互相问学,使整个地区的学风趋同,从而形成了一个地域性学派。尹炎武先生言:"扬州学派于乾隆中叶,任、顾、贾、汪、王开之,焦、阮、钟、李、汪、黄继之,凌曙、刘文淇后起,而刘出于凌,师培晚出,席三世经传之业,门风之盛,与吴中三惠九钱相望,而渊综广博,实有吴皖两派之长,著述之盛,并世所罕见也。"①以今文学出名的常州学派亦在庄氏家族的基础上兴起。

---

① 尹炎武《刘师培外传》,载《刘师培全集》(一),中央党校出版社,1993年,第16页。

## 第三章　惠栋著述考

惠栋与当时的戴震、钱大昕同为乾嘉时期学术界的代表人物,在清代学术史上有重要的地位。戴震之书,先有孔继涵为其整理后刊行,后又有《安徽丛书》的《戴氏遗书》,今人整理的又有《戴震全集》《戴震全书》相继问世。钱大昕之书,他逝世后已整理有《潜研堂全集》,现又有陈文和主编的《嘉定钱大昕全集》出版。所以,戴、钱二氏之书,世人无不知。唯有惠栋的书今天难以窥见全貌。漆永祥认为造成现在这种情况的原因主要有五个方面:

一、家道变故,其父惠士奇被罚修镇江城,竭尽资财,家境衰微,而惠栋为糊口计,晚年往来于扬州,无暇顾及自己著作的整理;二、年不能永,惠栋本人,仅有六十二岁便去世了,所有著述,凡已成、未成者,皆因年不能永,不及完成与刻刊;三、子嗣难承其续,惠氏虽四世传经,然惠栋五子,或早亡,或疯癫,其寿终者,学无所成,不能继承家学;四、弟子无显贵,惠栋弟子如江声、余萧客,为贫困所迫,己身尚不能维持,更无力顾及师门;五、内容繁难,惠氏所治学很大一部分集中在汉《易》研究上,汉儒解《易》,多易例法则,研读十分不易,故惠氏《易》学,苦于内容繁难,后人探究者很少。①

---

① 参漆永祥《东吴三惠著述考》,载《国学研究》第十四卷,北京大学出版社,2004年,第169页。

漆先生所说为是。据今人不完全统计，惠氏的著作至少有59种之多，其中还不包括惠氏所校之书。今天出版流行的仅有五六种，大部分著作以珍贵孤本的形式在各大善本书库之中被束之高阁密闭保存。作为后人，我们有责任对其著述做一简单梳理。

## 第一节　惠栋著述简明提要

民国时期，吴县王欣夫遍搜江南藏书楼与各家书肆，得到惠氏著述与藏书不少，并著有《松崖读书记》等，可惜在"文革"中，先生所藏的书，大多都散佚丢失了。今北京大学漆永祥先生也多年致力于惠氏文献的搜集整理，取得了可喜的成果。今我们参考王、漆两位先生的成果[①]，结合自己在各大图书馆所见惠氏之书的情况，将惠氏的著述列举如下。

### 一、传世本

1.《郑氏周易》，郑玄撰，王应麟辑，姚士粦补辑，惠栋补

此书《四库全书》题为《新本郑氏周易》。东汉郑玄注《易》有九卷，今已失传。他的注释语言多存于陆德明《经典释文》、李鼎祚《周易集解》等诸书中。辑郑氏《易》说者，始于宋代的王应麟，他辑录了一卷，后人附刻《玉海》之末。惠栋以王氏本为底本，又多取材于"三礼"及《史记》《汉书》《后汉书》《经典释文》《周易集解》《周易正义》诸书，比王书多出九十二条。他在每条中皆注明出处，分为三卷。《四库全书总目提要》评价此书："栋因其旧本，重为补正。凡应麟书所已载者，一一考求原本，注其出自某书，

---

[①] 参看漆永祥《〈四库总目提要〉惠栋著述纠误》《东吴三惠著述考》《惠栋易学著述考》等文，王欣夫《蛾术轩箧存善本书录》等。

明其信而有征,极为详核。"① 今存有乾隆二十一年(1756)德州卢氏刊《雅雨堂丛书》本、文渊阁《四库全书》本、《丛书集成初编》本。

2.《周易郑注爻辰图》一卷

此一卷附于《郑氏周易》之后,因内容和《郑氏周易》迥异,所以单独列出。爻辰,是郑玄解《易》的术语,郑氏书早已亡佚,惠栋根据唐人《周易正义》等所征引材料,作《十二月爻辰图》《爻辰所值二十八宿图》等,为书一卷,亦见于《易汉学》卷六的《郑康成易》。

3.《周易述》二十一卷

《周易述》二十一卷是惠栋摒弃王弼、韩康伯以来注疏,专宗虞翻,参以荀爽、郑玄诸家之义,兼采汉魏诸家及宋以来诸说,约其旨为注,演其说为疏,是清代第一部自注自疏的著作。惠氏此书,以荀爽、虞翻"升降""时中"之说为主以衍易理,其最有特色也最为人诟病的地方,是其依据旧说而改通俗本的文字,他所凭借的是《释文》《集解》诸书引子夏、京房、孟喜、荀爽、虞翻、蜀才诸人之说,及《诗》《礼》《论语》《史》《汉》诸书之注为证,多改今文为古文,或改俗字从古字。如,以"六如"改卦名,《屯》初九"盘桓"之"盘"作"般";六二"邅如"之"邅"作"亶","班如"之"班"作"驙","婚媾"作"昏冓",等等。《四库全书总目提要》云:"栋能一一原本汉儒,推阐考证,虽掇拾散佚,未能备睹专门授受之全,要其引据古义,具有根柢,视空谈说经者,则相去甚远。"② 惠栋此书不全,后有江藩《周易述补》四卷为其做补充。今有乾隆二十五年(1760)卢见曾雅雨堂刻本、《四库全书》本(第 52 册)、《皇清经解》本、《四部备要》本、天津古籍出版社 1989 年版、巴蜀书社

---

① 《四库全书总目提要》(一),河北人民出版社,2000 年,第 53 页。
② 《四库全书总目提要》(一),河北人民出版社,2000 年,第 174 页。

1993年版(底本为《四部备要》本)、中华书局2007年版。

### 4.《易微言》二卷

一般附在《周易述》之后,但内容与《周易述》有不同,所以,我们作为两种书来处理。此书上下卷共六十一条,汇辑先秦两汉诸家论说,逐条列举,以区别于宋儒所说的义理。《四库全书》附之《周易述》卷二十二、二十三,然卷下缺"辨精字义"以下十九条。此书上卷有元、体元、无、潜、隐、爱字义、微、三微、知微之显、几、虚、独、蜀独同义、始、素、深、初、本、至、要、约、极、一、致一、贯、一贯、忠恕之义、一贯之道、子、藏、心、养心等条,下卷如道、远、玄、神、幽赞、幽明、妙、诚、仁、中、普、纯、辨精字义、易简、易、性命、性反之辨、三才、天地尚积、圣学尚积、王者尚积、孟子言善积、三五、乾元用九天下治义、大、理、人心道心、诚独之辨、生安之学、精一之辨等条。钱穆先生言:"大抵上卷言天道,下卷言人道,所谓义理存乎故训,故训当本汉儒,而周秦诸子可以为之旁证也。"①

### 5.《易大义》二卷

此书或作《易大谊》,包括《中庸注》二卷和《礼运注》一卷。关于此书的成书,江藩认为是惠氏先作《中庸注》与《礼运注》,后又用易理推衍其说,最后才成书的,他说:"盖征君先作此注,其后欲著《易大义》以推广其说,当时著于录而实无其书,嗣君汉光先生即以此为《大义》耳。至于《礼运》,则反复求之而不能明也。"②然《续修四库全书总目提要》论《易大义》则直接批评江氏所说:"惠氏说《中庸》曰:此仲尼微言,子思传其家学,非明《易》不能通此书。是惠氏之《中庸》注本,为发明《易》义而作,藩谓先

---

① 钱穆《中国近三百年学术史》(上册),商务印书馆,1997年,第325页。
② 江藩《周易述补·附易大义》卷首,清道光九年刻,《节甫老人杂著》本,第二册第1页。

作此注,复欲著《易大义》推广其说,殆失之矣。"①漆永祥先生认为《续修四库全书总目提要》所说为是。"惠栋曰:'子游《礼运》、子思《中庸》,纯是《易》理。'又论《易》道尚'中和',而'中庸'即中和。故注此二篇与《易》相发明。江藩不加深考,反以为惠栋后人误解其先人之意。"②今有《节甫老人杂著》本。

6.《易例》二卷

此书一般附在《周易述》之后。卷下最后"易例"条曰:"《坤》'文言'述《坤》六三之义云:'妇道也,妻道也,臣道也。'盖《坤》于《乾》有妇道,有妻道,有臣道,独不云有子道,子道属之六子也。圣人易例之分明如是。《公羊传》曰:'臣子一例,乃《春秋》之例,非《易》例也。此治《易》者所当知耳。'"惠氏此处自述《易》书体例的重要性。此书考汉儒传《易》源流与解释汉儒易学义例,共九十小类。大抵是上卷明《易》的由来及性质、内容,下卷明汉儒解《易》诸例。李慈铭谓书中"多义蕴精深,所包甚广,为易学者不可不读"③。今有《贷园丛书》本、《四部备要》本、《四库全书》本(第 52 册)、《皇清经解》本、天津古籍出版社 1989 年版、巴蜀书社 1993 年版、中华书局 2007 年版。

7.《明堂大道录》八卷

惠栋在《明堂总论》中指出此书为《明堂大道录》之名的原因:"乃因大道者,取诸《礼运》,盖其道本乎《易》而制寓于明堂,故以署其篇云。"④惠氏以为,"明堂为天子大庙,禘祭、宗祀、朝觐、耕籍、养老、奠贤、飨射、献俘、治历、望气、告朔、行政,皆行于其中,故为大教之宫,其中有五寝、五庙、左右个、前堂、后室。室

---

① 中国科学院图书馆整理《续修四库全书总目提要》上册,中华书局,1993 年,第 53 页。
② 漆永祥《东吴三惠著述考》,载《国学研究》第十四卷,第 386 页。
③ 李慈铭著,由云龙辑《越缦堂读书记》,上海书店出版社,2000 年,第 8 页。
④ 惠栋《明堂大道录·明堂总论》,《续修四库全书》第 108 册,第 545 页。

以祭天,堂以布政。上有灵台,东有大学,外有四门。四门之外,有辟廱,有四郊,及四郊迎气之兆。中为方泽,左有圜丘。主四门者有四岳,外薄四海,有四极。权舆于伏栖之《易》,创始于神农之制。自黄帝、尧、舜、夏、商、周,皆遵而行之。而行之者,以天下至诚,贯三才之道,施之春秋冬夏,是为七始。始于尽性,终于尽人性,尽物物,赞化育,而成既济定者也。三代以前,其法大备,详于《周礼》之《冬官》,《冬官》亡,而明堂之法遂不可考,略见于《六经》,而不得闻其详。说经者异同间出,惟前汉之戴德、戴圣、韩婴、孔牢、马宫、刘歆,后汉之贾逵、许慎、服虔、卢植、颖容、蔡邕、高诱诸儒,犹能识其制度,惜为孔安国、郑康成、王肃、袁准四人所乱。安国以禘祫为审禘昭穆,故汉四百年无禘礼;康成以文王庙如明堂制,谓国外别有明堂;王肃又以禘喾为后稷之所自出,非配天之祭,及袁准作《正论》,谓明堂、太庙大学各有所为,排诋先儒,并及《六经》。于是明堂之法,后人无有述而明之者矣"。① 惠栋认为,明堂为大教之宫,其制备于三代,《周礼·冬官》中曾详载此制度,然《冬官》亡而明堂之法也失考。但《说卦》及汉孺解《易》书中亦涉及古代的明堂之制,故著此书予以考明。

今有清乾隆毕氏刻《经训堂丛书》本、《皇清经解续编》本、《丛书集成初编》本、《续修四库全书》本(第108册)。

8.《禘说》二卷

惠氏又"因学《易》而得明堂之法,因明堂而知禘之说,于是刺六经为《禘说》,使后之学者知所考焉"②。《禘说·叙首》:"禘有三:有大禘,有吉禘,有时禘。大禘者,圜丘之禘也;吉禘者,终王之禘也;时禘者,春夏之禘也。吉禘、时禘,皆在明堂;独大禘在圜丘与南郊就阳位同,而亦谓之禘者,以圜丘为明堂六天之祭

---

① 惠栋《明堂大道录·明堂总论》,《续修四库全书》第108册,第545页。
② 惠栋《禘说》卷上《叙首》,《续修四库全书》第108册,第529页。

故也。禘者,禘其祖之所自出,皆天子配天之典。故《尔雅·释天》、郑氏《大司乐》注谓之大祭。自明堂之法不明,后人只据春秋诸侯之禘,谓禘在太庙。又据纬书之言,以禘止审禘昭穆,非配天在祭,而禘谊晦矣。王肃、赵匡又谓禘其祖之所自出,以祖为后稷,以喾为祖之所自出,而禘法乱矣。其误在推诸侯之礼而至于天子,以禘在太庙,不在明堂。既在太庙,遂以禘止审禘昭穆,非配天之祭。既非配天,又以禘其祖之所自出为以祖配祖。由是禘之说不可得而闻,而明堂之法愈不可考矣。"①"禘"之义历代亦无定说,惠氏之说,为一家之言而已。今有《皇清经解续编》本、《丛书集成初编》本、《续修四库全书》本(第 108 册)。

9.《易汉学》八卷

此书原为七卷,名曰《汉易考》②。今本有八卷,是因为第八卷附有《周易附录》。此书卷一、二为孟喜易,卷三为虞翻易,卷四、五为京房易,卷六郑玄易,卷七荀爽易,卷八辨河图洛书、辨先天后天、辨两仪四象、辨太极图,又有重卦说、卦变说。《四库全书总目提要》以为"其以虞翻次孟喜者,以翻《别传》自称五世传孟氏易,以郑玄次京房者,以《后汉书》称玄通京氏易也,荀爽别为一卷,则费氏易之流派矣……夫《易》本为卜筮作,而汉儒多参以占候,未必尽合周、孔之法,然其时去古未远,要必有所受之。栋采辑遗闻,钩稽考证,使学者得略见汉儒之门径,于《易》亦不为无功矣。"③又惠氏《原序》:"六经定于孔子,毁于秦,传于汉,汉学之亡久矣,独《诗》《礼》,犹存。毛、郑两家《春秋》为杜氏所乱;《尚书》为伪孔氏所乱;《易经》为王氏所乱。杜氏虽有更

---

① 惠栋《明堂大道录·明堂总论》,《续修四库全书》第 108 册,第 529 页。
② 漆永祥先生见上海图书馆藏稿本《周易本义辨证》稿本六卷,一册。其卷一:"蒙以亨,行时中也"条,刻本云"说详《汉易考》",稿本"汉易考"三字,朱笔改为"易汉学",故漆先生认为此书原名当为《易汉学》。
③ 《四库全书总目提要》(一),河北人民出版社,2000 年,第 175 页。

定,大较同于贾、服;伪孔氏则杂采马王之说,汉学虽亡,而未尽亡也。惟王辅嗣以假象说《易》,根本黄老,而汉经师之义荡然无复有存者矣。"①自惠栋曾祖父有声始治汉《易》,惠栋趋承其家学,左右采获,而成此书。此书既为惠氏四世所传之家学,亦为清儒大倡汉学之肇端。一般附于《周易述》之后。今有《四库全书》本、《丛书集成初编》本、《皇清经解续编》本,另2007年中华书局出版有郑万耕点校本(以《四库全书》本为底本)。

10.《周易本义辨证》五卷

此书上海图书馆藏有惠氏手稿本,大题原作《周易本义旁通》,"旁通"涂改成"辨证"。《续修四库全书总目提要》论此书曰:"朱子作《易本义》,依吕祖谦所定之古本,分为经二卷、传十卷,删'彖曰''象曰''文言曰'后增之文,程子《易传》则仍依王弼本。明人修《周易大全》,取朱子卷次割裂附于程《传》,坊本《易本义》,遂以程之次第为朱之次第,沿讹袭缪。占毕之士,莫喻其非。栋著此书以更正之。《本义》向无音释,栋采吕祖谦之古《易》音训附之,又据《说文》《玉篇》《广韵》诸书,以补音训之未备,朱子依古本与程子依王弼本字句不同,栋据李公传、胡一桂、董楷、胡炳文诸家之说,悉为改正。其坊刻之讹字,亦一一勘订之,至《本义》有未备者,间以《语类》《程传》补之,并广以汉儒之说,询为读《易本义》之善本,惟不全刻经文,仅标举经文及《本义》之一二语,附加辨正于后,则以坊本沿袭已久,限于当时功令,不敢擅改原书也。"②今有上海图书馆藏手稿本、清惠氏红豆斋钞本、《省吾堂四种》本、《续修四库全书》本(第21册)。

11.《左传补注》六卷

惠栋认为《春秋三传》之中,《左传》为古文经学。《四库全书

---

① 惠栋《周易述附〈易汉学〉〈易例〉》,中华书局,2007年,第513页。
② 《续修四库全书总目提要》上册,第52-54页。

总目提要》论《左传补注》云:"是书皆援引旧训,以补杜预《左传集解》之遗,本所作《九经古义》之一,以先出别行,故《九经古义》刊本,虚列其目而无书。目作四卷,此本实六卷,则后又有所增益也。"①又论《九经古义》曰:"是编所解,凡《周易》《尚书》《毛诗》《周礼》《仪礼》《礼记》《左传》《公羊》《穀梁》《论语》十经,其《左传》六卷,后更名曰《补注》,刊版别行,故惟存其九。"②对《左传补注》的成书情况,此处所言有问题,后面有详证。今有《守山阁丛书》本、《贷园丛书》本、《墨海金壶》本、《四库全书》本、《皇清经解》《丛书集成初编》本。中华书局1991年据《守山阁丛书》本排印。

12.《论语郑注》二卷,惠栋辑,宋翔凤补辑

郑玄注《论语》原有十卷,唐时尚存,《隋书·经籍志》及《唐书·艺文志》均有著录。但到了宋代,《崇文总目》《郡斋读书志》《直斋书录解题》等均不著录,则知此书北宋已亡佚。今存世的有嘉庆二十五年《浮溪精舍丛书》中《论语郑注》两卷,旧题宋翔凤辑。然而,王欣夫先生认为,此书内容十有八九是惠栋所辑,宋翔凤仅仅是在惠栋的基础上,做了些补辑。然而,宋翔凤在序言跋语中却只字不提,有掠美之嫌。王欣夫先生言:"余读瞿氏铁琴铜剑楼所藏目录钞本,云出深宁叟搜辑,为从来所未闻。于一九三五年二月,亟向凤起假读。则与惠栋《古文春秋左传》、江声《论语竢质》合订一册,疑亦惠、江师弟所辑。检劳季言批注《田裕斋藏书记》云:'此亦惠征君辑本,鲍渌饮曾刊之,板式与丛书同,却罕见。'则信乎其为定宇所辑,而托名厚斋也。取宋辑本比勘,乃宋辑与惠本十九相同,而序中并未言及惠本,颇有掠美之嫌。"对此,王欣夫先生将常熟瞿氏铁琴铜剑楼所藏钞本与宋

---

① 《四库全书总目提要》卷二十九经部,春秋类四《左传补注提要》,第一册,第768页。
② 同上书,第878页。

本进行了一一校验,最后指出:"是定宇之托名古人,与宋氏之掠美前贤,皆于瞿氏钞本得其证。事似相反,其属好事之过则一也。《郑注》辑本,又有陈鳣、王谟、马国翰、孔广森、袁钧、黄奭、臧庸、丁杰诸家,而近来敦煌及日本写残卷发现甚多,于《郑注》全文,几十得八九,皆为清儒所未见。"① 今清嘉庆四年浮溪精舍刊本《论语郑注》当改为惠栋辑,江声补辑为妥。

13.《九经古义》十六卷

《九经古义》为惠栋早期的著作,书中所释《周易》《尚书》《毛诗》《周礼》《仪礼》《礼记》《公羊》皆两卷,《穀梁》《论语》皆一卷。《四库全书总目提要》言:"曰古义者,汉儒专门训诂之学,得以考见于今者也。……栋作是书,皆搜采旧文,互相参证。其中爱博嗜奇,不能割爱者……大抵元元本本,精核者多。"② 今有《贷园丛书》本、《四库全书》本(第191册)、《皇清经解》本、《丛书集成初编》本。

14.《惠氏读说文记》十五卷,惠士奇、惠栋著,江声参补

此书为惠氏父子所作(后有详证),弟子江声参补,前后无序跋,以《说文》十五篇为次,先列部首,次列所释之义。此书非惠氏父子专门的著作,而是读《说文》时的随手札记,后由其弟子江声整理而成。故全文语言简略,多引经传之说以证《说文》,凡涉义训、重文、引经、经字、古字、或体、俗体、读若、古音等,与段玉裁《说文注》多相合。今有《借月山房汇钞》本、《泽古斋》本、《指海》本、《丛书集成初编》本、《续修四库全书》本(第203册)、中华书局1985年均据《借月山房汇钞》本影印出版。

15.《后汉书补注》二十四卷

自范晔等著《后汉书》以后,范书行而先于范书的《东观汉

---

① 王欣夫《蛾术轩箧存善本书录》(上),《辛壬稿》卷一《论语郑注》,第404－405页。
② 《四库全书总目提要》(一),河北人民出版社,2000年,第879页。

记》及谢承、薛莹、司马彪、华峤、谢沈、张莹、袁山松诸家的《后汉书》皆亡佚。惠栋取《初学记》《艺文类聚》《北堂书钞》《太平御览》等书，钩沉有关史料分别疏于《后汉书》，或随补范书不足，或纠范书刘昭注之讹，共计二十四卷。后王先谦作《后汉书集解》对此书极为重视，他说："余服膺此书有年，于遗文奥义复加推阐。惠氏外广征古说，请益同人，所得倍夥，爰取而刊行之。因念是书章怀注后历千年，而惠氏为补注，更二百年而余为集解，纂述之事，何其辽哉！"①此书今北京大学图书馆内藏有稿本、钞本及数种刻本。② 今比较流行的本子有《粤雅堂丛书》本、《史学丛书》本、《丛书集成初编》本、《续修四库全书》本（第 270 册）、中华书局 1985 年均据《史学丛书》影印本。

16.《汉事会最人物志》三卷

此书或著录曰《两汉人物志》，取《史记》、《汉书》及诸家《后汉书》《潜夫论》《法言》《楚汉春秋》《三国志》《埤雅》《博物志》《世说新语》《文选》《水经注》《诗品》《文心雕龙》《初学记》《艺文类聚》《太平御览》《法书要录》诸书正文或注文所引，凡起高帝迄徐英，计二百一十多人，西汉一卷，东汉二卷，皆注明出处，或一人一条，或一人数条，多者达数十条。此书北京大学图书馆又藏有吴清如抄本，末有吴起潜跋语曰："惠定宇先生原本，旧藏黄大堯翁家，兹不知归何所。"由此可知，惠氏原本为黄丕烈所藏，后不知所终。此本为江标所藏而刻入其《灵鹣阁丛书》本。《丛书集成初编》依据此本影印。

17.《尸子》三卷附录一卷，尸佼撰，惠栋辑，任兆麟补遗

《尸子》一书早已亡佚，先由唐代的魏征辑佚。惠栋辑《山海经》《史记》《后汉书》《尔雅》《水经》《文选》诸书之注及《意林》《广

---

① 王先谦《后汉书集解》上册，中华书局，1984 年，第 1 页。
② 漆永祥《东吴三惠著述考》，载《国学研究》第十四卷，第 399－400 页。

博物志》《绎史》《文献通考》《艺文类聚》《太平御览》诸书所引,辑成三卷。后任兆麟又作《附录》一卷,缀于卷末。此后又有孙志祖、孙星衍、汪继培等人续辑本,以汪辑本最全,后又有张之纯的评注本。今有乾隆五十三年任氏刻《心斋十种》本①,藏于中国国家图书馆。

18.《太上感应篇集传》四卷,惠栋笺,俞樾续义

今人考证《太上感应篇》为燕慕容跣之作,全书千余字,宣扬天人感应,劝善惩恶。大意是天地有司过的神君,三台北斗神君、三尸神、灶神专录人的善恶,为恶者必让遭祸,为善者必让遇福。此书共记载善事二十六则,恶事一百七十则。惠氏仿效成玄英注《庄子》的体例为此书作注,征引赡博,极为典赅,但是,也有追求新义不足信的地方。此书自序中言不分卷,吴熙载刊本就是一卷,但粤雅堂本分为上下卷。后俞樾、姚学塽、于觉世等续有赘言,光绪二十五年正定王氏将其合刊出版,分为四卷。今有《藏外道经》本(第27册)。

19.《说铃注》二卷,汪琬自注,惠栋增补

《说铃》为清代汪氏撰写的一部笔记小说。此书与《世说新语》《语林》等相类,录一时名士,如,王士禛兄弟、刘体仁、吴兆骞、魏象枢、计东、周亮工、彭而述、曹本荣、朱彝尊等人的掌故噱谈。后汪氏又自为之注,惠栋增补。惠氏参考前代书如《史记》《汉书》《世说新语》《元和郡县志》等及清儒朱彝尊、周亮工、王士禛、王士禄、尤侗、宋荦、魏裔介等人之说增补注释。今有康熙间无锡华氏刻本,藏上海图书馆;上海图书馆又有清抄本,封面有"汪氏说铃卷上,钝翁自注,惠栋补注",正文首页有"海宁陈鳣观""上海图书馆"朱长方二印。抄本内容与刻本基本相同。

---

① 今范希曾先生编《书目答问补正》言"心斋十种本《尸子》三卷附一卷,为任兆麟辑",有误,当改为惠栋辑三卷,任兆麟补辑一卷。

20.《九曜斋笔记》三卷

此书有五百多条,前两卷杂论,卷二末"趋庭录"诸条,为惠栋早岁受庭训的记录,卷三后百余条专论称谓,采顾炎武、阎若璩、胡渭、王士祯、傅山诸人之说,尤以阎氏《潜邱札记》与王氏诸书为多。惠氏祖孙父子治学的主张就是申汉学而驳宋学。如,卷一《说文》、经术饰吏事、卦气、郢书燕说诸条,卷二训诂、经术、不知而作、经学诗学、本朝经学、朱震、汉宋、洪范学、师法、家法等条,皆为表彰汉学而贬斥宋学。又卷一扶风、惠姓条,卷二张儋伯、趋庭录、郑敷教郊游籍、曾王父友、砚溪先生论文遗语诸条,则为研究惠氏家族史的重要资料。今有《聚学轩丛书》本,《丛书集成续编》依据此本影印。

21.《松崖笔记》三卷

此书三卷,二百五十余条,前有翁广平序。全书摘录《白帖》《意林》《太平御览》《太平广记》诸书,间及时人语,较《九曜斋笔记》更为博杂。如卷一唐人正义条论"正义"之名之始,诞先登于岸条引惠士奇驳宋人取佛家彼岸之说,主一无适条论宋儒不识字,卷二推易始末条驳毛奇龄《推易始末》之误,这些内容皆为惠氏平日论学的语言。王欣夫先生以为,此本为随手杂记,以备著书之用。今有《聚学轩丛书》本,《丛书集成续编》由此本影印出版。

22.《渔洋山人精华录训纂》十卷,王士祯撰,惠栋训纂

此书最主要的特色就是以注经之体注诗,其《凡例》云:"诗人之义,其旨微,其趣逸,其寄托深远,苟能明其事之本末,令读者讽泳涵濡而义自见,若其事未明,猥欲凿空笺释,反复数十言,按之本文,未必皆诗人之意也。"惠栋在注释诗歌的时候,涉及的范围很广,其注释的字数是原书字数的三倍多。另外,他还在各诗下注明诗作年份和原在何集,以备检索。他注释之时参考了

前代经史、诸子、集部、释道二藏等书,有百余种之多。清人言论如,沈大成、沈彤、王昶、王鸣盛、钱大昕亦皆录之,惠栋祖、父之书如《诗说》《砚溪先生诗文集》《易说》《红豆斋时术录》等及惠栋自著书中相关言论亦有录入。《四库全书总目提要》列举惠注一卷之失讹后,谓"至于元元本本,则不及其诂经之书多矣。人各有能有不能,不必以此注而轻栋,亦不必以栋而重此注也"。今有东吴惠氏红豆斋刻本,《四部备要》《四库存目丛书》均依据此本影印。

23.《渔洋山人精华录训纂补》五卷,二册

此书为补《渔洋山人精华录训纂》,版心下有"红豆斋"三字。有的补注不足的地方,有的补足缺少的内容。有乾隆间德州卢氏刊本。

24.《精华录笺注辨讹》一卷,金荣笺注,惠栋辨讹

与惠栋近乎同时注渔洋山人诗的还有金荣《渔洋山人精华录笺注》十二卷,有金氏凤翔堂刊本。此书以诗作时间先后编年为次,注文夹注于诗句的下面,较多地采取了徐夔、惠栋等注释。《四库全书总目提要》说金荣《渔洋山人精华录笺注》在惠栋的《训纂》之前,是不准确的。金荣《渔洋山人精华录笺注·凡例》:"乙卯秋,于友人处得惠君栋注本,喜其该恰,而于当代事颇为周悉,亟录之,以补余所未逮。"由此可见,金荣《笺注》在成书之前,已有惠栋《训纂》在流传。惠栋《九曜斋笔记》卷三"《竹南漫录》补二则":"余注《精华录》初成,有妄庸子者,窃其书以行于世。或问余,某氏窃君书几许? 余笑曰:'一一鹤声飞上天,都不存矣。'"又曰:"某氏窃余注,妄有增益,余因做《辨讹》一卷。"惠氏所谓"妄庸子""某氏"应为金荣。惠栋《笔记》中所说的《辨讹》即《精华录笺注辨讹》一卷,今有东吴惠氏红豆斋刻本存世,专辨金注之失。王欣夫先生《蛾术轩箧存善本书录》录有《渔洋山人精

华录笺注》十二卷,金荣笺注,徐淮纂辑,惠栋评校。王欣夫先生言:"此为定宇《金注订讹》之底稿。全书涂抹几遍,纠误不下数百签,刻本只及十一耳。"①漆永祥先生言"惠氏所评,历举金氏窃己之赃证,确然无可遁避,且纠其误,斥责有加"②,可惜底稿今已不存。依据《辨讹》一卷,更能体现惠氏书比金荣《笺注》早。今有东吴惠氏红豆斋刻本。

25.《渔洋山人年谱注补》一卷

王士禛曾自编《年谱》一卷,惠氏于《凡例》曰:"余初撰山人《年谱》一卷,后从少宰黄北平先生叔琳许得山人自撰《年谱》一卷,遂以余所撰《年谱》补注于下,分为上下二卷,于是山人出处事迹粗为备矣。"惠氏收集的材料特别广,所以补注比原来的更为详细。今有红豆斋刊本,《四部备要》《续修四库全书》据此本影印。

26.《松崖文钞》二卷

此本为刘世珩从萧穆处得到的,萧氏又抄自上海的赵静涵,共有三十一篇,萧氏又搜得九篇,凡论一、考一、议二、序二十五、书一、跋五、记二、疏一、墓志一、祭文一共计四十篇。其中,如《徐大中丞谳语序》《刻声调节器谱序》《啸村诗序》等,皆见卢见曾《雅雨堂文集》中,其他如《易论》实际是《易汉学》卷七《荀慈明易·易尚时中说》,又见《周易述》卷十七的疏文,此文是惠氏论《易》的创见。又《重卦考》即《易汉学》卷九《重卦说》。惠氏自谓"文章贵简",其文简洁有法,不枝不蔓,刘世珩谓其文"渊雅峻洁",确实如此。有《聚学轩丛书》本,《丛书集成续编》本据此影印。

---

① 王欣夫《蛾术轩箧存善本书录》,《癸卯稿》卷四,《渔洋山人精华录笺注》下册,第1031页。
② 漆永祥《东吴三惠著述考》,载《国学研究》第十四卷,第413页。

27.《周易讲义合参》二卷，一册

此书首页有"惠栋之印""定宇"等印记，当为惠氏原稿，间有朱笔校改。体例与惠氏《周易古义》不同，《古义》重训沽，《合参》重义理。书中各章末尚有简短总结，如《上系》第一章"天尊地卑……位乎其中矣"，最后惠氏曰："此章言人当求《易》于天地，又当求天地之《易》于吾身也。"又如第二章"圣人设卦观象……自天佑之，吉无不利"，惠氏曰："上章言伏羲之《易》，此章言文、周之《易》，而以君子之学《易》结之。"又如第十一章"子曰：夫《易》何为者也……吉凶所以断也。"惠氏曰："此章专言卜筮之事。"又《杂卦传》惠氏总曰："《序卦》言《易》之常，《杂卦》言《易》之变，杂者，错综之义。"皆言简意赅，亲切可读。今藏于上海图书馆。

28.《周礼会最》一册

此书不分卷。书衣题"周礼会最，松崖手编"，又有"吴郡横山阳人钱绮过眼经籍书画金石"朱文印、"麐嘉馆印"等，则为李盛铎木樨轩所藏，后藏入北大图书馆。此书为惠氏《九经会最》的一种，与惠氏《汉事会最》《汉事会最人物志》等书相类似，会录自汉唐注疏至宋元以来学者论《周礼》诸说，详列原文之下，为作者储材之作。漆永祥先生言："惠氏《九经会最》，他书皆未见，盖惟此书存世，然读此亦可知其他八经《会最》之体例，亦当为钞撮资料以备用者也。"①今藏于北京大学图书馆。

29.《古文春秋左传》，贾逵、服虔等注，旧题宋王应麟辑，惠栋补辑

此书无框架格，每半页十一行，一行二十四字。书钤有"淑照堂丁氏藏"章，又有"虞山李氏"藏印。封面："古文春秋左传汉学，浚义王应麟撰集"。全书共一百一十三页。全书以注的形式

---

① 漆永祥《东吴三惠著述考》，载《国学研究》第十四卷，第394页。

录贾逵、服虔之说于原文下,并注明出处。惠氏所辑,或直接改补于行间,或补录于上方抬头处。潘景郑曰:"此册为先生手采贾、服旧注,不自立说,其为补注獭祭之业无疑也。卷耑初题曰'春秋左传集注',后改题曰'古文春秋左传汉学',复涂乙'汉学'二字。眉端行间,先生手迹殆遍,与余所见《补注》稿本,当同出一时。《补注》流传最广,而此本虽非成稿,然循是以求撰述之业,盖亦未可忽视也。"①今藏于上海图书馆。

30.《松崖读书记》二册,残稿本,惠栋撰,王欣夫辑

此书为王欣夫辑本,仅残二册,每页版心左下角有"学礼斋校录"一行。"首吴县曹元弼、钱塘张尔田《序》、次《凡例》、次《目录》。卷一至卷二《京氏易传》《李氏易传》《周易义海提要》,卷三至卷六《毛诗》《韩诗外传》,卷七《周礼》,卷八《礼记》《大戴礼记》,卷九《春秋公羊传》《春秋穀梁传》,卷十《尔雅郑氏注》《尔雅》《经典释文》《广韵》《熊氏经说》,卷十一至十四《汉书》,卷十五《后汉书》,卷十六《逸周书》《穆天子传》《水经注》,卷十七《管子》《孔子家语》,卷十八《荀子》,卷十九《吕氏春秋》,卷二十《韩非子》《春秋繁露》,卷二十一《淮南子》《论衡》《蔡中郎集》,卷二十二《渔洋山人精华录笺注》。"今藏于复旦大学图书馆。

31.《荀子微言》不分卷

此书封面有"荀子微言 劝学篇 东吴惠栋学"字样,双边,白口,单鱼尾在上,无页码,共四十三页。有"学子"朱方、"华亭楼氏藏书""上海市历史文献图书馆印"朱长方诸印。则知其先为沈大成藏书,后经华亭楼氏之手,最后至上海图书馆。此书凡录《荀子》中篇幅,如《劝学》《王制》《不苟》《解蔽》《强国》《天论》诸篇一般先录其中一段,后以己意注解,中引半农《易说》等书,

---

① 潘景郑《著砚楼读书记》,辽宁教育出版社,2002年,第12页。

与《易》义相发明。如,首页《劝学篇》"积土成山"至"积善成德"一节,惠氏曰:"乾初为善,三为成德,自一乾以至三乾成,故云积善成德。"今藏于上海图书馆。

32.《山海经补注》五卷,一册

此书题目作《山海经补注》,右下题"东吴惠栋定宇撰",有惠栋跋,无序。每半页十二行,行二十至二十二字。封面有"甲午暮春谷雨节后三日,振冬官题"。书内有"振东"朱方印、"林印志瀛"白方印、"林振东"朱方印、南京图书馆藏朱方印。全书五卷,依次为卷一《南山经》《西山经》,卷二《北山经》《东山经》,卷三《中山经》,卷四《海外南经》《海外西经》《海外北经》《海外东经》《海内南经》《海内西经》,卷五《海内北经》《海内东经》《大荒东经》《大荒南经》《大荒西经》《大荒北经》与《海内经》。卷末还有数页,丛录《说文》《淮南子》《御览》《文选》诸书中有用的资料,应该为注书时所需的语料,今藏于南京图书馆。

33.《周易古义》不分卷

今藏于苏州博物馆。

34.《易汉学》七卷

今藏于复旦大学图书馆。

35.《尚书大传》四卷,补一卷,伏胜撰,郑玄注,惠栋辑补

傅增湘对这部书有过介绍:"清红豆斋写本,墨格,阑外有'红豆斋钞本'五字。补一卷,题'鳣门惠栋定宇抄集',钤有'惠栋之印''松厓''红豆斋'各印,卷中有翁潭溪方纲朱笔校改。"[1]由此可见,此书原为傅氏藏园所藏。台湾《善本书志初稿》也有著录:"汉伏胜撰,郑玄注,清惠栋辑。全书高 27.2 公分,宽 18.5 公分。每半叶十行,行二十二字,注文小字双行,行亦二十字,而

---

[1] 傅增湘《藏园群书经眼录》卷一,中华书局,1983年,第33页。

字里行间多有补注夹注,字数不等,有多至每行五十字者。天地甚宽,眉批增注,随处皆是,其中部分朱笔。'玄'字缺笔或改作'元'。卷首第一行顶头题《尚书大传》,第二行低九字题'秦济南伏生撰',有朱笔将'秦'字改为'汉';第九行亦低九字,原题'汉北海郑玄注',朱笔将'汉北海'改为'后汉人司农';第四行低一字题'唐传、虞传、虞夏传、夏传、殷传',后二字被删去。《尚书大传》是于经文之外,掇拾遗文,推衍旁义,盖即古之纬书。相传为伏生所传,共四十一篇,郑康成复诠次为八十三篇,唯其篇目早亡,无从考察。今传者有三卷本及四卷本两种。有清孙之騄辑本,收在《四库全书》中,共三卷《补遗》,内容与此本不同。本书亦无篇目,杂采经史及类书所引编辑而成,析为四卷。全书都五十四页,分装三册,其第二册最后两页皆密行小字,其行数字数不等,与正文迥异。所引书皆注明卷次,惟除第三卷题'尚书大传卷三'外,其他各卷均只有题书名,不记卷次。文中随处可见朱墨校改增补,与正文同一笔迹,书法秀媚,当系同出惠定宇之手。书中钤有'惠定宇手定本'朱文方印。"[①]此提要将《尚书大传》一书介绍得十分清楚。今有惠氏红豆斋钞本,翁方纲批校,中国国家图书馆藏。

36.《说文校勘记》一卷,惠栋撰,清道光十二年叶名沣辑抄

上海图书馆藏。此书三卷,分别为何焯、惠栋、王念孙各一卷。惠氏所校,多可从《惠氏读说文记》中觅得。

37.《汉事会最》二十四卷

此书有周星诒跋。孙星衍《孙氏祠堂书目》著录为六册。原书为温陵张氏藏书,有"温陵张氏藏书"印,后有"周星诒得之福州故家"。根据周氏跋,此二十四卷是依据惠氏手稿

---

[①]《"国家图书馆"善本书志初稿》,经部书类《尚书大传》,"国家图书馆"出版,1996年,第39-40页。

抄写的。全书为编著《后汉书补注》而准备的资料。第一册为《毛诗》《尚书》《周礼》《仪礼》《礼记》诸经之《正义》，第二册为《盐铁论》，第三册《通典》，第四册《艺文类聚续钞》上、下，第五册《文选注》，第六册《齐民要术》《汉书艺文志》，第七、八册为《艺文类聚》上、下，第九、十册为《北堂书钞》上、下，第十一册《初学记》，第十二册为诸正史、天文、历、礼、乐、食货、泉、兵、五行、舆服、郊祀、河渠、选举、百官诸志，第十三册《方伎传》、洪遵《泉志》、应劭《风俗通义》《金石志》，第十四册《东汉会要》《北堂书钞续》《初学记续》，第十五册至第二十四册《太平御览》。全书从诸经子史中采集可用的条目，按类分卷排列，以备查阅之用。中国国家图书馆藏。

38.《五经条辨义例》五种

此书没有抄者的名字，亦无序跋、题识及藏书家印章，唯有"燕京大学图书馆"朱方印一方。每半页九行，行二十五字。有《诗条辨》《春秋条辨》《礼记条辨》《易条辨》与《书条辨》五种。惠氏摘例对五种经书中的条例一一辨析，故书名曰《五经条辨义例》。北京大学图书馆藏。

39.《惠定宇先生所定考古应查之书》一卷

此书为清黄安涛编《真有益斋钞书》四种之一，今山东省图书馆有藏，有王献唐先生校并跋，后由王氏整理发表于《山东省立图书馆季刊》第一辑第一期。王氏谓："惠君为有清大儒，所定《考古书目》，足供参考。惟前后编次，颇嫌杂糅，当是信手写成，未加整理。兹仍原钞付印，不敢擅为更定也。"[①]惠氏先列自《津逮秘书》《汉魏丛书》《冬官余论》《广川书跋》等九十二种，末一种万充宗《学礼质疑》下注"平常备考"四字，王献堂谓"案此四字疑

---

① 《山东省立图书馆季刊》第一辑，1931年第1期，第71页。

指以上各书,当为此段总题"。下列惠士奇《红豆斋礼说》《春秋说》二种。自下分数类,"查考经学之书"有唐李鼎祚《周易集解》十卷、《宋钞易乾凿度》二卷等五十三种,"查考古音义之书",有扬雄《方言训纂》引见《说文》、杜林《训纂》引见《说文》、杨倞《荀子注》等七十四种,"说部应查之书"有范玉衡《盐邑志林》、陈继儒《五秘籍》等二十八种,"伪书"类有二十二种。后有《雅雨堂丛刻》十种、《香山黄氏》八种、《高安朱氏藏书》十三种、曹楝亭刻《韵书》五种等。

40.《易汉学》七卷

今藏于上海图书馆。

41.《惠氏经说》五卷

今藏于中国国家图书馆。

42.《汉书纂录》一卷

今藏于上海图书馆。

除上述传世著作外,惠栋还有较多批校本存世。据曹元弼言:"欣夫先生于惠先生评校本,搜访尤勤,凡多所传录至三十余种之多,蔚然为艺林大观。"今漆永祥先生对此有过详细整理,总计有50多种。惠校诸书,多为宋元以来古籍,尤以明末汲古阁刻本为多,在今日各大馆中已皆视若秘籍,琐钥深纳,启镝为难。今将惠氏批校的重要书籍,列举如下:

《易传》京房撰,三卷,复旦大学图书馆钞本线善;《周易集解》,李鼎祚撰,十卷,苏州图书馆和上海图书馆刻本线善;《后汉书》一百二十卷,苏州大学图书馆刻本线善;《荀子》二十卷,上海图书馆刻本线善;《周礼注疏》,四十二卷,上海图书馆刻本线善;《礼记注疏》六十三卷,上海图书馆善本;《礼记正义》七十卷,国家图书馆藏;《周易义海撮要》十二卷,苏州图书馆藏;《易纂言》

十二卷,南京图书馆藏;《古周易订诂》十六卷,南京图书馆藏;《周易乾凿度》二卷,南京图书馆藏;《周易兼义》九卷,北京图书馆藏;《熊先生经说》七卷,国家图书馆刻本线善;《新刻困学纪诗》一卷,上海图书馆刻本线善;《朝野类要》五卷,国家图书馆藏;《新刻诗考》一卷,上海图书馆刻本线善;《新刻印古诗语》一卷,上海图书馆刻本线善;《新刻玉海纪诗》一卷,上海图书馆刻本线善;《神僧传》九卷,惠栋圈点,上海图书馆刻本线善;《孟东野集》十卷,惠栋评点,上海图书馆线善。《隶续》上海图书馆刻本线善;《说文解字系传》四十卷,上海图书馆刻本线善;《说文解字》十五卷,上海图书馆藏三种校本;《尔雅》三卷,上海图书馆刻本线善;《群经音辨》七卷,上海图书馆刻本线善;《尔雅》三卷,上海图书馆刻本线善;《唐甫里先生集》二十卷,上海图书馆刻本线善;《经典释文》三十卷,上海图书馆刻本线善;《淮南鸿烈解》二十一卷,上海图书馆刻本线善;《孔子家语》十卷,上海图书馆钞本线善;《春秋公羊传注疏》二十八卷,上海图书馆刻本线善;《春秋穀梁传注疏》二十卷,台湾"国图"藏本;《尚书注疏》二十卷,上海图书馆刻本线善;《十三经注疏》三十三卷,国家图书馆藏。

## 二、存目本

43.《九经会最》惠栋辑,未见

惠氏《精华录训纂》中屡屡称引《九经会最》,今只存《周礼会最》手稿本,其余皆未见传本。

44.《博物记》七卷,惠栋辑,稿本,丁祖荫校并跋,未见

此书《清史艺文志拾遗·子部·杂家类》著录。其曰:"《博物记》七卷,清惠栋辑,稿本(丁祖荫校并跋)。《善目》。"然《中国

古籍善本书目》则没有著录。

45.《增辑松崖文钞》二卷,惠栋撰,王大隆辑《松崖读书记》附,未见

此书为王大隆先生辑本,附于其所辑《松崖读书记》末,《松崖读书记》今仅存前二册。然考大隆先生曾论惠栋"惟诗极罕见,仅《九经古义》载绝句一首,王昶《湖海诗传》载《古风》一首而已。又别于他书序跋及墨跋,补得二十八篇。"①今均不存。

46.《渔洋山人精华录笺注》十二卷,清金荣笺注,徐淮纂辑,惠栋评校,王欣夫临乾隆时金氏凤翔堂刊本,未见

王欣夫先生以为:"此为定宇《金注订讹》之底稿。全书涂抹几遍,纠误不下数百签,刻本只及十一耳。"②《笺注订讹》虽存,但此稿不存。

47.《竹南漫录》,惠栋撰,未见

惠氏注《渔洋山人精华录》时,经常引《竹南漫录》,这应该是惠栋早年著述。郑伟章《文献家通考》云:"汪适孙有《蚕豆花馆琁籍小录》两册,抄稿本,前有吴庆坻跋,后有洪煨莲跋,稿本今藏清华大学图书馆。洪跋曰:'其中所记之珍刻孤稿,如宋版《隋书》六十四本、惠栋《竹南漫录稿本》十一本,不见于《振绮堂书目》中,殆适孙所自购,非公帐物也。'"③由此可见,惠氏此书曾经为汪适孙藏过,但今已不存。

48.《更定四声稿》,惠栋撰,未见

惠栋《周易本义辨证》卷一曰:"志,应也。应与中韵,详余所撰《更定四声》。"由此判断惠氏有《更定四声》一书。王欣夫先生论此书曰:"定宇所著书,各家所撰传记及《府志·艺文》所录甚

---

① 王欣夫《蛾术轩箧存善本书录》(上),《辛壬稿》卷四《松崖文钞》,第 647 - 648 页。
② 同上书(下),《癸卯稿》卷四《渔洋山人精华录笺注》,第 1031 页。
③ 郑伟章《文献家通考》卷一五"汪适孙"条,中华书局,1999 年,第 836 页。

备,顾独不及《更定四声稿》,仅一见于顾千里手校《广韵·跋》,盖久付若存若亡之数矣。昔年偶得朱秋雅手钞残本,存第一、二、三、四及八共五册。为东、冬、钟、江、支、脂、之、鱼、虞、齐、佳、灰、先、萧、肴、豪十三部,上声麌、荠、蟹、贿、轸、吻、阮、旱、潸、铣、筱、巧、皓、哿、马、养、梗、有、寝、感、琰、赚二十三部,去、入声全阙。平声有二本,略见异同。间有'声案'云者,江艮庭也;'楷案'云者,朱孔林也;'衡案'云者,即秋崖名邦衡也。秋崖受业于余古农萧客,为定宇再传弟子,故称小门人。生平手录惠氏书最多,此稿亦赖以幸存。寻其体例,大抵本之字书、传注,以定《广韵》训说;本之音义、假借,以别四声部居。虽草创初具,未为成书,隶俗伪体,异部重出,往往而有,韵目省并,尤未知所准。然譬之昆冈之璞,礳然不同于他石,剖而琢之,居然见宝。乃重付清写,而乞校于任君心叔。心叔为举其胜义,如以《说文》'䜐,说也',解《诗》'以究王䜐';据《周礼》'师帅执提'、《韩非子》'畴骑三千',证六国以前已有单骑;以《周礼》'洗心'为韩康伯取道家说所改;据《公羊解诂》引《尚书》'归格于祢祖',证艺祖为祢字假借;据《尔雅》'劚,勤也',以斥《郑笺》'劚商'为劚灭商人之非;以《说文》'飨,乡人饮酒也',证《乡饮酒》即古之飨礼,非有亡失。皆足以为《九经古义》补苴羽翼,则信乎此书之可宝也。念千里既及见之,则全帙之存,或尚在人间,不知何日发现,以惠学子,企余望之矣。"① 王先生殷切地盼望,希望发现得到此书的全帙。但是,王先生所得的残稿五册,今天也失而不传了。

49.《续汉制考》一卷,惠栋撰,未见

此书诸家都有著录,然未见传本。宋末王应麟有《汉制考》四卷,惠氏《续汉制考》一卷,应是效法王书体例,并补足王书

---

① 王欣夫《蛾术轩箧存善本书录》(下),《甲辰稿》卷一《更定四声稿》,第 1170-1171 页。

之缺。

50.《诸史会最》，惠栋辑，未见

此书没有见到传本，今存《汉事会最》，应该为其中的一本。依《汉事会最》体例推测，这部书应该是从正史中所辑的史料，以供著书时候使用。

51.《惠氏百岁堂书目》三卷，惠栋撰，未见

黄丕烈《士礼居藏书题跋记》卷二《蜀鉴》曰："昨岁五柳主人以残刻本见遗，缺首二卷，楮墨古雅，洵为旧刻。卷端有红豆书屋印，因检惠氏《百岁堂藏书目》，于史部云：'《蜀鉴》十卷。（李文子刻，元椠。）'知为松崖先生家藏本，惜所缺无由补全，心甚怅怏。"①《苏州府志》载"《惠氏百岁堂书目》三卷"。

52.《王氏书目》，惠栋撰，未见

此书不见诸家书目著录，只有翁方纲《复初斋文集》卷二十七《题王文简载书图》写道："松崖昔侍研溪谈，秘籍师门一百三。今日新城访耆旧，巾箱著录果谁堪？"翁氏自注："惠定宇所录《王氏书目》，凡一百三种。"②叶昌炽《藏书纪事诗》"惠周惕"条注亦引翁氏说。

53.《惠氏铭状集》，三册，惠栋辑，未见

清吴修《昭代名人尺牍》卷二时一录惠栋手书一则，其曰："承访先人著述，惟《礼说》授梓，其余经说及天文、乐律诸书尚须抄录，附到《礼说》一种及先人《名状》三册，又栋所注《渔洋诗》并呈教正。"③

54.《唐写本毛诗传笺》五卷，惠栋撰，未见

此书只有《清史稿·艺文志》著录，应该是惠氏评校《诗经》

---

① 黄丕烈《士礼居藏书题跋记》卷二《蜀鉴》，书目文献出版社，1989年，第19页。
② 翁方纲《复初斋诗集》卷二七《桑梓抡才集·题王文简载书图八首》其三，载《续修四库全书》第1454册，第604－605页。
③ 吴修纂《昭代名人尺牍小传》卷二一，载《丛书集成续编》第256册，第414页。

的《毛传》与《郑笺》,由后人摘录而结集,可惜今不存。

## 第二节　惠栋著述考辩

惠栋的著作尤其是他的经学作品,往往数易其稿,有很多在临终之前都没有定稿刊刻,这些作品的定稿流行往往是在其身后。在这种情况下,惠氏现今流传的著述中,包括作者的署名、原书的出处及成书的年代、卷数等各方面,多有错讹之处,这就需要研究者做细致的甄别工作。由于近世学者对吴派学人多采取批评的态度,潜心研究惠栋的学者很少,所以这些基础性的问题依然存在。最近十几年来对惠栋的研究开始增多,但是这些看似微不足道的问题,却实实在在地阻碍了惠栋研究的进一步深入。漆永祥、郑朝晖两位先生均对此工作做过专门的研究,下面我们再补充两例。

### 一、《惠氏读说文记》系惠士奇、惠栋父子所作

惠栋所校《说文》极为精核,今所见惠栋校《说文解字》传本有十余种。《惠氏读说文记》十五卷(以下简称《读说文记》),即由惠栋弟子江声从这些校本中辑录而出,于嘉庆十七年(1812),随着张海鹏《借月山房汇钞》正式出版而问世。梁启超言:"乾隆中叶,惠定宇著《读说文记》十五卷,实清儒《说文》专书之首。"[①]它是清代研究《说文》的首本专书,为清代"《说文》学"兴起奠定了基础,后被研究《说文》者屡屡引用。然而,自江声辑成初稿、张海鹏出版之时,将其写成"惠栋著"以来,学术界一直以惠栋为作者。直至晚清才有黎经诰先生对作者问题提出质疑:"今题目

---

① 梁启超《中国近三百年学术史》,天津古籍出版社,2003年,第237页。

《读说文记》者,其出松崖一人之手乎?"①后王欣夫②、漆永祥③两位先生也认为此书不是惠栋一人所作。因为,三位先生对此均没有详细论述,所以,当今学术界沿袭传统说法仍以作者为惠栋一人。考诸有关典籍文献,我们认为此书作者非惠栋一人,而为惠士奇、惠栋父子二人,是惠氏家学积累的结果。

父亲惠士奇校《说文解字》亦十分精洽,今传世惠士奇校《说文解字》有六种:复旦大学图书馆藏胡重录惠士奇、惠栋、胡士震、胡仲澐校汲古阁《说文解字》本(简称复旦藏本)④,浙江图书馆藏江騩录惠士奇、惠栋校朱氏椒华吟舫《说文解字》本(简称浙图藏本),国家图书馆藏江声录惠士奇、惠栋校明万历二十六年陈大科刻《说文解字》本(简称国图藏本),中山大学图书馆藏清施梁录惠士奇、惠栋、江声等校明岱云楼刻《说文解字》本(简称中山藏本),东北师范大学图书馆藏清朱叔鸿录惠士奇批校毛氏汲古阁刻本《说文解字》(简称东师藏本),湖北图书馆藏陈嘉录惠士奇、惠栋、江声批校汲古阁刻《说文解字》本(简称湖图藏本)。此六种本子所记惠士奇、惠栋父子校语互有详略,可见,当时他们校《说文》皆随得随录,不止一本。

今复旦大学图书馆藏有胡重临惠士奇、惠栋、胡士震、胡仲澐校汲古阁《说文解字》本。此书第一卷开篇有"小扶风馆"隶书朱文长方印,"大隆审定""秀水王大隆印""学礼斋藏"三个篆书朱文方印,及"王大隆"一朱文小印,由此可知,此书曾为王欣夫先生审定并收藏。目录页后正文前的一页有王欣夫先生检书记一则:

---

① 黎经诰《许学考》,转引自《清代许学考》,《台湾师范大学研究所集刊》五号,第 18 页。
② 王欣夫说见《蛾术轩箧存善本书录》,第 820 页。
③ 漆永祥说见《东吴三惠著述考》,载《国学研究》第十四卷,第 397 页。
④ 《中国古籍善本总目》将此书中的胡仲澐写成了明仲云(第 1 册,第 195 页),今依原书及胡重跋当改。

往读钱警石《曝书杂记》,知沈世枚临本在金岱峰家,警石欲借录而未果,常往来于心,冀一旦遇之。前年日寇陷苏,旧家书籍散出甚多,沪上有听涛山房者,捆载而来,佳者辄为北京估人捷足先登先得。此书以底本破损且不具录姓名,故无人问津者,卒为余所得,为之狂喜。所录惠氏父子校语以黄绿为别,取校刻本,此本脱略殊多,当为初稿,未定之本。但刻本于半农、松崖之说混而为一,且独以松崖署名,不如此之分显明。……庚寅七月,欣夫王大隆检书记于独抱暑庐。

正文第二页的上方空白处有胡重跋:

《说文解字》二惠氏校本,余假之金孝廉馥泉孝枏,馥泉假之汪孝廉笔山如渊,乃红豆斋主人遗墨也。二胡氏校本,余假之冯编修鹭庭集梧,云购于京师琉璃厂市,亦其手迹也。惠名士奇号半农,其子名栋字定宇,号松崖,世所共知。胡名士震字东标,号竹厂(庵),乾隆壬午举人,终翰林待诏。其子仲澐。胡与惠为同邑后进,然实未尝见红豆之书也。沈茂才书琳世枚从余问奇字,乃以五色笔录于简端。绿笔圈点依惠本,半农语别以黄,松崖语别以绿。蓝笔圈点依胡本,竹厂语以墨书之,蓝字则胡氏父子语。错杂莫辨矣。余研朱细勘,间附己见,未免蔽帚千金之诮。嘉庆三年重五日,钱塘胡重记于嘉兴沈氏之经畬堂。

由此可知,此书原藏于金岱峰家,其后王欣夫从沪上书坊得之。此书原为惠氏父子校和胡氏父子校两种本子,最早由沈世枚以黄、绿、黑、蓝四色笔分别著录惠士奇、惠栋、胡士震、胡仲澐校语,将二本合而为一本。后胡重又用红色笔著录己见,所以,今见此书五种颜色缤纷炫目,各家所言厘然清晰。惠氏父子校语记在正文上方空白处,其中黄色笔录半农校语有 410 条,绿色笔录定宇校语则仅有 37 条,二者相差悬殊。除此之外,我们又考查了辑录惠士奇校语的浙图本、国图本[①],它们虽不以黄绿二色区分之,但都标有半农说、定宇说以示区别。其中浙图本录惠士奇校语 409 条,定宇校语 892 条;国图本录半农校语 413 条,定宇校语 910 条。由此可见,复旦藏本和其他两种本子之中,半农说的数量基本相当,而定宇说则相差甚远。由此可以证明,王欣夫先生在检书记所言"取校刻本此本脱略殊多,当为初稿,未定之本",实为确言。

将《读说文记》与复旦藏本比较,我们可以清楚地看到复旦藏本中 410 条惠士奇校语,完全被江声辑录到《读说文记》中,混同为惠栋校语。这些相混的校语主要有三种情况:首先,将半农之说直接混为惠栋之说,如复旦藏本:"陈,半农曰:列之为陈,俗作陈,起于八分,非古也。《路史》以为古,是以晋宋为古耳。陈字见《吕氏春秋》,乃后人所改。"[②]"服,半农曰:服俗作服,凡从舟者省作月。"[③]"沵,半农曰:俗作溺,非。溺,古弱水之弱,音而灼切。"[④]《读说文记》:"陈,半农曰:列之为陈,俗作陈,起于八分,非古也。《路史》以为古,是以晋宋为古耳。阵字见《吕氏春秋》,乃后人所改。"[⑤]"服,服俗作服,凡从舟者省作月。"[⑥]"沵,半

---

① 因条件限制,我们没能见到东师本、湖图本、中山本。
② 许慎撰,胡重临惠士奇、惠栋、胡士震、胡仲澐校《说文解字》卷三,清初毛氏汲古阁刻本。
③ 同上书,卷八。
④ 同上书,卷十一。
⑤ 惠栋著、江声参补《惠氏读说文记》,中华书局,1985 年,第 91 页。
⑥ 同上书,第 237 页。

农曰:俗作溺,非。溺,古弱水之弱,音而灼切。"①《读说文记》与复旦稿本完全相同,仅省略了"半农说"三字。其次,将定宇与半农之说混而为一,如复旦藏本:"枞,半农曰:《玉篇》枞与麻同,檄亦作散。定宇曰:《春秋说题辞》曰'麻之为言微也',知枞与麻同。"②《读说文记》:"《春秋说题辞》曰'麻之为言微也',知枞与麻同。《玉篇》枞与麻同,檄亦作散。"③最后,补充申述半农之说,如复旦藏本:"禘,半农曰:《周礼》并无'五岁一禘'及'郊宗石室'之文。"④《读说文记》:"《周礼》并无'五岁一禘'及'郊宗石室'之文。禘有三:大禘、吉禘、时禘也,皆配天之祭禘其祖之所自出也,五岁一禘,禘祫也。禘皆在明堂大庙,以祖考配五帝,帝即天也,故郑氏有六天之说。"⑤此三类情况比比皆是,不胜枚举。我们统计《读说文记》中共辑录惠栋校语1 210条,如果与稿本比较,这些条例中有410条为惠士奇校语,约占总数的34%。除去惠士奇410条校语,《读说文记》惠栋校语的实际数有800条,惠士奇、惠栋父子二人的校语比例约为1∶2。由此可见,将此书的著者仅仅写成惠栋,尤为不妥。

如果对《读说文记》的具体内容做系统探研,亦会发现此书存在对同一问题有不同说法的现象。如,《读说文记》中有三处涉及《易·离》九四中"突如其来如"这句话:"弃,从屮推华,弃之从㐬,㐬,逆子也。"校语:"《易·离》九四'㐬如其来如,焚如,死如,弃如',言不孝子当焚死而弃之也。㐬今作突。"⑥突,校语:"《易》云'㐬如其来如'王弼改作'突',后人遂不识字矣。"⑦㐬,

---

① 惠栋著,江声参补《惠氏读说文记》,第307页。
② 《说文解字》卷七,清初毛氏汲古阁刻本。
③ 《惠氏读说文记》,第198页。
④ 《说文解字》卷一,清初毛氏汲古阁刻本。
⑤ 《惠氏读说文记》,第4页。
⑥ 同上书,第111页。
⑦ 同上书,第203页。

不顺忽出也,从倒子。《易》曰"突如其来如",不孝子突出不容于内也。校语:"突本作𠫓,古《易》为王弼所改,后人只知有突字不知有𠫓字矣。"①这三处均指出了"突如其来如"的异文形式,其中第一处指出为"𠬸如其来如",而第二处、第三处则指出为"𠫓如其来如"②,第一处与第二、三处有异。然而,在复旦藏本中第一处则正是黄色笔录的半农校语,而第二处、第三处同为绿色笔录的定宇校语。

《读说文记》中的 800 条惠栋校语多可从他的《九经古义》等著作中觅得。如《读说文记》:"秝,稀疏适也,读若历。"惠栋校注:"《地官》'遂师及窆抱磿'。注云:'磿者,适历执绋者名也。'疏云:'天子千人分布六绋之上,分布稀疏得所名为(适)历,执绋之人背碑负引却行,遂师抱持役名之版,巡行校录,以知在否。'稀疏适谓之,故云适,历依字当作秝。"③《九经古义》:"'遂师及窆抱磿'。注云'磿者适历执绋者名也,疏云'天子千人分布六绋之上,分布稀疎,得所名为适历',栋谓:历当作秝,《说文》'秝,稀疏适也,读若歷'。稀疏适均故谓之适历。"④再如,《读说文记》:"凝,俗冰,从疑。"惠栋校:"古《尚书》亦以冰为凝。"⑤《九经古义》:"古文《尚书》亦以冰为凝,《说文》云'凝,俗冰字'。"⑥由此可见,《读说文记》中惠栋校语与《九经古义》之说基本相同,可以确信为惠栋所言,复旦藏本中此两条也正是绿色笔录的定宇校语。另外,在惠栋的《后汉书补注》《春秋左传补注》《周易述》《易汉学》等经学著作中,均可觅得惠栋在《读说文记》中的校语。然

---

① 惠栋著,江声参补《惠氏读说文记》,第 408 页。
② 子古文写作"𰀁",𠫓、𠬸为异体字,其构形理据为"子""𰀁"的倒写,为古文"突"字。
③ 《惠氏读说文记》,第 196 页。
④ 《九经古义》,载《文渊阁四库全书》第 191 册,第 429 页。
⑤ 《惠氏读说文记》,第 316 页。
⑥ 《九经古义》,载《文渊阁四库全书》第 191 册,第 362 页。

而,《读说文记》中 410 条惠士奇校语,却不能在惠栋的其他著作中觅得,即使有暗合的词条,所论证的过程也相差甚远。如,《读说文记》"翳",《诗》曰"左执翿"。惠校:"翿当作翳。"①此条在复旦藏本中为黄色笔录的半农语,在惠栋的《九经古义》及其他著作中均不见。再如,《读说文记》"霝",《诗》曰"霝雨其蒙"。惠校:"霝,古文令,字今《诗》作零。"②《九经古义》卷五:"《东山》诗云'零雨其蒙'《说文》引作霝,从雨㗊,象䨖形,石鼓庚文云'霝雨奔流',又钟鼎文皆以霝为令。"③此条校语在复旦藏本中为半农语,虽然《九经古义》与《读说文记》所得结论有暗合之处,然而,其用语措辞及使用书证文献均不同,在《九经古义》中不能将此条还原。

　　从以上所论来看,《读说文记》为惠氏父子所作应能成立。江声在辑录校语之时,如何会仅仅写成惠栋著,当有其原因,我们应做进一步探讨。从今存世其他惠栋校《说文解字》本来看,在江声之前就有将惠士奇、惠栋父子校语相混的本子。由此我们推测,江声当时辑录惠氏校语,主要依据的是此种本子。今上海图书馆藏有纪心斋录惠栋校汲古阁《说文解字》校本,正文前有"顾嘉树顾藏书"一印,可知此书曾为顾南雅先生藏。卷前有纬斋跋语,称此书为纪心斋于乾隆十二年(1748)临。纬斋疑为顾南雅先生别署。纪心斋原名复亨,浙江湖州人,善书能诗,与吴中的钱大昕等相交甚深。此书的校语有朱墨二笔,墨笔题"东吴惠栋校阅"六字,朱笔署"金匮王文泳校本"。我们统计墨笔惠栋校语共计 1045 条,将此本与复旦藏本相比较可知,其中有 400 条与稿本中的半农校语相混,而这 400 条在《读说文记》中

---

① 惠栋著,江声参补《惠氏读说文记》,中华书局,1985 年,第 104 页。
② 同上书,第 318 页。
③ 《九经古义》,载《文渊阁四库全书》第 191 册,第 409 页。

也正好相混。《读说文记》诸刊本均无序跋,撰成时间无法确知。然江声于1755年入惠门,拜惠栋为师,①我们推测《读说文记》应成书于1755年之后。故而,从时间上看,《读说文记》成书之前纪心斋已辑成了此书。另外,此书的墨笔惠栋校语,与《读说文记》有诸多相同之处:从辑录的条目数量来看,此本著录校语1 045条,《读说文记》著录校语1 208条,数量相差无几。从条目顺序来看,《读说文记》所排列的顺序与此本基本相同,如,此本《心部》依此辑录了"恩、心、憧、恧、憖、憾、愃、薏、恶、憪、忱、寒、慊、惷、悬、悠、悥、患、憭、悆"等20条校语;《读说文记》则辑录了"恩、心、憧、恧、憖、憾、愃、想、薏、忱、恶、憪、辬、恃、悝、忱、寒、慊、惷、悬、悠、悴、悥、患、悼、憭、悆"等27条校语,除多了"想、忱、辬、恃、悝、悴、悼"7个词条,《读说文记》完全照录此书的内容和形式。从条目具体内容来看,《读说文记》与此书也基本相同,如此书"飨"条惠校:"乡人饮酒谓之飨,然则乡饮酒即古之飨礼,先儒谓飨礼已亡,非也。"②《读说文记》曰:"乡人饮酒谓之飨,然则乡饮酒即古之飨礼,先儒谓飨礼已亡,非也。"③由此可以推断,江声汇纂惠氏校语,应主要是依据此校本。王欣夫先生言:"惠氏父子手校《说文》,在张海鹏《惠氏读说文记》未刊之前多传录者,张刊所据为江艮庭所辑,署松崖而不及半农。以此本(复旦藏稿本)校之,劣未得半。盖江氏所见,为后定本。"④"后定本"应即此类将二者相混之本。

由以上论述可知,惠士奇、惠栋父子在学术生涯中,都不遗

---

① 江声《尚书集注音疏》言:"年三十五师事同郡惠松崖先生。"《汉学师承记》卷二《江艮庭先生》:"年三十五师事同郡通儒惠松崖征君。"江声生于1721年,照此推算,其三十五岁当在1755年。
② 许慎撰,纪心斋录,惠栋校《说文解字》卷五,清初毛氏汲古阁刻本。
③ 惠栋著,江声参补《惠氏读说文记》,第146页。
④ 王欣夫《蛾术轩箧存善本书》(上),上海古籍出版社,2002年,第820页。

余力地校勘《说文解字》,其语精洽,后人争相著录、辗转收藏。然而,当时有一些临本将二者所言混淆为一,江声在辑录之时,又正好参考了此种本子,所以也将二者混淆了。从今传世复旦藏本等将二者所言清晰分开的校本来看,《读说文记》应为惠士奇、惠栋父子所作,实为其家学积累的结果。

## 二、《左传补注》成书考

《左传补注》是惠栋补杜预《左传集解》而作的,六卷,今有《守山阁丛书》本、《贷园丛书》本、《墨海金壶》本、《四库全书》本、《皇清经解》本、《丛书集成初编》本,中华书局1991年据《守山阁丛书》本影印。关于此书的成书过程,学术界一直认为《左传补注》本为《九经古义》的一种,后又有增益,最后单独刊行。这种说法最早见于《四库全书总目提要》:"是书皆援引旧训,以补杜预《左传集解》之遗,本所作《九经古义》之一,以先出别行,故《九经古义》刊本,虚列其目而无书。目作四卷,此本实六卷,则后又有所增益也。"①其书在论《九经古义》中又说:"是编所解,凡《周易》《尚书》《毛诗》《周礼》《仪礼》《礼记》《左传》《公羊》《穀梁》《论语》十经,其《左传》六卷,后更名曰《补注》,刊版别行,故惟存其九。"②然而,《四库全书总目提要》所说不准确,《左传补注》其实并非《九经古义》的一种,它有其独立的成书目的和成书过程;另外,《左传补注》也非如《四库全书总目提要》所说先有四卷,后又增益两卷。对于此问题的详细考证如下:

《四库全书》所采《九经古义》的底本,为"桂林府同知李文藻刊本",今浙江图书馆藏李文藻原刊本四册,首为惠栋《九经古义·述首》,次为目录,题东吴惠栋,男承绪校,在目录中至"左

---

① 《四库全书总目提要》卷二九经部春秋类四《左传补注》,第一册,第768页。
② 《四库全书总目提要》卷三三经部五经总义类《九经古义》,第一册,第878页。

传古义"一目,小字双行注云:"一名《补注》,总四卷,另编。文藻案:《左传补注》实六卷。"由此可见,《四库全书总目提要》当依据李氏目,所以有了以上所说。然李氏所说,其实说明此书有《左传补注》之名。

惠氏《左传补注序》阐明了自己作此书的目的:"栋曾王父朴庵先生,幼通《左氏春秋》,至老不衰,尝因杜氏之未备者,作《补注》一卷,传序相授,于今四世矣……栋少习是书,长闻庭训,每谓杜氏解经,颇多违误,因刺取经传,附以先世遗闻,广为《补注》六卷。"由此可见,《左传补注》之名,非始于惠栋,其曾祖父惠有声已有《左传补注》一卷传世,惠栋作《左传补注》是为了接续先人之业,补先人之说,而非如《四库全书总目提要》所言先曰《古义》,"后更名曰《补注》"。从撰写的目的和体例来看,《左传补注》与《九经古义》不同,且《九经古义》虽亦述其家学,然其体例,以考辑汉儒之说为主;而《左传补注》则为补杜预之未逮,所采不仅汉人,即宋以来之说有可采者,亦悉数补入,间或下以己意。

另外,《四库全书总目提要》言《九经古义》"大抵原原本本,精核者多",诚非溢美之辞,所以,后世对此书的传刻者很多。今存世的版本有浙馆藏乾隆五十四年(1789)历城周氏竹西书屋据益都李文藻刊版重印《贷园丛书初编》本、常熟蒋氏《省吾堂四种》本、道光间阮元学海堂辑刻《皇清经解本》、光绪中吴县朱记荣辑刻《槐庐丛书》本、道光中吴沈氏世楷堂《昭代丛书》本等等,然而,所有这些刻本均无《左传古义》。由此亦可见,《左传补注》与《九经古义》从成书之始均为两部独立的著作,一直刊版别行,二者毫无关系。

最后,《四库全书总目提要》(简称《四库提要》)认为《左传补注》一书,先是有四卷,后又增至六卷,然今上海图书馆藏《春秋左传补注》六卷,为惠栋手稿本,有丁祖荫跋:"《左传古注》定宇先生手稿，原系四卷，后分六卷，清稿首页附有'可分六卷，请孔兄酌定'之语可证。《四库提要》乃云《九经古义》刊本目作四卷，此本实六卷，后又有所增益。不知此书以页数多寡分卷，四卷六卷均在草稿之时，非成书后再足成六卷者。以《经解》本对勘，首尾完具，签补各条亦多采入。李刊本当亦相同。于《古义》外单行，《古义》未入此书也。"① 由此可见，《四库提要》所说也不妥。

今《中国史学史辞典》《哲学大辞典》《四书五经辞典》《中国儒学百科全书》《辞海》等辞书及一些《左传》概论之类的著作，在介绍《左传补注》之时，均采用《四库全书总目提要》的说法，认为它是《九经古义》的一种，先有四卷，后增益两卷，后单行。由以上论述可见，这种说法有误，当改。

---

① 上海图书馆历史文献研究所编《历史文献》第1辑，上海社会科学院出版社，1999年，第100页。

# 第四章 惠栋训诂的内容

## 第一节 考察旧注

梁启超论惠氏之学,"谓专以'古今'为是非之标准",又说惠派的治经方法"凡古必真,凡汉皆好"①。梁氏的评断,附和者众,如沈玉成、刘宁评价惠栋《左传补注》时也说,"全书处处体现了唯汉是从的倾向","有汉必录,唯汉是从",又说惠氏对汉儒异说的取舍标准是"时代要早,意见要与杜注相左"②。诸如此类的评论,均失之武断,极不公允。惠栋确实信古而尊汉,然而对于魏晋以降诸儒,他并非一概不取。在这一节中,我们将通过具体实例,来分析其对汉注及魏晋以降诸儒旧注的继承和批判情况。

### 一、对汉注的考察

(一) 对汉人注释的证成

1. 补充例证

《诗经·小雅·正月》:"赫赫宗周,褒姒威之。"毛传:"威,灭也。"惠栋案:"《灵台云碑》云:'兴威继绝。'《驹氏竟铭》云:'胠房珍威。'《诅楚文》:'伐威我百姓。'皆以威为灭。'"③惠举三例碑铭以佐证毛传。

---

① 梁启超《清代学术概论》,上海古籍出版社,2005年,第26页。
② 沈玉成、刘宁《春秋左传史稿》,江苏古籍出版社,1992年,第310页。
③ 惠栋《九经古义·毛诗古义》,载《文渊阁四库全书》第191册,第411页。

《说文》:"乃,曳词之难也。"惠栋补充例证云:"《春秋》传曰:'乃难乎而。'"①惠氏所引的《春秋》传当为《公羊传》,《公羊传·定公》十五年:"而者何?难也。乃者何?难也。曷为或言而,或言乃?乃难乎而也。"何注:"言乃者内而深,言而者外而浅。"是"乃"为语助词,何注甚确,故惠氏援以证许说。

《仪礼·觐礼》:"四享,皆束帛加璧。"郑注:"四当为三,古书三、四或皆积画。"惠栋补例证云:"《春秋传》子革云:是四国者,专足畏也。刘光伯《规过》云:《楚语》云:今吾城三国,无四国也。炫谓古四字积画,四当为三。"②惠栋紧扣古文字字形,引用《春秋传》之文与刘炫之语,补充郑玄注,文中"四享"是"三享"之误。

2. 进一步申述

《诗经·大雅·绵》:"周原膴膴。"郑笺:"周原在岐山之南。"惠栋补充说:"此名国之始也。《汲郡古文》云:'武乙元年,邠迁于岐周,三年命周公亶父。'高诱《吕览》注云:'岐山在右扶风美阳之北,其下有周地,周家因之,以为天下号也。'"此是对郑注的进一步论证。

《说文》:"仁,亲,从人从二。"惠栋进一步申述曰:"仁者,人也,相人偶亲之也。《春秋元命包》曰:'仁者,情志好生爱人,故其为人以仁,其立字二人为仁。'"此处惠栋以"仁"字的结体,从人从二会意,随以"相人偶亲之也"以申述许说。

(二) 对汉人注释的辩驳

1. 指出因不明古文字形而误释

《尚书·尧典》:"分北三苗。"郑玄注:"北,古别字。"此处郑玄认为"北"为古"别"字,二者为古今字。惠栋从古文字学的角

---

① 惠栋著,江声参补《惠氏读说文记》(上),中华书局,1985年,第136页。
② 惠栋《九经古义》,中华书局,1985年,第152页。

度,指出"別"与"北"不相关,此处文字当是"分別三苗"。郑玄所说因为不明古文字形而误。"古文北字从二人,別字重八,八、仌(北),capital(別)字相似,因误作北。《说文》于《八部》曰:'八,別也。'《孝经》曰:'上下有別。'又《竹部》曰:'capital,古文別。'许君学于贾逵,逵传古文《尚书》,必得其实。……栋谓北字似別,非古別字,又北与別异,不得言北犹別也。虞、郑皆失之。"惠栋此说为后来学者采用,如段玉裁言:"虞翻说《尚书》'分北三苗'云:'北,古別字。'不知其所本。"①王先谦言:"古別字与北字形近,故《虞书》'分北三苗'当本是'分capital三苗'古別字作capital。"②桂馥:"《吴志》虞翻传注云:翻举郑解《尚书》'违失事目,分北三苗',北古別字,郑训北犹別,诚可怪也。馥谓仌capital形近易讹,虞所见《尚书》作capital。"③

2. 指出因传写而致误

《说文》:"戬,灭也,从戈晋声,《诗》曰:'实始戬商。'即浅切。"惠栋注言:"《尔雅》及《毛诗·天保》传云'戬,福也',此训灭,当是传写之误,宋本同。"惠栋指出,许氏此处依据《尔雅》及《诗经》毛传,认为许氏"戬"训"灭",当为传写之误。

按:惠氏所说不妥。段注云:"戬、祓本不训福,与谷禄连文,则亦可训福矣。皆于两字摘一字以释两字之义。毛公仍之曰:'戬,福也。'而'履,禄也','芾,小也',则不相袭矣。古人之文贵善读,所谓不以文害辞,不以辞害志。许于戬不袭《尔雅》、毛传,斯善读《尔雅》、毛传者也,今之能善读者盖尟矣。"④知段氏主许氏之说。胡承珙言:"《说文》'戬,灭也',乃戬字本训,若《尔雅》之戬福,当时自有此训。《生民》疏引孙炎云:'戬音箭。此从晋

---

① 段玉裁《说文解字注》,浙江古籍出版社,1998年,第49页。
② 刘熙撰,毕沅疏证,王先谦补《释名疏证补》,中华书局,2008年,第301页。
③ 桂馥《说文义证》,齐鲁书社,1987年,第110页。
④ 段玉裁《说文解字注》,江苏古籍出版社,2002年,第631页。

声转,祓既为祓除之福,则戬当为荐进之福,古人本有此故训之法,毛传之用《尔雅》,多因诗文立义,如《樛木》福、履连文,则用《释言》之履禄而不用《释诂》之履福,《卷阿》训茀为小,则用释言苇,小也。以茀为苇之借,而不以祓之借,独于此戬训福者,当由下文罄无不宜。罄乃训尽,不应戬亦训尽,故以戬为福禄,而下文受天自禄,降尔遐福,正承此二字申言之耳。《方言》云'福禄谓之祓戬',此又以戬为禄,可见戬字本兼福禄之义,汉人尚有此方言,不得以《说文》灭字一训尽之也。"①由此可见,毛传以"戬"训"福",是因文而立义。又黄侃先生言:"《说文》之训诂,乃独立之训诂,《尔雅》乃隶属之训诂,独立之训诂,虽与文章所用不相应,可也。"②

3. 指出误释地名

《诗经·大雅·皇矣》:"度其鲜原,居岐之阳。"郑笺:"鲜,善也。"惠栋认为"鲜原"为地名,郑笺所训为非。他首先据《逸周书·和寤解》及孔晁注:"王乃出图商,至于鲜原。孔晁曰:近岐周之地。"后又举《汲郡古文》曰"帝辛五十二年秋,周师次于鲜原",最后得出结论:"鲜原乃商周之境,郑训为善,非也。正义及苏氏皆误以为程邑。王氏《地理考》亦未及引,盖博物之难如此。"按:惠氏所举《逸周书》中的"鲜原"确为地名,在商周境地。然而,与此诗不相关。此诗下言"居岐之阳,在渭之将",不得远在商、周之境,鲜原盖泛言小山小原,而非地名。马瑞辰言:"'度其鲜原'即《公刘》诗'陟则在巘,复降在原',特彼分言之,此合言之耳。《公刘》诗传'巘,小山别于大山也',与此传'小山别大山曰鲜'正合。鲜、献古通用,《月令》'鲜羔'即《豳风》之'献羔',是其证也。古者建国,必先相度其山川原隰。《定之方中》诗'景

---

① 胡承珙《毛诗后笺》,黄山书社,1999年,第238页。
② 黄侃《黄侃国学讲义录》,中华书局,2006年,第239页。

山与京,降观于桑',《绵》诗'周原膴膴',《公刘》诗'陟则在巘,复降在原','于胥斯原','瞻彼溥原','乃陟南冈','乃观于京',皆与此诗'度其鲜原'同义,而《公刘》诗'度其隰原''度其夕阳'与'度其鲜原'句法正同,则鲜原之不为地名明矣。"①按:马氏所说为是。

《尚书·禹贡》"荥波既猪",惠栋注:"传云:'荥泽波水已成遏猪。'马郑本皆云'荥播既都'。郑云:'沇水溢出河为泽,卫狄战在此地,今塞为平地。荥阳民犹谓其处为荥播。'栋案:荥波当是二水名,《周书·职方》云'豫州其川,荥雒其浸波溠。'孔氏以为荥泽波水,非也。郑于《周礼》注依《尚书》读波为播,以荥播即荥泽合为一,亦非。"按:惠氏指出"荥波"孔传统称为波水、郑注为地名皆非。他列举《周礼·职方氏》为例证,认为荥、波皆为水之名。惠氏所说有据。"荥"为水名,文献中有诸多记载,如《汉书·地理志上》:"川曰荥雒。"颜师古注:"荥,即沇水所溢者也。"《汉书·货殖列传》:"淮北荥南河济之间千树萩。"颜师古注:"荥,亦水名,济水所溢作也,即今所谓荥泽是也。""波"为水名,亦有文献依据,《尔雅·释水》"洛为波"。《水经·滍水》注云:"波水出霍阳西川大岭东谷,俗谓之歇马岭,即应劭所谓孤山,洛水所出也。"马融《广城颂》曰:"浸以波溠,其水南经蛮城下,又南分三川于白亭东,而俱南入滍水。滍水自下兼波水之通称也。"章怀注《马融传》云:"波水出歇马岭,在汝州鲁山县西北。"《汉语大词典》《辞海》等辞书采用惠栋的说法将"荥""波"释为二水之名。

4. 指出误释名物

《周易·咸卦》上六:"咸其辅夹舌。"《集解》引虞翻曰:"耳目

---

① 马瑞辰《毛诗传笺通释》,中华书局,1989年,第851页。

之间称辅颊。"惠疏:"虞云'耳目之间称辅颊'。又《说文》曰:'辅,颊也。'寻辅,近口在颊前,故《淮南子》曰'靥辅在颊前则好',是也。耳目之间为权,权在辅上,故曹植《洛神赋》云:'靥辅承权。'《夬·九三》'壮与頄頄'即权也。颊所以含物,辅所以持口。辅、颊、舌三者并言,明各为一物,是辅近颊而非颊。虞以权为辅,《说文》以辅为颊,皆非也。"此惠栋断以己意,证以他书,否定虞翻、许慎对于"辅、颊、权"三者的解释,认为其当并列为三物。此说可备一解。

## 二、对魏以降旧注的考察

### (一) 对魏以降注释成果的辩驳

1. 辩驳所释词义不符合文意

《左传·襄公十八年》"有班马之声",杜预注:"夜遁马不相见故鸣,班,别也。"惠栋补注:"班,还也。郭璞引作'般',齐师夜遁,马鸣声渐远,故云:'班马之声'。《尚书》:'班瑞于群后。'《史记》'班'作'还',古字通。"此处惠栋不从杜说,认为"班"的意义当为"还"。按:在古书之中"般"与"班"常常通用,《左传·成公十三年》"郑公子般",《释文》:"般,作班。"《穀梁传·襄公三十年》"蔡世子般",《释文》:"般,音班,本或作班。"《汉书·邹阳传》:"鲁公子庆父使仆人杀子般。"颜师古注:"般字与班同。"《文选·扬雄〈甘泉赋〉》"般倕弃其剞劂兮。"李善注:"般与班同。"《尔雅·释言》:"般,还也。"惠栋指出此处"班"应训为"还",从上下文来说可信:襄公十八年,襄公和晋侯、宋公、卫侯、郑伯、曹伯、莒子、滕子、薛伯、杞伯、小邾子在鲁国济水边上会见,一起攻打齐国,齐侯登上巫山远望晋军,齐侯害怕他们人多,就在夜里逃走,邢伯夜闻骂声,告诉中行献子(荀偃)说:"有班马之声,齐师其遁。"古班、般、还相通,《尔雅·释言》:"般,还反也。"《国语·越语》"天有还形",注:"还,反也。"此句"有班马之声,齐师其循",意思谓有回去的马声,齐国的军队定是逃走。可知惠栋以"班马"为"还马",优于杜氏训"别"。

2. 指出因不明语音而误

《左传·宣公八年》"葬我小君顷熊",唐杨士勋疏云:"案文公十八年(范宁)注云:'宣母敬嬴,此云顷熊者,一人有两号故也。"惠栋不同意此说,他认为"顷声近敬,熊声同嬴。二传由口授,故字异而音同,而云一人有两号,非也。"按:上古音"顷"为溪纽耕韵,"敬"为见纽耕韵,"熊"匣纽蒸韵,"嬴"喻纽耕韵。蒸耕相近,匣喻相近。惠氏所说有据。

《尚书·微子》"我不顾行遯",《释文》云"顾音故"并引徐仙民说"顾音鼓"。毛居正则曰:"案顾字《礼部韵》无上声,音当从一音用。"惠栋不同意此说,认为"顾"有上声,《礼部韵》为宋人所撰,毛氏据以释古音不正确。"商诗'韦顾既伐',《古今人表》作韦鼓',是顾有鼓音。《缁衣》云:'君子寡言而行,以成其信。'郑注云:'寡当为顾,声之误。'是顾有上声,《礼部韵》宋人所撰焉,识古音,毛氏据以驳徐邈,未之得也。"①

3. 指出不懂古今文字的差异而致误

《礼记·坊记》:"高宗云:三年其惟不言,言乃讙。"郑玄注云:"讙当为欢,声之误也。其既言天下皆欢喜,乐其政教也。"元熊朋来《经说》曾批评郑玄注云:"《坊记》'言乃讙'之注,但知有《说命》之书,不知其为《无逸》之文,妄指为讙说之讙,不知本文当为雍作。《释文》正义者从而,遂非。传说尤为可恨。"惠栋认为,郑玄没有以上说为《说命篇》,而只是《正义》的错误,"郑未尝以此书为《兑命》之篇,此正义之误。"《尚书·无逸篇》云:"乃或

---

① 惠栋《九经古义》,中华书局,1985年,第133页。

梁闇,三年不言,其惟不言,言乃雍。"惠氏据郑注云,"楣谓之梁,闇读如鹑,鹑谓庐也。其不言之时,时有所言,则群臣皆和谐",可见,郑玄并不如熊氏所说仅知《说命》而不知《无逸篇》。此外,针对《坊记》郑注多据《尚书》另外的亡佚篇目,惠栋说:"郑非不知《无逸》之篇谨作雍,以记称高宗《书序》,又有高宗之训,此篇已亡,何知不在《商书》,而猥举《无逸》之篇改谨为雍也。"并认为真正的古文《尚书·无逸》篇应该是"谨",《坊记》和郑玄均不错。"且马迁从孔安国问,多得古文之说,其所作《鲁世家》称《无逸》云'乃有亮闇三年,不言言乃谨',正与《坊记》所载同"。进一步批评熊朋来"古今异文,师徒异读,必欲执一说以绳之,此井龟夏虫之见也"。李开先生认为此条惠氏不仅批评熊氏不懂古今异文,而妄说郑氏之误,在论证特点上还"完全发挥了他对《尚书》深有研究之长,故多有发明,有如秀山几重,鳞岩迭出,一山过后又一重,一岩过后又一层,几重几层,无不有奇峰陡壁,一一被惠栋攀登翻越而过"①。

4. 指出违背礼仪制度之妄说

丧葬之礼在古代的礼仪形式中很重要,亦很复杂。三年之丧的丧期,受到许多争议,杜预提出短丧之说,惠栋认为其违背了古代的礼仪制度,故而对其极力攻诘。《隐公元年》"赠死不及尸,吊生不及哀"条,杜预注:"诸侯以上,既葬则衰麻除,无哭位,谅闇终丧。"惠栋载惠有声之语,援引《荀子》"赠死不及柩尸,吊生不及悲哀,非礼也",驳斥曰:"杜元凯遂借以文其短丧之说,诞之甚!妄之甚!"②又,《左传补注》一书中的《文公十八年》及《昭公十年》都载述惠士奇之语,一再反诘讥评,"杜

---

① 李开《惠栋评传》,南京大学出版社,1997年,第140页。
② 惠栋《左传补注》卷一,载《丛书集成初编》,中华书局,1991年,第2页。

预既葬称君之说,至此而此穷矣"①,"预既葬除丧之说,至此乃穷"②。在《九曜斋笔记》中亦言:"《左传》不用服虔而用杜预,此孔颖达、颜师古之无识,杜预创短丧之说以媚时君,《春秋》之罪人也。"③三年之丧是儒家十分重视的礼制,故惠氏详录"先世遗闻",对于杜预的短丧之说多次极力批判。

(二)对魏以降注释成果的吸收

1. 证成旧说

《左传·襄公十九年》,"诸子、仲子、戎子",惠注:"杜亦用服注,此当从傅逊说,以诸子为内宫也。"明傅逊《左传注解辨误》:"《管子》云'中妇诸子',房玄龄注'诸子,内官之号'。"故"诸子"为天子诸侯姬妾之官称,而非服虔注中所说的"诸妾姓子也"。惠栋此即采用明儒的见解。

《左传·昭公三年》"三老冻馁",杜预以为"三老谓上寿、中寿、下寿,皆八十以上,不见养育",服虔则训三老为"工老、商老、农老",对此,惠氏以为"杜说是也",并举《晋姜鼎铭》记载的"三代养老之法"证明,"于国老中取三人焉,谓之三老;于庶老中取五人焉,谓之五更"④,惠氏取西晋杜预之说。

2. 补充旧说

《诗经·小雅·小旻》"如匪行迈谋,是用不得于道"之"匪"字作何解?顾炎武曾考此字:《左传·襄公八年》子驷引此诗,杜预注:"匪,彼也。行迈谋,谋于路。人不得于道,众无适从。"顾炎武评论说:"案《诗》云'谋夫孔多,是用不集,发言盈庭,谁敢执其咎'则杜解为长。"惠栋认为,此必三家诗有"匪行"作"彼行"

---

① 惠栋《左传补注》卷二,载《丛书集成初编》,中华书局,1991年,第38页。
② 同上书,卷五,第101页。
③ 惠栋《九曜斋笔记》卷二,载《丛书集成续编》第92册,上海书店出版社,1994年,第38页。
④ 惠栋《左传补注》卷四,第91页。

者,杜预能据"彼行"为说另补《小雅·雨无正》"如彼行迈"句,意略与此近。此外,顾炎武指出,古书中以"匪"作"彼"者,还有《汉书》引《桑扈》"彼交匪敖"为"匪交匪敖"。又补《荀子·劝学》引《小雅·采菽》"彼交匪敖,天子所予"为"匪交匪纾,天子所予"。综上所述,惠栋共补《雨无正》《汉书》《劝学》共三例,并发明顾说,认为"匪行"作"彼行",为三家《诗》。最后得出结论:"匪字作彼,或古匪彼通用,如顾说也。"此处惠氏为顾氏说解补充了不易得的例证。

《诗经·小雅·瞻彼洛矣》传云:"天子玉琫而珧珌,诸侯璗琫而璆珌,大夫镣琫与镠珌,士珧琫而珧珌。"正义云:"传因琫珌历道尊卑所用,似有成文,未知所出。"孔颖达正义认为毛传所说,似有成文,但是不知道此说的出处为何。惠栋承续正义"未知所出"的问题,进一步为之疏解,以为毛传之说出自逸礼。其论据有二:一举《说文·玉部》引礼云:"佩刀,天子玉琫而珧珌,诸侯璗琫而璆珌,士珧琫而珧珌。"又云"琫,佩刀上饰;珌,佩刀下饰。天子以玉,诸侯以金"。《说文》所言与毛传几乎完全相合,由此可证此佩刀之礼当有成文。二举《尔雅》补充说明,《尔雅·释器》云:"黄金谓之璗,其美者谓之镠。白金谓之银,其美者谓之镣。"天子配刀之饰用尊贵之玉,诸侯用黄金,就尊卑的层次而言,有条不紊,故可证实古代佩刀之礼当有成文,而《说文》所引之礼,不见于今"三礼"之文,故惠栋推测当为逸礼之文。惠氏所述进一步申说了孔疏,证明了孔疏可靠之处。

《左传·僖公二十二年》之"大司马固谏",顾炎武依陆粲,根据《史记·宋世家》,认为大司马即司马子鱼,固谏为坚辞以谏。惠栋则援引《国语·晋语》及韦昭注,认为大司马名固,即《晋语》之公孙固,非司马子鱼,谓"韦、杜皆据《世本》而言,称大司马,所以别下司马也。顾氏不见《世本》而曲为之说,失之"①。值得注意的是,《左传补注》固然针对杜预以订正其违误,此处则补证杜氏,肯定其说与韦昭、《世本》相合。(详见 107 页)

3. 采用旧说以佐证自己的推论

在《左传补注》一书中,惠栋信古而尊汉,然而对于魏晋以降诸儒,他并非一概不取,如行文中亦述及刘敞、邵宝、陆粲、傅逊、顾炎武诸家之说,采用魏晋以降汉儒之说有 76 例之多。其中采用晋人京相璠之说释地理的就有 27 次之多,如,《左传·庄公十四年》传"及大陵",惠栋言:"京相璠曰'颍川临颍县东北二十五里,有故巨陵亭,古大陵也'。"《左传·庄公八年》传"齐侯使连称管至父戍葵丘",惠栋言:"京相璠曰'齐西五十里有葵邱,若是无庸戍之'。"《左传·文公十二年》"秦师夜遁,复侵晋,入瑕。"惠栋注:"京相璠曰'今河东解县西南有故瑕城'。"由此可见,惠氏是本着实事求是的态度,对前注进行审视的,并非全部采用汉说。

在其他著作中惠栋亦采用了魏晋以降注释者的说法,以佐证自己的结论,如,《尚书·商书·咸有一德》"七世之庙可以观怪",惠栋认为"七世之庙"当为"五世之庙",并举王肃《诗经》注为例证:"《毛诗·豳风》曰'七月鸣鵙'。王肃传云'七当为五'",得出结论:"古五字如七,因讹为之,此经七字当做五。"

惠栋尊信汉儒,但在取舍之际并非一味墨守,亦有诸多对汉注的驳斥之例;他辩驳魏晋以降之说不符合古义,但在考辨之中并非一并逐黜,亦有诸多吸收与申述之例。概言之,惠栋对于古注的考辨本着实事求是的态度,博采众说而有所裁断,证汉尊古而又驳汉求实。

---

① 惠栋《左传补注》卷二,载《丛书集成初编》,中华书局,1991 年,第 25 页。

## 第二节 考释词句

### 一、训释字词

（一）解释词义

1. 释繁文奥义

【发夕】

《诗经·齐风·载驱》："齐子发夕。"毛传云："发夕，自夕发至旦。"惠栋引《小宛》诗曰"明发不寐"，薛夫子、王叔师皆训"发"为"旦"，故焦氏《易林》云："'襄送季女，至于荡道，齐子旦夕，留连之处'，旦夕犹发夕也。"他又进一步举《说文》云："《礼》'昏鼓四通为大鼓，夜半三通为戒晨，旦明五通为发明。'"最后指出"发明"犹"旦明"。马瑞辰采其说，"毛传云'发夕，自夕发至旦'者，盖以'发夕'即'夕发'倒文，谓夕将发明之时，'旦'为天将大明之时。自夕发至旦，犹云自夕初至明也。言旦，以证发明夕尚为天未明时耳。古者日入以后，日出以前，通谓之夕；以其时天已将明，谓之发明，亦曰明发；以其时天已将明，而日尚未出，谓之发夕，亦曰夕发。其义可互证也。"①《广雅》："发，明也。"王念孙疏证："《楚辞·招魂》'娱酒不废沈曰夜些'。王逸注云'不废或曰不发，发，旦也'，引《小雅·小宛篇》'明发不寐'，旦亦明也。《商颂·长发篇》'元王桓拨'，韩诗拨作发，云'发，明也'。是发与明同义。"马氏、孙氏所言承惠栋而来，此处惠栋释"发夕"词义为是。

【献状】

《左传·僖公二十八年》："三月丙午，入曹。数之以其不用

---

① 马瑞辰《毛诗传笺通释》，中华书局，1989 年；第 311 页。

僖负羁,而乘轩者三百人也,且曰:'献状!'"杜预曰:"轩,大夫车。言其无德居位者多,故责其功状。"惠栋曰:"献状谓观状也,先责其用人之过,然后诛观状之辜,以示非报恶也。颜籀以为'先责不用负羁,而乘轩者众,因曰:今我之来,献骈胁容状耳。斯盖蚩弄之言,犹言若云谓秦拜赐之师也',其说亦通。"此处杜预释"献状"为功状不妥。《国语·晋语四》曰:"文公诛观状以伐郑。"又载叔詹之言曰:"天降郑祸,使淫观状,弃礼违亲。"韦昭注:"昭省《内》《外传》,郑无观状之事,而叔詹云'天祸郑国,使淫观状',谓淫放于曹,不礼公子,与观状之罪同耳。"《国语》所云"观状",正与传之"献状"相对,由此可见"状"指形体,不当为杜氏所说为"功状"。惠栋认为"献状"为"观状"之义,并指出颜师古说为"献骈胁容状"亦通。惠氏所说得到后人的肯定,洪亮吉云:"《外传》云:文公诛观状。献状,观状也。"沈钦韩云:"按《晋语》:文公诛观状以伐郑。注:唐尚书云:诛曹观状之罪,还而伐郑。观状即观骈胁之罪。"杨伯峻亦指出惠栋"此说较为有据"。

然而,我们认为惠栋此说不如颜说确切。"献"本义是用于祭祀的肥犬,《说文》:"献,宗庙犬,名羹献。犬肥者以献之。"由此本义而引申出呈现、献给、奉献之义。而"观"与"献"是各属于不同方面的动词,词义没有相通之处。在古文献中无"献"用作观之义的其他例证。故此处"献"按颜氏说释"呈现"之义较为妥当。晋伐曹之缘由,在僖公二十三年即埋下了伏笔——《僖公二十三年》传曰:"(晋文公)及曹,曹共公闻其骈胁,欲观其裸。浴,薄而观之。僖负羁之妻曰:'吾观晋公子之从者,皆足以相国。若以相,夫子必反其国。反其国,必得志于诸侯。得志于诸侯而诛无礼,曹其首也。'"《国语·晋语四》也记载了这件事:"(曹共公)闻其骿胁,欲观其状,止其舍,谍其将浴,设微薄而观之。"由此可见,晋伐曹缘由之一,当为曹共公无礼窥其裸。"献状"谓自呈其形体,与"诛无礼"相应。此处的意思应该是:以前你偷看我洗澡,今我自来呈献骈胁之状给你看! 表达了晋文公愤怒之情。《昭公二十七年》传:"羞者献体改服于门外。""献体"与"献状"义近,亦谓呈露其形体。后世文献中"献状"均有此意:如颜延之《赭白马赋》:"简伟塞门,献状绛阙。"丘迟《为范云谢示毛龟启》:"藏采千载,献状一朝。"黄庭坚《胜业寺悦亭》:"苦雨已解严,诸峰来献状。"胡寅《题蔡生竹里茅檐似野航》"南山献状漏南亭,北路行歌喧北曲。"许谦《华盖山》:"周回万象澄,一一来献状。"

2. 说明同义

《春秋穀梁传·隐公三年》"有,内辞也;或,外辞也"。惠栋注:"或与有同义,故以内外别之。"惠氏言"或"与"有"同义,甚是。葛根贵先生言:"'有'和'或'意义相同,都是表示疑问的词。说'有'是内辞,因为它很含蓄,像这里的'日有食之'似乎真是有月亮吃了,其实仍是怀疑。说'或'是外辞,因为它意思明显。"①

《周礼·庐人》"灸诸墙以观其桡",注云"灸谓柱也"。惠栋注:"灸,《说文》云:'从后炙之,象人两胫后有距也。'②案:《既夕》云'木桁久之',注云:'久当为灸'。《士丧礼》云'幂用疏久之',注云'久读为灸,谓之盖塞其(鬲)口下'。注云'以柱两墙之间,挽而内之',与《仪礼》'久'之同义。是'久'为古文,'灸'为今文。(灸从火久声,古文省火。)"按:惠氏认为《周礼》"灸诸墙以观其桡"之"灸"与《仪礼》"幂用疏久之"之"久"意义相同,均有"塞"义,所说甚是。段玉裁因其说:"按久、灸皆取附箸相拒之意,凡附箸相拒曰久,用火则曰灸。"

《诗经·大雅·绵》"乃慰乃止",传云"慰,安"。惠栋注:"《方言》云'慰,居也。江淮青徐之间曰慰'。是慰与止同义。"

---
① 葛根贵、刘世南《十三经直解》(第三卷·下),江西人民出版社,1996年,第374页。
② 见今本《说文》,此处文字是对"久"的解释,惠栋引用文献当有误。

按:《文选·杂诗》:"宴慰及私辰。"李善注:"慰,居也。"王念孙《广雅疏证》云:"《大雅·绵》篇述大王迁岐之事云'乃慰乃止',是慰为居也。"马瑞辰《毛诗传笺通释》云:"'乃慰乃止'犹言'爰居爰处',皆复语耳。"诸说与惠氏说同。

3. 释反义

惠氏对于反义的训释主要表现在他对反训的训释上。一个词意义系统内部含有相对相反的义项,因而反训成为反义词训释的一种特殊形式。《左传·文公二年》"下展禽,废六关",惠栋引《孔子家语》异文曰"置六关",王肃注:"六关,关名,鲁本无此关文,仲置之以税行者,故曰不仁。"惠氏同意王肃注所说,并从反训的角度进一步做了阐释:"案:废与置古字通,《公羊传》曰'去其有声者,废其无声者。'郑志答张逸曰:'废,置也。以废为置犹以乱为治、徂为存,故为今曩为向,苦为快,臭为香,藏为去。'郭璞、何休曰'废,置也,置者不去也,齐人语'。所谓诂训义有反复旁通,美恶不嫌同名也。""废"有置义在古文献中常见,此为古语"美恶不嫌同名"的常见之例。惠氏为了说明这一解释的正确性,还结合先秦其他文献及本词在《左传》中出现的上下文语境,进一步证明此说为是:"杜氏云'六关所以禁绝末游而废之'。《周礼》'建国有门关',关安可废?况后传塞关、阳关皆有明文,岂旋废之而旋复之与?杜氏此说昧于义矣。《小尔雅》亦以废为置,杜集解颇用孔鲋之说,独不及此,何也?上文云'下展禽',下犹去也,'废六关',废犹置也,废与下文相对。"惠氏论证翔实准确。

《左传·僖公二十八年》"以君之灵,不有宁也"。惠栋注曰:"刘炫《规过》以伤为宁,不有宁谓不有损伤。半农先生曰:'古人多反语,如甘为苦,治为乱,皆是,以伤为宁亦有理。'"惠氏此处从反训的角度,对"宁"做了正确的训释。对于"宁"字历来有不同解释,近世《左传》的注译本多取晋人杜预《春秋左传集解》之说训"宁"为"安宁"之义。徐中舒先生《左传选》在是句末标以问号,注曰:"言蒙君的宠爱,敢自图安宁吗?"亦以"宁"为"安宁"。上句是"以君之灵",下句"无有安宁"了,从逻辑上来说不通。徐中舒先生的注释虽然避开了这种不合常理的说法,但又离句太远,不切合原义。从句法上看,这个句子是个陈述句,而不是反问句。此句出现的上下文语境为:"……令无入僖负羁之宫而免其族,报施子。魏犨、颠颉怒曰:'劳之不图,报于何有!'爇僖负羁氏。魏犨伤于胸,公欲杀之,而爱其才,使问且视之。病,将杀之。魏犨束胸见使者曰:'以君之灵,不有宁也。'距跃三百,曲踊三百,乃舍之。"从这段文字可以看出,魏犨在触犯军令,胸部披伤后,自知大难临头,但他也知道晋文公"欲杀之而爱其才"的心理,更了解文公遣使探视的用意,为了掩饰负伤的事实,他先是"束胸"以见使者,进而又表白自己没有负伤,最后还忍住伤疼向上起跳数次,又往前跳跃数次,借以证明自己的确强健无恙,所言属实。"束胸""表白""距跃""曲踊"是魏犨隐匿伤情,证明自己未丧失征战能力,尚可为君所用而取的三个紧密连贯、层层递进的对策,他自己也因此而免一死。如果说"束胸"仅仅是一般的伤口包扎,并将魏犨的表白解释为"不以病故自安宁"(杜预注)或"蒙君的宠爱,敢自图安宁吗?"那与文章的内在逻辑显然是相抵牾的,行文也是极不自然的,因为要表白自己甘为主君效命,纵然身有疾恙,也不敢自图安宁,完全犯不着再"距跃三百,曲踊三百"。

"宁"为"伤"义在文献中还有其他例证。《左传·成公十六年》:"楚子使工尹襄问之以弓。曰:'方事之殷也,有韎韦之跗注,君子也。识见不榖而趋,无乃伤乎?'郤至见客,免胄承命,曰:'君之外臣至,从寡君之戎事,以君之灵,间蒙甲胄,不敢拜命。敢告不宁,君命之辱。"楚王问:"无乃伤乎?"郤至答:"敢告不宁,君命之辱。"这里的"伤""宁"连用,彼此呼应,很能说明问题。《大戴礼记·文王官人》:"蓝之以乐,以观其不宁"。孔广森补注亦言:"宁,伤也。"王聘珍曰:"宁,荒宁也。"

(二)说明语音

1. 说明某字有某音

《诗经·小雅·何人斯》:"尔之安行,亦不遑舍。"惠栋引熊朋来《经说》云:"舍与车、盱协音作舒,便合读作舒。"及《春秋·哀六年》异文:"齐人弑其君荼"(音舒),《公羊》作'舍'字。最后指出,"音舒自古有之。《史记·律书》云:"舍者,日月所舍。"舍者,舒气也。是舍有舒义,故有舒音"。按,舒从舍得声,上古均为审三,鱼部,后来语音发生了变化,故而读音不同。惠氏已注意到二者古音相同这一事实,所说甚确。

《周礼·保氏》:"五射。"郑司农注云:"五射,白矢、参连、剡注、襄尺、井仪也。"释文云:"襄音让,本作让,诸音非。"惠栋言"让亦音襄,古字通",并举《大戴礼记·投壶》为证"弓既平张,四侯且良。决拾有常,既顺乃让。乃揖乃让,乃跻其堂。乃节其行,既志乃张。"由"让"与"张""良""常""唐"等押韵,推出"襄"音"让"。

2. 说明古今音的不同

《说文》:"萑,鸱属。从隹从丫,有毛角。所鸣'其民有祸'。凡萑之属皆从'萑',读若和,胡官切。"惠栋注云:"古和桓同,今人读萑为桓,古人读萑为和。""萑"《广韵》"胡官切",上古匣纽,元部;"桓"《广韵》"胡官切",上古匣纽,元部;"和"《广韵》"户戈切",上古匣纽,歌部,元歌对转,三者古音相近。《史记·孝文纪》索隐:"陈楚俗桓声近和。"《汉书·尹尝传》集注:"陈宋之间言桓如和。"惠氏指出"萑"古今读音不同。

3. 给古字注音

惠氏常用"读若""读为"等术语为字词注音。例如,《说文》:"譬,两虎争声,从虤从日,读如愁,语巾切。"惠栋注:"愁,读若银。"《说文》"智"字,惠栋注:"智读若委。"《说文》:"臣,牵也。"惠栋注:"古读为牵。"《说文》:"瑊,读若鬲。"惠栋注:"古击字皆读为搞。"

4. 说明语音之转

《说文》:"糫,收束也。从韦燋声,读若酋。糫,或从要,掔、糫或从秋手。"惠栋注:"秋之言糫也,糫音酋,酋与秋近,糒之言小也,从米焦声。糫从韦糒声,当为酋声之转也。"《周易述》:"爻皆有需象,上不言需,称不速之客,北音读速为须,声之转也。"

## 二、训释名物典章制度①

### (一) 释名物

1. 释服饰

【大帛之冠】

《左传·闵公二年》:"大帛之冠。"杜预注:"大帛,厚缯,盖用诸侯谅闇之服。"杜注认为大帛之冠为诸侯居丧之服。惠栋反驳其说,指出郑玄引"大帛"作"大白冠","为太古之布冠","杜注为自造之语、俗语",并进一步指明了其疏失的渊源,"服虔曰:戴公卒于此,故杜弥缝其说耳"②。按:闵公二年,卫遭受狄戎侵犯,家国破乱,卫文公在此之际提出"大布之衣,大帛之冠,务才、训农",则"大帛之冠"不当为丧时的服饰。今考《礼记·玉藻》"国家未道,则不充其服焉","年不顺成,君衣布",郑玄注:"君衣布

---

① 这一部分的部分内容,主要参考了李开先生《惠栋评传》一书,直接引用部分已标出。
② 惠栋《左传补注》卷一,载《丛书集成初编》,中华书局,1991年,第16页。

者,谓卫文公大白之衣、大帛之冠是也。"《左传》之"大帛之冠"与《礼记》之"大白之冠"字虽异,然皆以布为之。惠栋以此为突破点,训解"大帛之冠",当为确诂。卫遭受侵犯,如同凶年,则当时卫文公穿着粗布衣服,戴着粗布帽子,以俭朴积蓄财力,努力生产。惠氏此说与文意恰切,也合乎"年不顺成,君衣布"的服饰礼仪。

【袗玄】

《礼记·士冠礼》:"兄弟毕袗玄。"郑玄注:"袗,同也。玄者,玄衣玄裳也。古文袗为均。"惠栋言:"袗玄即汉之'袀袨',司马彪《舆服志》云:'郊祀之服皆以袀袨。'《淮南子》云'尸祝袀袨',高诱曰:'袀纯服袨墨斋衣也。'篆书袗与袀相似,古文作均,故左氏《僖五年传》云'均服振振',祭服上下皆玄,故谓之'袀玄'。戎事上下同服,故谓之均服。"惠栋认为"袗玄"即汉代"袀袨",是上下均为黑色的祭服。继惠栋之后,段玉裁、凌廷堪均同意此说,认为"袗"为"袀"之误。

2. 释器物

【圻鄂】

《周礼·春官·典瑞》:"璪圭以眺聘。"郑司农云:"璪有圻鄂瑑起也。"为考释"圻鄂",惠栋举了五个证据:①《考工记·辀人》"良辀环灂",郑司农云:"灂读为漻酒之漻,环灂谓漆沂鄂如环。"贾公彦疏:"沂鄂如环者,谓漆之文理也。"②《礼记·郊特性》"丹漆雕几之美,素车之乘,尊其朴也。"郑注:"几谓漆饰沂鄂也。"③《礼记·少仪》:"国家靡敝,则车不雕几。"郑注:"几,附缠为沂鄂。"惠注:"圻与沂皆鱼巾反,又作垠。"④《太平御览》卷五十五引《淮南子·原道》:"上游于霄霓之野,下出于无垠鄂之门。"⑤《淮南子·俶真》:"四达无境,通于无圻。"高诱注:"圻,垠字也。"惠注:"俗本云:圻,音寅,垠也。"又指此字可作鄞。并举《周易参同契》云:"混沌相交接,权舆树根基,经营养鄞鄂,凝神以成躯。"综合以上五个例证,惠栋认为"圻鄂谓形状之微起者,故谓之几。瑑圭圻鄂者谓瑑起圻鄂也,良辀环灂者谓漆起鄂也"。最后,惠栋举《说文·玉部》云:"瑑,圭璧上起兆瑑也,从玉,篆省声。《周礼》曰:瑑圭璧。"由许书同样可证瑑为玉器上雕饰的凸起花纹,亦即圻鄂。此条目是对上古玉器花纹的研究,继惠栋之后,《说文》段注"瑑""垠"字下,孙诒让《周礼正义》都有对"瑑""圻鄂"更详细的考证,但大体不出惠栋之论说。

3. 释人名

【大司马固谏】

《左传·僖公二十二年》:"楚人伐宋以救赵。宋公将战,大司马固谏曰……"宋与楚战于泓,即为著名的泓之战。惠栋引顾炎武对"大司马固谏"的解释:"大司马,即司马子鱼也;固谏,坚辞以谏也。"其又引朱鹤林言:"《史记·宋世家》则前后俱子鱼之言。"《史记·宋世家》:"宋伐郑。子鱼曰:'祸在此矣。'秋,楚伐宋以救郑。襄公将战,子鱼谏曰:'天之弃商久矣,不可。'冬,十一月,襄公与楚成王战于泓。"前后均言子鱼之言,故朱同顾说而断言大司马为子鱼。惠栋据《国语·晋语》:"公子过宋,与司马公孙固相善,公孙固言于襄公曰:晋公子亡,长幼矣,而好善不厌。"韦昭注:"固,宋庄公之孙,大司马固也。"惠栋据韦昭和杜预,认为"韦杜皆据世本而言,称大司马所以别下司马也。顾氏不见《世本》而曲为之说,失之",并认为"《史记》疏略,不足取证"。惠栋又从古代职官证之,"大司马与大宰不在六卿之列。文七年穆襄之族杀公孙固时,乐豫为司马;泓之战,子鱼为司马,明大司马是宋之孤卿也。文七年《正义》云:宋上公,礼得有孤且春秋变周,不必如礼,晋有太师太傅僖为之"。按惠说,既然大司马与司马不同,司马子鱼就不会是大司马了。故惠氏认为是宋大司马官名固的谏司马襄公。洪诚先生《〈左传〉泓之战"大司马固谏"注解述评》详论始末原委,认为,但惠栋等人已纠正了顾炎武之误,惠栋之说有可纠补之处。洪先生"意犹未尽"而"补论一义":司马迁记泓之战也是依《左传》改写而成,改"大司马固谏"为"子鱼谏",并说:"司马改《传》,亦以固为人名而改之,意不仅改一官名为人名也。"较惠栋"《史记》述略不足证"更清晰地反证《左传》"大司马"官名,"固"人名,客观上更可证惠栋说法之确。杨伯峻《左传注》也大体采用洪先生的说法,并据以补充惠栋之说。①

(二) 释刑法制度

【律:一人有数罪,以重者论之】

《公羊传·庄公十年》"战不言伐,围不言战,入不言围,灭不言入,书其重者也",何休注:"律:一人有数罪,以重者论之。"惠栋指出《昭公三十一年》传"何故死吾天子",下注文与此同,都是讲汉律。汉承秦制,汉律源于秦律。《史记·李斯传》云"具斯五刑",《汉书·刑法志》云"汉兴之初,尚有夷三族之令,令曰:当三族者,皆先黥、劓、斩左右趾、笞杀之,枭其首,菹其骨肉于市,其诽谤詈诅者,又先断舌,故谓之具五刑,彭越、韩信之属皆受此"。惠栋感叹道"诛暴秦之为祸也烈矣"。惠栋将秦汉五刑之法和"以重者论之"的起因,一直追溯到周穆王国相吕侯制定的《吕刑》。他引用《尚书·吕刑》:"子张曰:尧舜之王,二人刑而天下治,何则?教诚而爱深也。一夫而被此五刑,子龙子曰:未可谓能为书。"康成注云:"二人俱罪,吕侯之说刑也。被此五刑,俞犯数罪也。""孔子曰:不然也。五刑有此教。"注云:"教然耳。犯数罪犹以上一罪刑之。"惠栋认为"此与汉律一人数罪,以重者论之

---

① 杨伯峻《春秋左传注》第一册,中华书局,2009年,第369页。

同义"。李开认为"《公羊传》大抵成书于西汉景帝年间,引汉律注之,不为无据。惠栋古义追溯至今存最早的成文法刑法《吕刑》,实在是一篇法制史的文章。事实上,不仅汉刑,而且唐律、量刑之法皆循'有数罪,以重者论之'之法。后来陈立义疏在此条下作注,完全是循惠栋古义的思路写成的"①。

【沦胥以铺】

《诗经·小雅·雨无正》:"若此无罪,沦胥以铺"。《韩诗》作"熏胥以痛。"《韩诗》中的熏,帅也;胥,相也;痛,遍也。言王使此无罪者,见牵率相引而遍得罪也。同样《汉书·叙传》有"乌乎史迁,熏胥以刑"句,晋灼注:"齐、韩、鲁《诗》作熏。熏,帅也。从人得罪,相坐之刑也。"颜师古注:"《韩诗》沦作熏,熏者,相熏蒸。"惠栋认为毛传、郑笺、晋注、颜注都不对。他认为"熏"字是"阍"的通假字。"胥"为"胥靡",刑罪之名。依惠栋的考释,"沦胥"为"阍+胥靡"构成的词义,阍为古代守门小官,多以犯罪受刑之人充当,且多以刺过字的罪人,故"熏胥"为刑罪之人。李开又进一步阐释为"熏、阍亦通熏,皆烧灼义,'熏胥'为烧灼刺字之刑罪"②。我们认为惠氏此处将动词误释为专有名词。"阍人"最早见于《周礼》一书,指掌晨昏启闭宫门的人,《周官·阍人》郑玄注:"阍人,司昏晨以启闭者。刑人墨者使守门。"由此可见,阍人在《周礼》中的本义即为使刑人守门,后世通称守门人为阍人。如《礼记·檀弓下》:"季孙之母死,哀公吊焉。曾子与子贡吊焉,阍人为君在,弗内也。"而非如惠栋所说阍为刑名。惠栋说"胥"为"熏胥"之义,则与《汉书》"熏胥"以刑之语不可通。遍检先秦文献,没有以"胥"为刑名的说法。"沦胥"一词除了在此处出现外,《诗经》中还出现了两次:《小旻》:"如彼泉流,无沦胥以败。"

---

① 李开《惠栋评传》,南京大学出版社,1999年,第163页。
② 同上书,第78页。

《抑》:"肆皇天弗尚,如彼泉流,无沦胥以亡。"熏胥即沦胥,若以沦胥为刑名,则"沦胥以败""沦胥以亡"皆不可通,所以,此处惠氏虽提出了新的见解,但结论依然不可靠。

(三)释军事制度

【古者天子六师】

《左传·襄公十年》传"古者天子六师",六师为军队,或有所疑,《诗经·大雅·棫朴》"周王于迈,六师及之"毛传云:"天子六军。"惠栋考论引郑玄谓:"军者兵之大名,军礼重,言军为其大悉,故春秋之兵虽有累万之众皆称军,《诗》云六师,即六军也。"在"六师"即"六军"的考释中,惠氏还涉及到了古代军队的建制问题,如,"《公羊传·隐公五年》传注云:'礼天子六师,方伯二师,诸侯一师。'《昭公五年》传'舍中军者何?复古也。'"鲁于春秋不得为方伯,以二军为复古,则诸侯一军之说,非矣。《三略》曰'圣王御世,观盛衰,度得失而为之制。故诸侯二师,方伯三师,天子六师',诸侯二师,故舍中军为复古,古者一二皆积画传写之误也。"这种阐释具有一定的军事文化价值。后来钟文烝补注对古代军队建制作了详细的解释,针对惠栋"六师"即"六军"之说,钟云:"惠引郑君之言以解辞,最得其旨也。"

【坐其北门】

《左传·桓公十二年》"坐其北门"。注:"坐犹守也。"惠栋注:"案:兵法有立阵坐阵,见《尉缭子》。立阵所以行也,坐阵所以止也。传曰'裹粮坐甲',又云'王使甲坐于道',又云'士皆坐列',《司马法》曰'徒以坐固',《荀子》曰:'庶士介而坐道',及此传'坐其北门',皆坐阵也,杜训坐为守,盖未通于古义。"①按:关于"坐"的意义历来说法不一,杜预言"坐犹守也",洪亮吉谓"坐

---

① 惠栋《左传补注》,载《丛书集成初编》,中华书局,1991年,第8页。

当训为止",杨树达言"坐即坐立之坐",孔广森与惠氏说同,为"坐阵"之义。我们认为,惠氏此处以古代的兵法制度进行阐释,比各家之说更为合理。正如惠氏所说,古代兵阵的形式,从作战方法上分,有立阵和坐阵两类。立阵就是采取立姿作战的战斗队形,坐阵就是采取坐姿作战的战斗队形。坐阵在秦汉以后已经很少使用。然而,在先秦文献中,坐阵经常出现,例如《商君书·赏刑》:"武王与纣战与牧野之中,士卒坐阵。"《孙膑兵法·十阵》载,在"玄襄之阵"中,是"甲乱则坐";在"数阵"中,是"甲恐则坐";《司马法·严位》载"凡战之道",其中有"立进俯,坐进跪,畏则密,危则坐"的规定;又有"跪坐坐伏""坐膝行而推之"等规定。《管子·兵法》谈到战场上的指挥系统时说:"鼓所以任也,所以起也,所以进也……金所以坐也,所以退也。"在古代军事训练中亦有"坐"的科目,如《史记·孙子吴起列传》中记孙子练兵的要求就有"左、右、前、后、跪、起皆中规矩绳墨,无敢出声",这里的"跪",也就是"坐"。《周礼·夏官·大司马》中的训练内容是"以教坐、作、进、退、疾、徐之节",第一项"坐",《吴子兵法·治兵》中说的更清楚,"圆而方之,坐而起之",就是说,从圆阵转为进攻,就要由坐姿转为立姿,由此亦可见,坐阵是与防御相联系的。隋唐以前的坐姿与今不同,并不是如今天臀部着地,而是两膝着地,两脚后置,臀部放在脚后跟之上,即所谓"两膝着地,以尻着踵而安者为坐",战争中采取坐姿,主要有几种作用:一是在军队中处于守势或劣势时,采取坐姿可以稳定对列,不致发生移动变化,更不致随便后退,这就是"乱则坐"的道理。二是坐下之后,前树盾牌作为全身的遮掩,就可保证部队不受敌方射来的矢箭伤害[①]。

---

① 袁庭栋《解密中国古代战争》,山东画报出版社,2008年,第252页。

由上下文而言，"楚伐绞，军其南门，莫敖屈瑕曰：'绞小而轻，轻则寡谋，请无扞，采樵者以诱之。'从之。绞人获三十人，明日，绞人争出，驱楚役徒于山中，楚人坐其北门，而覆诸山下。"此处言，楚军伐绞，军队驻扎在南门，以砍柴人引诱他们，在山下设伏兵，楚人想绞人遇伏兵，必逃向北门，故在南门布坐阵埋伏，以待其来。惠氏所言，验之上下文亦通顺。《左传》全文中，亦有类似记载，如《昭公二十七年》："王使甲坐于道，及其门。门阶户席，皆王亲也，夹之以铍。"《宣公十二年》："越骊夜至于楚军，席于军门之外"，"席"为动词，即席地而坐。均为坐阵之法。

（四）释宗法制度

《左传·隐公三年》："尹氏者何？天子之大夫也。其称尹氏何？贬！何为贬？讥世卿。世卿，非礼也。"世卿就是无贤才而世袭做官。惠栋指出《宣公十年》"齐崔氏"传同。惠栋引用古文经学家许慎《五经异义》"卿得世"条云："今《春秋公羊》《穀梁》云，卿大夫世位则权并一姓，妨塞贤路，事政犯君，故经讥周尹氏、齐崔氏是也。"又举《春秋左氏》曰"卿大夫皆得世禄，不得世位，父为大夫，死，子得食其故采地，而有贤才，则复升父故位，故传曰'官有世功则有官族'。"《古文尚书》云，"古我先王，暨乃祖乃父，胥及佚勤，予不敢动用非罚，世选尔劳，予不绝尔善"。由此诸种文献，惠栋得出的结论为"上古世禄非世袭官位，官位讲论贤才"。李开评论此处说："这对于我们研究西周分封制和'父死子继'的宗法制的内在含义是有意义的。至少世禄制是世袭制的补充，要不然宗法世袭制本身也是难乎为继的。"①陈立《公羊义疏》对"世卿，非礼"的解释甚详，基本观点同惠栋。

---

① 李开《惠栋评传》，第162页。

### （五）释经济制度

《左传·庄公二十八年》："臧孙辰告籴与齐，礼也。"惠栋言："子惠子曰：《逸周书·籴匡篇》：'年俭谷不足，君亲巡方，卿参告籴。'故《外传》臧文仲曰：'国有饥馑，卿出告籴，古之制也。辰也备卿，辰请如齐。'凡称礼，皆周制也。"①此言明国有难，向外求援购进粮食是合乎周代礼仪的。

## 三、训释文句

### （一）对假设句式语言功能的阐释

惠栋在《荀子微言》中注意到了假设问与假设词，在《周易述》中，惠栋进一步指出了这些假设问的语用功能。他专门解释了"设词而问"的内涵，"设词而问：设疑词而问，欲明立象设卦，可以尽圣人之言与意也"②，这句话是用来解释《系辞传》上"然则圣人之意，其不可见乎"的，惠栋解释设定这个问题是为了便于进一步深入论证，他因此说："述《文言》而称答问者，所以起意也。"设问句式的作用即在于能够更深入地探讨经文中潜在的问题，即限定可能引起疑问的论题界限，从而使论述更为合理。

### （二）对句式词法结构的关注

在经义考证中，惠栋注意到了句式结构对理解经义的作用，他在注《周易》"龙战于野"时说："胡氏炳文曰：'龙战于野'与《春秋》书'王师败绩于茅戎'同一书法。"③这是说，"龙战于野"与"王师败绩于茅戎"都是主谓结构而状语后置，"书法"相同，理解了这种句式结构，就能理解文义。又如，惠注"大无丧也"时说：

---

① 惠栋《左传补注》卷一，载《丛书集成补编》，中华书局，1991年，第13页。
② 惠栋著，江藩补《周易述》，巴蜀书社，第444页。
③ 《周易本义辨证》，载《续修四库全书》，第21册，第296页。

"大无丧也者,大其得中能无丧也。《春秋传》曰:'君子大其弗克纳也。'词法与之同。"这就是说,"大无丧也者"与"大其弗克纳也"一句词法相同,"大"是"以……为大"的意思。

## 第三节 校勘文字

江藩说惠栋"校勘精审,于古书之真伪,如辨黑白",可见,其对于古书校勘功力之深。惠氏所校之书,民国时期王欣夫做过详细的整理,有辑录惠氏校勘著作的《松崖读书记》(22卷14册)问世。其自序言:"喜其于校勘文字外,多独抒心得,零玑碎璧,俯拾即是。"据曹元弼《序》载,"欣夫先生于惠先生评校本,搜访尤勤,凡所传录至三十余种之多,蔚然为艺林大观"。《松崖读书记》中记载有惠氏所校书总计有30种,后漆永祥又增加27种,所以惠栋所校之书最少有57种之多。

惠栋的校勘成果影响深远,诸多条例均被后世的研究者所采纳。如,惠栋是清儒中最早校《礼记》的学者。惠栋依据宋岳珂刻本《礼记郑注》,后来黄丕烈又以两种残宋本校惠校本,成《礼记郑注》20卷,黄丕烈跋云:"此惠校本《礼记郑注》,余得诸滋兰堂,复以两残宋本复校,虽未全璧,亦可宝也。"[①]他在识语中曾概括惠栋的校勘成就:"讹字四千七百有四,脱字一千一百四十有五,阙文二千二百一十有七,文字异者二千六百二十有五,羡文九百七十有一。点勘是正,四百年来阙误之书,犁然备具,为之称快。"后来阮元刻《十三经注疏》本时,也是以惠校本为底本汇校而成。阮元《礼记注疏校勘记·序》云:"《礼记》七十卷之本,出于吴中吴泰来家。乾隆间惠栋用以校汲古阁本。"[②]

---

[①] 黄丕烈《荛圃藏书题识》,上海远东出版社,1999年,第40页。
[②] 阮元《揅经室集》上册,中华书局,1993年,第258页。

阮元校勘记所称的"惠栋校本",因其珍贵还一度被人假冒:"近年有巧伪之书贾,取六十卷旧刻,添注涂改,缀以惠栋跋语,鬻于人,镂板京师者,乃赝本耳。"①

具体来说,惠栋校勘的内容主要包括以下几方面:

**一、校勘错字、讹字**

《左传·襄公三十一年》:"令尹似君矣。"惠栋认为俗本、定本误将"以君"作"似君",并进一步指出此种讹误产生的缘由:"古以字作目,与似通,故误作似。"②按:甲骨文"似""以"均作"㠯",异字同体,今本误以为"似",惠氏所说为是。此处"以"通已,"令尹以君矣"即为"已是国君之容"的意思。其他文献亦有二者通用之例,《礼记·檀弓下》:"则岂不得以。"郑玄注:"以,已字,则以与已字本同。"《墨子·节葬下》:"财以成者。"孙诒让《墨子间诂》云:"以同已。"阮元校勘记、杨伯峻《春秋左传注》力主此说。

《尚书·商书》"七世之庙,可以观德"。惠栋认为"七世之庙"当为"五世之庙","七"因古文字形相似而讹为"五"。并进一步列举例证证明其结论。他首先引用了《吕氏春秋》中此句的异文之"五世之庙可以观怪"(怪字乃传写之误)进行对比。后又引用魏晋时期的《礼纬稽命征》及《孝经》《后汉书》中关于庙制的记载,认为夏商无七庙之文。按:惠氏此说不可信。今存先秦文献,记载七庙之事者有之。如《礼记·王制》:"天子七庙,三昭三穆,与太祖之庙七。"蔡沈《书集传》:"天子七庙,三昭三穆,与太祖之庙七,七庙亲尽则迁,必有德之主,则不祧毁,故曰'七世之庙,可以观德。'"《孔子家语》曰:"天子七庙,诸侯五,大夫三,士

---

① 阮元《揅经室集》上册,中华书局,1993年,第258页。
② 《左传补注》卷四,第85页。

二,自虞至周所不变也。"《穀梁传·僖公十五年》曰:"天子七庙,诸侯五,大夫三,士二。"

《礼记·文王世子》:"遂设三老五更群老之席位焉。"郑注:"三老五更各一人,皆年老更事致仕者也。名以三五者,取象三辰五星,天所因以照明天下者。"《乐记》:"食三老五更于太学。"郑注:"三老五更,互言之耳,皆老人更知三德五事者也。"郑注是从有关文化背景意义来解释词义的。历代对"三老五更"的解释甚多。惠栋举出宋均、应劭、卢植、蔡邕之说各异,惠氏引蔡邕之说"三老五更,子独曰五叟,何也?曰:字误也。'叟'长老之称,其字与"更"相似,书者转误,遂以为更。嫂字女旁,瘦字从叟,今皆以为更矣。以嫂瘦推之,知是更为叟也。立字法者不以形声,何得以为字?"惠栋又举出一有力证据,《列子·黄帝篇》云"禾生子伯宿于田更,商丘开之舍",张湛注云:"更当作叟。"遂称"蔡说不为无据"。今人杨伯峻《列子集释》引任大椿、王重民皆作"叟",亦是用惠说。

"轈"《说文》"兵高车加巢以望敌也,从车巢声,钽交切"。惠栋注:"应作兵车高如巢云云。""如""加"字形相似,故相混。《玉篇·车部》:"轈,兵车若巢以望敌也。"《广韵》:"轈,兵车若巢以望敌也。"《龙龛手镜》:"轈,《诗》云'兵车若轈以望敌也'。"是《释文》《玉篇》《广韵》《龙龛手镜》等均不作"加","如""若"义相近。轈车是古代用以观察敌情的高架车,车内有用辘轳升降的观台,人在台中,如在巢中,故名为轈。《通典·兵典》:"以八轮车上树高竿,竿上安辘轳,以绳挽板屋止竿首以窥城中。板屋方四尺高五尺,有十二孔,四面别布车,可进退,围城而行,于营中远视,亦谓之巢车,如鸟之巢。"《左传·成公十六年》:"楚子登巢车以望晋军。"杜预注:"巢车,车上为橹。"孔颖达《春秋左传正义》疏曰:"《说文》云:'轈,兵高车加巢以望敌也。'橹,泽中守草楼也。是

'巢'与'樔'俱是楼之别名。"许慎此处是通过比喻推测其命名的缘由,轈、巢为同源字,轈车的命名与其车上如巢的特殊部件有关。段玉裁《说文解字注》亦从惠说,改"加"为"如"。

## 二、校订脱文

《左传·宣公十八年》:"自虐其君。"惠栋据《唐石经》《正义》本言"今本脱内字"①。按:经文当为"自内虐其君"。金泽文库本亦有"内"字。阮元《校勘记》云:"石经自下有内字。按:《周礼·大司马》之职正义,李善《魏都赋》注传并有'内'字。"②

《说文·木部》:"櫐,众盛也,从木,聶声。《逸周书》曰:'櫐疑沮事,阙。'"惠栋注:"櫐疑沮事,见《周书·文酌篇》极有七事之一,今《周书》櫐误聚,宋刻亦然,宋人不识字,赖《说文》校正。今宋本《说文》亦阙此字,唯《玉篇》载之,先君拈入櫐字,从《玉篇》增也。"考《玉篇》卷十二:"櫐,《说文》曰:'众盛也。'《逸周书》:'櫐疑沮事。'"然《集韵》《广韵》《类篇》俱脱"櫐"字。《四部备要》抱经堂本《逸周书》作"聚疑沮事"。段玉裁《说文解字注》云:"《周书》文酌解'七事,三,聚疑沮事',聚古读如骤,与櫐音同。"惠氏此处所说为是。

《左传·成公十六年》:"侨如曰:不可以再罪,奔卫",惠栋依据《唐石经》曰"遂奔卫",认为"今本皆脱遂字"。《左传·襄公十四年》:"卫侯出奔齐。"惠注:"仲尼修之曰:'卫侯衎出奔齐。'臣逐君不可以训,犹召君也,杜注谬。诸侯失国名,《公》《穀》皆有'衎'字,《左传》脱也。"③惠栋说《公羊传》《穀梁传》皆有"衎",故此处应脱一"衎"字。遍检《穀梁传》并无"衎"字。

---

① 惠栋《左传补注》卷二,第47页。
② 《十三经注疏》,第1892页。
③ 惠栋《左传补注》卷三,第63页。

《说文·鸟部》:"雃,祝鸠也。从鸟隹声,思允切。隼雃或从隹一,一曰鹑字。"惠栋曰:"雃《玉篇》作鸭,从鸟隼声似误。然云雃或从隹一又似不误,而以隼为鹑未详。《诗·六月》疏引《说文》云:'隼,鸷鸟也。今无之,自是脱文。'"惠栋根据《诗经·小雅·六月》孔颖达疏中所引与今本不合,认为今本《说文》脱。

## 三、校勘衍文

《左传·襄公二十七年》:"皆取其邑而归诸侯,诸侯是以睦于晋。"惠栋言:"刘光伯云:'晋宋本皆不重言诸侯,则唯谓齐鲁宋三国睦耳。'栋按:不重言诸侯是也。"①此"诸侯"晋本、宋本皆未重复,此处重复当为衍文,故应于"取其邑而归"的地方断句,阮元亦云:"细玩传文,当以'使诸侯至皆取其邑而归'为句,下文'诸侯是以睦于晋'为句,若此处重诸侯字,则文理有碍,然则晋宋古本是,定本非也。"②阮元与惠栋的说法一致。

《礼记·檀弓下》:"人喜则斯陶,陶斯咏,咏斯犹,犹斯舞,舞斯愠,愠斯戚,戚斯叹,叹斯辟,辟斯踊矣。"这九句话,宋代刘敞《七经小传》认为"人舞宜乐,不宜更愠,又不当渐至辟踊,此中间有遗文矣"。从而,推校原本当分为两个层次,一个层次是"人喜则斯陶,陶斯咏,咏斯犹,犹斯舞,舞斯蹈矣";另一个层次是"人悲则斯愠,愠斯戚,戚斯叹,叹斯辟,辟斯踊矣"。刘敞认为"自喜而下,五变而至蹈,自悲而下,亦五变而至踊"。惠栋说"刘氏之说是矣",但是,他认为"中间有遗文者非,盖衍文也"。"古本《礼记》无'舞斯愠'及注'愠犹怒也'七字,故陆氏《释文》云此喜怒哀乐相对,本或于此句上有'舞斯愠'一句并注皆衍文"。惠栋还结合此处衍文,对古书行文状况进了一般推导:"古文文简而意备,非若

---

① 惠栋《左传补注》卷四,第 77 页。
② 《十三经注疏》,第 2002 页。

后世之繁重也。《释文》具在，何不以取正之，而为是臆说耶?"惠栋这一说法很正确,后孙希旦《礼记集解》虽未明引惠栋,但实际上重申了惠栋的见解。孙说："此节言哀乐,各四句,一一相对,喜与愠对,哀乐之初感也;陶与戚对,哀乐之盛于中也;咏与叹对,哀乐之发于声音也;摇与辟对,舞与踊对,哀乐之动于四体也。独'舞斯愠'一句在其中间,言哀乐循环相生之意,详文义,似不当著此。孔疏谓郑他本或无此句,或本系衍文,如陆之说与!"①惠、孙都不约而同地肯定刘敞哀、乐相对二分之说,也肯定了"舞斯愠"为衍文之说。

《易·坤卦》："直方大,不习,无不利。"郑注云："直也,方也,地之性。此爻得中气而在地上,自然之性,广生万物,故主动直而且方。"惠栋引熊朋来《经说》云："郑氏《古易》云:坤爻辞履霜、直方、含章、括囊、黄裳、玄黄协韵,故《象传》《文言》皆不释大,疑大字衍。"屈万里《周易集释初稿》、闻一多《周易义证类纂》、高亨《周易古经今注》均采此说,以"大"字为衍文。按:"大"为衍文之说,全不可信。丁寿昌早已指出："熊说非也。荀慈明注:'大者,阳也。二应五,五下动之,则应阳出,直布阳于四方。'乾令升注:'臣取其直,妻贵其方,地体其大,故曰直方大。'是汉晋《易》皆有'大'字。"②马王堆出土的帛书《易经》里,《川》卦赫然有"大"字;③《帛书易传·二三子》《衷》《缪和》的称引和解释中,也都有"大"字④。可见,"大"字系《周易》本经固有。前人没有见到可靠的地下出土资料,仅凭书面文献判定,有失公允。

---

① 孙希旦《礼记集解》(上),中华书局,1989 年,第 272 页。
② 丁寿昌《读易会通》,中国书店,1992 年,第 133 页。
③ 傅举有、陈松长编著《马王堆汉墓文物》,湖南出版社,1992 年,第 111 页。
④ 廖名春《马王堆帛书周易经传释文》,载《续修四库全书》经部易类第 1 册,第 18、31、33、48 页。

## 四、校异

即仅仅指出版本异同,不加评论不作取舍。惠栋遵循实事求是的态度,对那些版本不同而又殊无可据者,则只是列出异同而不臆改。常用的术语有:某本作某、一作某、某本有某字、一作某、某本有某字,某本无某字、某字与某字通等等。

《左传·闵公二年》:"虢公败犬戎于渭汭。"惠栋曰:"服虔本作渭队,注云:'队谓汭也。'"①

《左传·襄公二十六年》:"卫侯入逆于门者,颔之而已。"惠栋言:"《说文》引作'顉',云'低头也'。《玉篇》引杜氏注亦作'顉'又音钦,曲颐也。《列子》云:'巧夫顉其颐而歌合律。'注云:"顉犹摇头也。'"按:此处惠栋没有说孰是孰非,而是列出了两种异文的不同形式。颔,杜预注"摇头也",与"顉"字意义相近。吴玉搢言:"传云:'逆于竟者,执其手而与之言道,逆者自车揖之逆于门者顉之而已'。言逆者渐近不为礼也。杜注颔为摇其头,义与顉近,颔顉形声相近,故误。《正字通》以今《左传》为是,《说文》作顉为非,谬甚。"②

《左传·隐公元年》"其乐也融融。"惠栋认为"融古文作肜",举李善注张衡《思元(玄)赋》为例证:《思元(玄)赋》"展泄泄而肜肜",李善注:"《左传》曰郑庄公'入而赋,大隧之中其乐也肜肜',融与肜古字通。"最后还举《殽阮碑阴》亦以"肜"为"融"。惠栋认为"融与肜古字通",③仅仅指出了经文所存在的异文形式,没有加以评论和取舍。阮元校勘记也说:"《后汉书·马融传》:'丰肜对蔚。'丰肜犹丰融也。"与此说同。

---

① 惠栋《左传补注》,第 78 页。
② 吴玉搢《说文引经考》,载《丛书集成初编》,中华书局,1985 年,第 327 页。
③ 惠栋《左传补注》,第 2 页。

# 第五章 惠栋训诂的方法

## 第一节 训诂方法的层次性

所谓训诂方法,即通过考字释义,以便正确解读古籍的一种手段,"说到底,就是训诂学领域内的词义研究方法"。白兆麟认为,各个学科领域的研究方法都大体分为三个层次:哲学层面的方法,逻辑层面的方法,和由各科的特点决定的专门方法。① 循此,讨论惠栋的训诂方法我们亦从这三个层面入手。

关于惠栋的训诂方法,重点应从专业的角度去讨论,对其在训诂实践中所体现的哲学观念以及所运用的逻辑方法,我们只作简要介绍。

### 一、训诂的哲学层面

能否准确训释古代文献,与训诂者的指导思想有直接关系,这个指导思想就是训诂者对于所训释对象的根本认识与态度。训诂学的哲学层面方法是训诂学中最为概括、最具普遍性的方法。其实,与其说它是一种方法,还不如说它是一种体现在训诂实践中的总体性原则或观念②,惠栋训诂所体现的哲学观念主要有以下几方面:

(一)唯物的观念

惠栋以及他的后继者们批评宋儒最服人心的即是宋学空疏

---

① 白兆麟《新著训诂学引论》,上海辞书出版社,2005年,第199页。
② 李亚明《训诂学研究方法的继承与创新》,《古籍整理研究学刊》,1995年第6期。

附会,缘理释经,认为唯有实事求是、学宗汉儒,才能直探圣人的微言大义。以惠栋治《周易》而论,他在自《易传》以来的象数与义理之争中毫无保留地选择了象数之学,原因除了东汉学者治象数之学外,他认为象数实而义理虚。另外,在治史学上,其又秉持尚实弃虚之风,他言"彼之世代之史学,不必以议论求法戒",认为"学问之道,求于虚不如求于实,议论褒贬,皆虚文耳"①。纵观惠栋的训诂实践,处处秉持着事实求是的唯物观念,可谓不虚言一文,不虚释一义。

文须指明何所出。惠栋有一条这样的笔记:"今日称善卜者陈观文,余尝叩三钱代蓍之起,渠云'起自鬼谷子',余笑曰:'《鬼谷子》三卷,皆纵横之术,未闻论易法,若此言出何书也?'陈无以对,因询予三钱所起,予曰:'案项安世、朱晦庵皆云三钱代蓍起于《火珠林》'交单重坼'之说,孔颖达《易正义》、贾公彦《仪礼疏》皆有此事,盖京房遗法也。唐人于鹄诗'暗掷金钱卜远人',明人陈继儒遂谓起于唐,亦误也。陈闻之怃然。"②惠栋认为言必有据,所谓据,是指应能指明所出何书,以便听者能够因其所言而验证。正因为如此,其对于前人没有指明出处的地方,往往都要补正出处。他说:"郑康成注《禹贡》,引《地说》数条,未详何书。刘渊林(逵)注《吴都赋》,引禹所受《地说》书曰:'昆仑东南方五千里名曰神州,帝王居之。'即康成之《地说》也。太史公引《禹本纪》《山海经》引《禹大传》,皆是书也。"③《地说》原不知为何书,惠栋经过考证后指出,所谓《地说》即《禹本纪》和《禹大传》。他还认为只有指出了引证的出处,才称得上言有所据,"《列子》所引《皇帝书》《尧典》《穆天子传》《周官》皆有据,又言'东方介氏之国,其

---

① 惠栋《九曜斋笔记》下册,卷三"干吏"条,载《丛书集成续编》第92册。
② 惠栋《九曜斋笔记》卷三"蚕卜"条,第519页。
③ 惠栋《九曜斋笔记》卷三"地说"条,第511页。

国人数数,解六畜之语'与《左传》合;'太古神圣之人,备知万物情态,悉解易类音声'皆与《左传》合;'橘树渡淮而为枳,鸜鹆不渝济,貉踰汶则死'与《考工》合;'四海''四荒''四极'与《尔雅》合。'良工之子必先为箕,良冶之子必先为裘',《列子》以为古诗。"惠栋指出,《列子》引古书皆有据,这些引文可与他书相比较,显然只有指出了出处才能相互校验,文之可信度才可以得到验证。

义必指明何所本。惠栋释经文,本前人或者时人之说,往往注明出处。惠栋取前人之义时多言"此某某义",如他说:"'坤为'至'大人':此荀爽义也。与坤旁通,坤土称田,《释言》曰:土,田也。……'三于'至'之象',此郑玄义也。""括,结,《广雅》文。"惠栋取义并不专取汉义,有时也取王弼之义,如他说:"脢,心之上,口之下,王弼义也。"对于虽用一义,但有两人同义的,则指明两人均有此义,曰此某某义。如他说:"二与至灾眚,此荀、郑义也。""乾阳上升,火性炎上,故其性同,此郑氏、服虔义也。"此外,虽用一人之义,但义不足,则增义为之备,曰"此增某义"。如他说:"弗克违,不违龟筮者,此增虞义。"

惠栋文义具有所本的训释原则是其唯物观的具体实践,而通过实物材料辅助语词的考释或验证则是其唯物观的直接体现,如《后汉书·郡国志》"莲勺"条惠注:

> 按前汉器铭有莲勺宫。宋宇文修有一古鼎,款识云:䢆酌宫。又刘原父所藏,有莲酌宫炉:五凤三年五月己丑,工渭成徐安守属定昌造。按此则"莲酌"当有"宫",《汉书》不载,《前书音义》曰:莲音䢆。故郑众注《周礼》亦读连为䢆,孔庙礼器碑云:"胡䢆,器用。"释云:"胡䢆者,胡琏也。"则知古莲、连、琏、䢆音相同。①

---

① 惠栋《后汉书补注》第10册,载《丛书集成初编》,中华书局,1985年,第1141页。

再如,"西河郡·圜阴"条:

> 司马贞云:"《前志》作圁,《续汉志》及《太康地志》并作圜。"汉平定钲铭曰:"平周金铜钲重十六斤八两。"背文云:"平定五年受圜阴。"薛尚功曰:"此钲先藏平周,后归圜阴,复以授平定,故再刻铭耳。所谓五年者,当是景帝以前未有年号时也。"①

此两例均以钟鼎彝器与考释地名结合,在方法上实开晚近古文字治史之先河。

(二)系统的观念

所谓系统,即同类事物按一定关系与层次而组成的整体。惠栋在训诂实践中很注重文本的系统性,无论考字还是释义,无不遵循系统的原则。

在同一部书中,惠栋的训解照顾到了前后,详略得当,注重文本的系统性,如,《礼记·礼器》"晋人将有事于河,必先有事于恶池",惠栋注:"注云:'恶当为呼,声之误也。'呼池、呕夷并州川。秦惠王《诅楚文》云'告于丕㬥,大神亚駞',亚駞即恶池也,亚与恶通,详《易古义》。"②对于"亚"通"恶"惠栋在此处并没有展开详细论述,因为在《周易古义》中已经有了对此问题的论述,《九经古义》卷二:"言天下之至啧而不可恶也",栋案:"古亚字皆作恶,《尚书大传》曰'王升舟入水,鼓钟恶,观台恶,将舟恶,宗庙恶'。郑康成注云'恶读为亚'。秦惠王《诅楚文》云'告于丕㬥,大神亚駞'。《礼记·礼器》作'恶駞',宋时有玉印曰'周恶父

---

① 惠栋《后汉书补注》第11册,第1261页。
② 惠栋《九经古义》下册,第129页。

印',刘原甫以为即'条侯亚父',《史记》'卢绾孙他之封恶谷侯',《汉书》作'亚谷'。荀氏以恶为亚,故训为次。"①此两处结合起来看,就能使此问题解释清楚了,也做到了详略得当。

除了阐释问题时注意到了详略得当,在选用证据,对具体词语进行考证之时,惠氏亦注意到了同一部书中用词的统一性问题。《礼记·礼器》"次路繁缨七就",惠栋云"七当为五,古五字如七,因误为之"。并举《郊特牲》文证明之:"次路五就",注云:"礼器言次路七就,与此乖,字之误也。"注意到了一个词在上下文中的应用情况,注意了文本的系统性。

## 二、训诂方法的逻辑层面

惠栋的著作大多数属于考证类札记,每条考证实际上都是一篇独立的短论,从发疑到释疑,其间必有一个论证过程。论证总要借助于推理来进行,论证是推理的运用,没有推理也就无所谓论证②。所谓推理,是指由一个或几个已知的判断推导出另一个新的判断的思维形式。按推理的方式,一般可以分为归纳推理、演绎推理、类比推理。

(一)归纳推理

所谓归纳推理是从个别到一般,即从特殊的前提推出普遍结论的一种推理。这种推理方式也是惠栋训诂实践使用最多的逻辑方法。如:

"抑此皇父",笺云:"抑之言噫,噫是皇父,疾而呼之。"徐邈音噫。《韩诗》云:"抑,意也。"案:意即噫也。《周颂》:

---

① 惠栋《九经古义》,中华书局,1985年,第15页。
② 迟维东《普通逻辑概论》,天津人民出版社,1996年,第290页。

"噫嘻成王。"定本作"意",《淮南·缪称》曰"意而不戴",高诱曰"意恚声"。抑本与意通,蔡邕《石经论语》云"意与之与",古文"意"作"抑"。意、噫、抑三字相通。①

惠栋根据"意"通"噫"及"噫"通"抑"等论证,推导出"意、噫、抑三字相通"的结论。论证的过程可以解析为如下五点:

论据一,"抑"通"噫"字。笺云:"抑之言噫,噫是皇父疾而呼之。"

论据二,"抑"为"噫"之音。徐邈"抑"音"噫"。

论据三,"抑"通"意"义,《韩诗》云:"抑,意也。"

论据四,"噫"通"意"字,《周颂》"噫嘻成王。"定本作"意"。

论据五,"意"通"抑"字,蔡邕《石经论语》云:"意与之与,古文'意'作'抑'。"

由此可见,惠栋归纳了五个例证,沟通了意、噫、抑三字。惠氏用论据一、论据三证语义相通;论据二证语音相同;论据四、论据五以异文证字形相通。这样论证过程就是通过音、形、义三个方面的归纳,推论出意、噫、抑三字相通。由此也可见,惠栋归纳推理的程序是合乎逻辑的。

以上例子,虽举证丰富论证严密,但仍为不完全归纳推理,即简单枚举归纳的推理。这种推理通常仅考察某类事物中部分对象的性质,故为能提高简单枚举归纳推理所得出结论的可靠性,一般要列举尽可能多的例证,考察个别对象数量越多,结论也就越具有可靠性。从这方面看,简单地批评传统训诂学的"琐碎""繁杂"是有失公允的。古籍文献汗牛充栋,加上搜查手段的局限,训诂家们无法做到完全归纳,这种不完全归纳是传统训诂

---

① 惠栋《九经古义》,中华书局,1985年,第14页,第62页。

学比较常见的推理方法。惠栋在推论过程中,部分条例运用了完全归纳,即建立在统计基础上的完全归纳。惠栋的完全归纳主要有三种表达方式:一是以"凡"或"皆"概括,二是遍搜例句,三是统计具体数据。如《左传补注》:

> "惠之二十四年",唐石经"廿四年";下"惠之三十年",唐石经"卅年"。栋案:石经凡经传中二十字皆作廿,三十字皆作卅,此古文《春秋左氏传》本文也。①
> "二百里男邦",《史记》云"任国",栋按:……今古文《尚书》皆以任为南,太史公以训诂易经文,故亦为任。②

通过具体统计数据,作为推论的前提,惠栋训诂实践中习见:

> "管蔡启商惎闲王室",注"惎,毒也"。栋案:惎当训为教,言管蔡间商叛周之心,而教之弃闲,以图王室。张衡《西京赋》云"天启其心,人惎之谋",与《传》意合。《左传》惎字凡四见:《宣十二年》传"楚人惎之",当依《说文》作"",《哀元年传》"少康惎浇",当训为毒;《廿七年传》"赵襄子惎知伯",当训为忌,此传当训为教。杜唯《哀元年》注得之,余皆非也。③
> 《宫正》"几其出入",注云"谓几呵其衣服持操,及疏数者。"《释文》"呵作荷音,呼何反,又音何"。毛居正《六经正误》云:"案《阍人》注'苛其出入',《比长》注'呵问'。《秋官·萍氏》'苛察环人苛留'。凡五处音义皆同,而字或作

---

① 惠栋《左传补注》,载《丛书集成初编》,中华书局,1991年,第5页。
② 惠栋《九经古义》,中华书局,1985年,第33页。
③ 惠栋《左传补注》,第123页。

荷,或作苛,或作呵,其实一也,古字通用借用大抵如此。"①

(二)演绎推理

所谓演绎推理,是指从一般性前提得出特殊性结论的推理。如《诗经古义》:

> 《芄兰诗》云"能不我甲",传云"甲,狎也",徐邈音"胡甲反",《匡谬正俗》曰"甲虽训狎,自有本音,不当便读作狎",其说非也。汉儒训诂,音义相兼。毛传如《汝坟》"惄如调饥","调,朝也";《小星》"维参与昴","昴,留也";《驺虞》"彼茁者葭","茁,出也";《谷风》"亦以御冬","御,御也";《葛屦》"掺掺女手","掺掺犹纤纤";《宛丘》"子之汤兮","汤,荡也";《东山》"烝在桑野","烝,寘也";《破斧》"四国是皇","皇,匡也";《常棣》"烝也无戎","烝,填也";《蓼萧》"为龙为光","龙,宠也";《六月》"如轾如轩","轾,挚也";《正月》"襃姒威之","威,灭也";《小旻》"是用不集","集,就也";《小弁》"譬彼坏木","坏,瘣也";《鸳鸯》"摧之秣之","摧,莝也";《文王》"陈锡哉周","哉,载也";《大明》"俔天之妹","俔,罄也";《棫朴》"追琢其章","追,彫也";《文王有声》"遹求厥宁","遹,述也";"王后维翰","翰,乾也";《卷阿》"似先公酋矣""似,嗣也";《荡》"侯作侯祝","祝作诅也";《崧高》"往近王舅","近,记也";《烝民》"古训是式","古,故也";"我仪图之","仪,宜也";《江汉》"矢其文德","矢,施也";《闵予》"小子继序,思不忘序,绪也。"《良耜》"畟畟良耜","畟畟犹测测";《烈祖》"鬷假无言","鬷,总也";《长发》"率

---

① 惠栋《九经古义》,中华书局,1985年,第80页。

履不越屦,礼也",如此类不可悉举,皆音义相兼者。《芃兰》诗甲字,《韩诗》本作狎,《尚书·多方》"甲于内乱",郑、王皆以"甲"为"狎",古文省少,以甲为狎,遂有狎音,非假借也。经传中惟徐氏释音独得古人之义,小颜辄斥以为非,何也?①

这条中的演绎推理十分清晰。这段论述的问题是《匡谬正俗》以为《芃兰》"能不我甲"之"甲",虽然训为"狎",但"甲"自有本音,不当便读为"狎"。由此惠栋设立了大的前提"汉儒训诂,音义相兼",并将其推衍至《诗经》中三十余处例证,加以阐释,最初认为此前提成立,最后再类推至《芃兰》传"甲,狎也",因为"甲,狎也"也是汉儒训诂的结果,故也应当具备"音义相兼"的特性,所以"以甲为狎,遂有狎音"。

再如《左传补注》:

《七年传》"歃如忘",《说文》引云"歃而忘"。服虔曰:"如,而也,临歃而忘其盟载之辞。"古"如""而"皆通用,《庄七年经》"夜中星陨如雨"、《昭六年传》"火如象之",皆读为"而"。②

这条大前提是"古'如''而'皆通用",隐含的小前提是《七年传》之"如"通"而",故结论为"如""而"通用。

以上为了梳理方便,我们将归纳和演绎分而论之。实际上,惠栋在训诂过程中,并非将二者截然分开,常常将它们结合起来用,先有归纳,后再演绎,二者交相为用。如:

---

① 惠栋《九经古义》,第54页。
② 惠栋《左传补注》,第4页。

> "为龙为光",传云"龙,宠也"。案:龙读为宠。《昭十二年传》云"公赋蓼萧。叔孙昭子曰:宴语之不怀,宠光之不宣,令德之不知,同福之不受"。焦氏《易林》曰"蓼萧露浓,君子宠光,鸣鸾嗈嗈,福禄来同"。是书传皆读龙为宠,王肃《周易》:"师之九二,象曰:在师中吉,承天龙也。"训为宠,今《易》作宠。知龙为古文宠,故传云"龙,宠也",《商颂·长发》曰"何天之龙",笺云:"龙当作宠,宠,荣名之谓。"①

在此例中,惠氏先举《左传·昭公十二年》传文、焦氏《易林》、王肃《周易》注三个例证枚举归纳,得出"龙读为宠,龙古文为宠"这一结论后,接下来便印证传注训释的原因:传云"龙,宠也",《商颂·长发》曰"何天之龙",笺云:"龙当作宠,宠,荣名之谓。"这显然又是从一般到个别的演绎推理。两种推理结合使用,终得确诂。

(三) 类比推理

所谓类比推理,是指从个别到个别或一般到一般的推理。这种推理根据两个事物在某些属性上的相同,推出两个事物在其他属性上也相同的结论。类比推理也是惠栋用的较多的一种推理方式,其中单以"犹某之作某"为形式标志。

如,有的通过类比,考避讳在经文中的应用,见:

> 《隐元年经》"公及邾仪父盟于蔑",蔑本姑蔑,《定十二年传》"费人北,国人追之,败诸姑蔑"是也,隐公名息姑,而当时史官为之讳,犹定公名宋。《哀廿四年传》宗人衅夏曰:"孝惠取于商,不云宋也,古人舍故讳新,故哀为定讳,定不

---

① 惠栋《九经古义》,第60页。

为隐讳。"《汲郡古文》云"鲁隐公及邾庄公盟于姑蔑",魏史不为鲁讳,则此经为隐讳明矣。①

通过类比经文考释词语的意义,见:

《廿二年传》"弛于负担"。案:汉碑负担字皆作儋,《说文》曰"儋,何也,从人詹声"。然则负儋犹负何也。②

"废六关",家语云"置六关",栋案:废与置古字通。《公羊传》曰:"去其有声者,废其无声者。"郑志答张逸曰:"废,置也。"以废为置,犹以乱为治,徂为存,故为今,曩为向,苦为快,臭为香,藏为去。③

通过类比解释语音,见:

《丰上》六曰"窥其户闃,其无人"。栋案:……闐,从昌,门声。门与闻通,今俗犹作闻音也。闃当作闐,与窥义合。④

通过类比阐释典章制度,见:

"晋于是乎作爰田"……栋谓爰田者,犹哀公之用田赋也,下文作州兵者,犹成公之作邱甲也。⑤

通过类比沟通异文,见:

---

① 惠栋《左传补注》,第1页。
② 同上书,第11页。
③ 同上书,第33页。
④ 惠栋《周易述》下册,九州出版社,2005年,第1060页。
⑤ 惠栋《左传补注》,第23页。

"舜让于德弗嗣",徐广曰:今文作不怡,《史记》作不怿,怡,怿也。李善《文选》注引《书》云"舜让于德不台",台犹怡也。①

### 三、训诂方法的语言学层面

训诂学的主要对象是研究以古代文献为载体的语言文字,所以,最为重要的应该是与语言文字相结合所使用的方法。惠栋的训诂在语言学层面主要有异文考证、因声求义、广征博引等方法,我们在后面的章节中将依次详述。

## 第二节 异文考证法

"异文"是古籍流传过程中一种常见的现象,"异文"这个术语早在汉代就已经在注解考释类著作中出现了。传统考据学中的"异文"概念,从宽泛意义上讲,是指记载同一事物的不同文字;从严格意义上说,是指文献的不同版本之间、文献本文与他处引文之间对应的不同文字。从文本流传的角度看,异文体现的是原稿文字之"正"和传抄文字之"讹"的对立现象;从书体的角度看,异文可以是文本中文字的正俗异体的对立现象;而从语言的角度来看,异文之间往往有字音词义上的联系,或属同义替代的关系,或属音近通假,或属同词异形,或在文本语境意义上二义皆通。中国古代的典籍传衍至今,经过了数次的转抄流传,从而使异文现象也伴随始终。训诂学家们很早就注意到了异文存在着错互见义、可证其同的价值,将其自觉地运用于训诂实践中之中②。

《九经古义》采用札记式的陈列,考释《诗经》《周礼》《周易》

---

① 惠栋《九经古义》,第29页。
② 于亭《异文用于训诂实践的历史透视》,《长江学术》,2009年第3期。

《仪礼》《礼记》《尚书》《春秋公羊传》《春秋穀梁传》《论语》等九部经典的字词用例，每一论题均精简短小，内容涵盖广泛。其主要内容是以考据文字、沟通字际关系为主，体现在训诂方法上，也就是异文考证的方法。下面我们以《九经古义》为例，从两方面考辨惠氏异文考证方法的运用。

### 一、惠栋训诂实践中运用的异文类型

惠栋训诂实践中的异文类型主要包括版本异文、引用异文、两书异文三种。

#### （一）版本异文

版本异文，是指同一部古书不同版本中相互歧异的文字。中国古代文化历史悠久，在数千年的历史进程中，记载古代文化的载体和文字历经数次更革变化，再加上因地域广大交通不便而形成的众多歧异方言，难免使古籍有鲁鱼豕亥之讹。所以，一部古籍流传的年代越久，传播的范围越大，翻刻抄写的次数就会越多，那么，它不可避免地会产生众多版本异文。惠栋认识到这种文字歧异现象，所以在训诂实践中，尽可能多地搜集这些版本异文，并对其作出辨析，从而最大限度地恢复古书原貌。

《诗经·小雅·雨无正》："沦胥以铺。"惠栋注：《韩诗》云"熏胥以痛"。

《尚书·盘庚》："尔谓朕：'曷震动万民以迁？'"惠栋注：蔡邕石经曰："今尔惠朕，昌祗动万民以迁？"

《尚书·无逸》："则皇自敬德。"惠栋注：蔡邕石经"皇"作"兄"，"自"作"曰"。

《诗经·大雅·大田》："俶载南亩。"惠栋注：石经作"戴"。

《尚书·皋陶谟》:"暨稷播奏庶艰食。"惠注:《释文》云:"艰马本作根。"

《周易》:"妙万物而为言者也。"惠注:王肃本作"眇"。

《周易》:"震为龙。"惠注:虞翻本作"駹"。

## (二) 引用异文

朱承平先生言:"引用异文,简称引文,是指从古书中引用下来与今本原书用字不同的文句。引用异文,都是从原书摘引下来的,是原书文句的一种特殊表现形式。"[①]惠栋既是著名的经学家,又是小学家,他对《说文》《玉篇》《字林》《广韵》等都有深入探研。所以,在注释经文之时,往往征引这些小学著作中的引用异文,如:

《诗经·周南·汉广》:"江之永矣,不可方思。"惠栋注:《说文》于"羕"字下引《诗》云"江之羕矣",《韩诗》同。

《尚书·尧典》:"鸟兽氄毛。"惠栋注:《说文》引云"鸟兽䍶毳",云"䍶,毛盛也"。古文正作"䍶"。

《周易》:"泣血涟如",惠栋注:《说文》引作"㴑"。

《诗经·唐风·绸缪》:"见此粲者",传云:"三女为粲。"惠栋案:《说文》云:"三女为奻,奻,美也,从女奻省声。"《字林》从女奻不省。《广韵》引此传亦作"奼"。

《诗经·国风·墙有茨》:"中冓之言,不可道也。"惠注:《玉篇》引作"䆫",云"中夜之言也",《韩》《鲁诗》同。

《诗经·周颂·维天之命》:"假以溢我。"惠注:《广韵》引云:"诚以谧我。"

---

① 朱承平《异文类语料的鉴别与应用》,岳麓书社,2005年,第235页。

惠栋广览群经,除注意到小学著作征引经文的语料,对于其他先秦著作及碑石文献中引用的语料也一并收集,如:

《诗经·邶风·柏舟》:"威仪棣棣,不可选也。"惠注:《朱穆集》载《绝交论》云:"威仪棣棣,不可箅也。"

《尚书·商书·咸有一德》:"七世之庙,可以观德。"惠栋注:《吕览》引《商书》曰"五世之庙,可以观怪"。

《诗经·邶风·旄丘》云:"狐裘蒙戎。"惠注:"蒙",徐邈音武邦反。《春秋传》作"尨茸",故读从之。

《尚书·尧典》:"否德忝帝位。"惠栋注:《史记》作"鄙德"。

《诗经·国风·采蘩》云:"夙夜在公。"惠注:《尉氏令郑君碑》云:"夙夜在公。"

《周易》:"盘桓利居贞。"惠栋注:《仲秋下旬碑》作"股桓",般与股同。

对于历代注释文献中异文也多有引用:

《诗经·国风·北风》云:"其虚其邪。"惠注:曹大家注《幽通赋》引作"徐"。

《诗经·鄘风·鹑之奔奔》:"鹑之奔奔。"惠注:高诱注《吕览》引作"贲","云色不纯也"。

《诗经·小雅·车攻》云:"搏兽于敖。"惠注:《水经注》引云"薄狩于敖"。

(三)两书异文

两书异文简称两文,它是指两部或两部以上古书在记载同一史实故事或阐述同一学说思想时,所采用的在内容上完全相同或基本相同,文字上大体类似的、可相比勘的文辞。两书文句不可能完全相同,所以它们也可以相互对举,相互比勘。但这种文句与版本异文、引用异文有着根本的不同,它既不是原书文句的摘引分离,也不是原文或稿本文字的变异,只是另外一部书中记载了同一件事,使用了相同类似的文句。两书异文,出自两个完全不同的人,不是同一著者写成的。①

如《论语》《墨子》《吕氏春秋》《尸子》《汲郡古文》等书中都记载了商汤击败夏桀后,逢大旱灾而求雨的故事,《今文尚书·汤誓》篇亦记载此事。惠氏为了说明孔安国所传《尚书》为伪古文,特举了这几部书中的关于这件事的记载:

《论语》云:"予小子履,敢用玄牡,敢昭告于皇皇后帝。"

《墨子·兼爱》篇云:"汤曰:惟予小子履,敢用玄牡,告于上天后曰:今天大旱,即当朕身履,未知得罪于上下,有善不敢蔽,有罪不敢赦,简在帝心。万方有罪,即当朕身,朕身有罪,无及万方。"

《汲郡古文》云:"成汤二十年大旱,禁弦歌舞,二十四年大旱,王祷于桑林,雨。"

《吕氏春秋·汤誓》:"昔者汤克夏而正天下,天下旱,五年不收,汤乃以身祷于桑林,曰:'余一人有罪,无及万夫,万夫有罪,在余一人。无以一人之不敏,使上帝鬼神伤民之命。'于是翦其发,䥽其手,以身为牺牲,用祈福于上帝,民乃甚说,雨乃大至。"

《尸子》云:"汤之救旱也,(乘)素车白马,(着)布衣,身

---

① 朱承平《异文类语料的鉴别与应用》,第592页。

婴白茅,以身为牲。"当此时也。弦歌鼓舞者禁之。韩婴诗传亦言汤时大旱,祷于山川,以六事自责。

再如,《尚书·益稷》记载了大禹治水之时,曾过家门而入,儿子出生也不去照顾的故事,"予创若时,娶于涂山,辛壬癸甲,启呱呱而泣,予弗子"。惠栋为了解释"予弗子"的意义,列举《列子》中关于此故事的记载:《列子·说符》篇云"禹纂业事雠,唯荒土功,子产弗字,过门不入"。①

有的两书异文使用了相同的词语,如《尚书·立政》:"予旦已受人之徽言",传云:"徽,微也"。惠栋为了沟通"徽"与"微"通,引用其他文献中使用"微言"的异文形式:蔡邕石经曰"且以前人之微言"。《论语撰考谶》曰"子夏六十四人共撰仲尼微言",《汉书·艺文志》云"昔仲尼没而微言绝"。再如,《诗经·大雅·公刘》传云"巘,小山别于大山也"。惠栋依据《尔雅》《释名》之中的异文,《尔雅》"小山别大山,鲜",《释名》"小山别大山曰甗",指出毛传当另有所据。

## 二、异文考证法的训诂价值

异文材料带着各自时代的印记,蕴含着丰富的语言信息,是古汉语研究的重要语料。惠栋花大力气搜集的这些异文材料,在训诂实践中有重要的作用。

### (一)沟通字际关系

黄德宽指出"字际关系指的是形、音、义某一方面相关联的一组字之间的关系。异体字、繁简字、古今字、同源字、通假字、同形字等,都是从字际关系角度提出的概念。汉字的整理、研究

---

① 惠栋《九经古义》,第32页。

以及古代书面文献的训释，字际关系的确定是重要的基础性的工作"①。许慎《说文解字》中"或体""俗体""古文""今文""奇字"便是对储存状态字际关系的初步揭示。惠氏通过系联大量的异文材料，从而沟通字际关系。

1. 古今字②

文献训释中，最早使用"古今字"这一术语的是东汉郑玄。《礼记·曲礼》："予一人。"郑注："余、予古今字。"后来，明确字之古今关系成为重要的训诂手段之一。惠栋对异文材料的系联整理，很注重对文字古今关系的揭示，明确古字、今字，一方面为考释古义提供形体上的依据，另外，也为校正文献用字提供了形体上的支持。如：

止—趾

《十三年》传"举趾高"，惠注："趾"《汉书》引作"止"。高诱曰："止，足也。"郑注《士昏礼》曰："古文止作趾。"③

瑕—叚

《成元年》传"瑕嘉"，惠注：《周礼·典瑞》注引作"叚嘉"，盖古文止作叚，读为遐也，今文亦作瑕。唯陆氏《周礼》释文犹存古字。④

---

① 黄德宽《关于古代汉字字际关系的确定》，《汉字理论丛稿》，商务印书馆，2006 年，第 165 页。
② 惠栋所说的古今字与今天文字学上"古今字"概念不同。他主要依据文献用字的先后而判定古今字，而不是从字体演变的角度去区分文字产生的时代先后。所以，他说的古今字也有些是假借字，如问与乾，无与毋等。
③ 惠栋《左传补注》，第 8 页。
④ 同上书，第 49 页。

驱—駆

九五"王用三驱",惠注:郑本作"駆"。案,《说文》"駆,马驰也,古文作驱,从支。"《汉书》皆以敺为驱,康成传费氏《易》,费直本皆古字,号古文《易》,当从之是正。①

间—乾

"考盘在涧",惠栋注:《韩诗》"涧"作"乾"。栋案,涧当作间,与宽谖协韵,间与乾古今字。"②

抎—陨

《二年》传"陨子辱矣",惠注:《说文》引云"抎子辱矣","抎,有所失也",……"抎"古字也,"陨"今字也。③

无—毋

"无逸"惠注:《书大传》作"毋逸",《史记》作"无佚"。案《汉石经》"逸"字皆作"佚",《汉书》犹然。……栋案:毋与无古今字,非有两义。④

2. 假借字

龙—牻

---

① 惠栋《九经古义》,第 21 页。
② 同上书,第 53 页。
③ 惠栋《左传补注》,第 49 页。
④ 惠栋《九经古义》,第 43 页。

"尨凉"惠注：《说文》引作"牻惊"，云："惊，牻牛也。"牛之杂色者，不中为牺牲，衣之不纯者，不得为太子，若以尨为凉，义无所取。古文省少，或借凉为惊。①

## 戮—勠—缪

"戮力同心"，惠注：唐石经及宋本皆作勠。《说文》曰："勠，并力也，从力翏声。"《战国策》曰"勠力同尤"。高诱曰"勠力，勉力也"，其字从力，《诅楚文》又作"缪力"，同，盖古字假借。②

### 3. 繁省关系
### 憾—感

"朝夕释憾"，惠注：唐石经"憾"作"感"。案，古本《左传》"憾"字皆作"感"，从省文。③

### 伪—为

"平秩南讹"，惠注：《史记》作"南讹"，司马贞本又作"为"。《索隐》作"为"者，古"伪"字皆省文作"为"。④

### 4. 正俗关系
### 捥—腕

---

① 惠栋《左传补注》，第16页。
② 同上书，第52-53页。
③ 同上书，第65页。
④ 《九经古义》，第26页。

《定公八年》"拔卫侯之手及捥"惠注:"拔(捥)"唐石经初刻从定本,后作"腕","腕"俗字也。①

晋—晉;巽—彝;垢—遘;崔—确

自唐人为《五经正义》,传《易》者止王弼一家,不特篇次紊乱,又多俗字,如晋当为晉,巽当为彝,垢当为遘;乾确乎其不可拔,系辞确然示人,《易》皆当作崔。②

5. 正讹关系

涟—㣿

"泣血涟如",惠注:涟本波澜之字,《说文》引作㣿或古从立心,篆书水心相近,故误为涟。陆德明亦引《说文》而不云字异,明不从水旁。《淮南子》引此经,又作连从省文。"③

惠氏此处引用《说文》引文,认为"泣血涟如"本字当为"㣿",因篆书形近而讹。

毪—毷

"中秋鸟兽毪毪",惠注:"毪"当为"毷"字之误也,郑氏《尚书》云"中秋鸟兽毷毪,中冬鸟兽毪毷",涉下而误耳。④

惠氏此处郑注《尚书》"毪毪"作"毷毪"之一异文,认为"毪"

---

① 惠栋《左传补注》,第125页。
② 惠栋《九经古义》,第18页。
③ 同上书,第2页。
④ 同上书,第81页。

当是受"毪"字形影响而致误。惠氏认为郑注《尚书》为真《古文尚书》,所以,认为此为正,《周礼》注为讹。

（二）校勘经文

1. 两文对比,可证原文脱

《周易·蒙彖》曰"匪我求童蒙,童蒙求我"。惠氏注:"高诱引云'童蒙来求我'。《释文》云一本有来字。"惠氏引《吕氏春秋·劝学》高诱注构成的异文,指出经文"匪我求童蒙,童蒙求我"当为"匪我求童蒙,童蒙来求我"。按:惠氏此处引用异文材料指出的经文脱漏现象,引起了后来经学家的重视,他们或直接采用惠氏之说,或进一步增补证据以完善惠说,如王引之云:"惠氏《周易古义》引《吕氏春秋·劝学篇》注《易》曰'匪我求童蒙,童蒙来求我',以证经文本有来字。家大人曰:'王弼注曰:童蒙之来求我,欲决所惑也。'又蔡邕《处士圂叔则碑》"童蒙来求,彪之用文",是汉魏时经文皆有来字。唐释慧苑《华严经音义》卷下引《易》亦作'童蒙来求我',与《释文》所载一本同。"阮元校勘记引此二者所说,云"汉魏经文多有来字"①。

2. 两文对比,可证原文用字非

《说文·艹部》:"蘩,月尔也,从艹繁,渠之切。"惠栋以陆德明《释文》所引异文为依据,指出《说文》原文为后人所改:"《尔雅》释文引此文曰'蘩,土夫也'。此作月尔,似后人因郭注而改。"按:依《尔雅》释文所引可知,今本《说文》与陆氏所见本有别。惠栋此处的解释,后人多采用。段玉裁注释本直接改为"蘩,土夫也",并曰:"各本作蘩,月尔也,今依《尔雅音义》改。今本《释草》:'芏,夫王。'郭云:'芏,草生海边,蘩,月尔,郭云即紫

---

① 《十三经注疏》,上海古籍出版社,1990,第23页。

蘵也,似蕨可食。……今本《说文》恐是据《尔雅》郭本郭注改者。"①沈涛《古本考》云:"《释草》:'芏夫、王蘱、月尔',陆氏《释文》引《说文》:'蘱,土夫也',则土夫也、王蘱也、月尔也,一物三名,郭璞以芏夫、王蘱为一物,蘱、月尔为一物,陆氏所见《说文》是唐初之本,可以证郭注之失。"②朱骏声云:"字亦作萁。《尔雅·释草》:'蘱,月尔。'注:'蘱,紫蘱也。似蕨,可食。'《广雅·释草》:'茈,蘱蕨也。'按:蕨之紫者,蕨之为蘱,犹厥之为其,声相转也。《后汉·马融传》:'茈萁芸蒩'。以其为之。又按:《尔雅·释文》引《说文》:'蘱,土夫也。'此陆所见本,疑许读芏夫、王蘱、月尔,一物三名,故不录芏字,后人据郭本《尔雅》改许书也。"③由此可见,段玉裁、沈涛、朱骏声均在惠栋的基础上引申开来,认为陆氏所引为正确,今本《说文》为后人依郭注而改。

《周礼·大司徒》"以土圭之灋,测土深,正日景,以求地中"。郑玄注指出故书"求"作"救"。惠氏列举了《尚书·虞书》"旁救俸功",《说文》引作"旁殺俸功";《尚书·盘庚》"器非救旧",蔡邕石经云"器非殺旧",皆以"殺"为"救"。通过上述中的两处异文,惠栋认为此处"求"当从故书作"救",而"救"又当从古文作"殺"。惠氏所说求之过深。

3. 两文对比,确定经文本字

《诗经·周南·兔罝》"肃肃兔罝,施于中逵",《韩诗》作"中馗"。惠栋云:"薛君曰:'馗中,九交之道也。'案:《说文》'馗'正字也,'逵'或字也,当从《韩诗》。《释草》云:'中馗,菌。'《释文》云:'郭音仇,舍人本作中鸠。是馗有鸠声,与仇协。'"被训释词"中逵",其异文为"中馗",通过"中馗"的系联,可以获得薛君、

---

① 段玉裁《说文解字注》,浙江古籍出版社,1998年,第29页。
② 丁福保《说文解字诂林》第二册,云南人民出版社,2006年,第585-586页。
③ 朱骏声《说文通训定声》,中华书局,1984年,第12页。

《说文》的诠释,从而掌握正文词义;又通过《释草》及《释文》中的解释掌握读音,从而确定经文本字。

（三）解释词语意义

《尚书·洪范》"庶征,曰雨、曰旸、曰燠、曰寒、曰风,曰时,五者来备",惠栋通过异文材料对"五者"一词进行了考释:"王伯厚曰《史记》作'五事来备',《后汉书·荀爽传》云'五韪咸备'。注'韪,是也'。《李云传》云:'五氏来备。'栋案:经文曰'时五者来备,时,是也,言是五者皆备至也。……是又作氏者,《觐礼》曰'太史是右',注云'古文是为氏'。"惠氏此处虽没有明确指出"五者"当为何,但是他沟通了"者""事""是""氏""韪"这五种异文,为我们解释此词义提供了重要的线索。

依文义"五者"为雨、阳、奥、寒、风五种天气的变化。将"者"放在数词后面组成一个名词性结构,指代上文的名物,是文言"者"的常见用法之一。然而,通过对惠栋提供的异文材料及其分析,我们知道此处"者"为"是"字因音近而产生的异文。"者""是"上古音相近,"者"上古是为照母鱼纽,"是"禅纽支部,二者音近。王国维云:"各家引《尚书》或作'五氏',或作'五是',或作'五韪',或作'五时';作'五是'乃真古文。"钱宗武也认为"'者'有可能是后人在传抄《尚书》时,以今律古,因为构成名词性的结构助词'者'已大量运用,而误改'氏'为'者'。"①

其实,"者"作为名词性结构助词的用法,在《尚书·洪范》成文之时,应该还没有形成。管燮初曾仔细统计过二百零八篇文字较多的西周金文材料,得出"'者'在西周金文中尚未出现"的结论②。《洪范》记载周王灭殷后,向箕子询问治国方略,箕子根

---

① 钱宗武《今文尚书语言研究》,岳麓书社,1996年,第283页。
② 管燮初《西周金文语法研究》,商务印书馆,1981年,第203页。

据《洛书》阐释了九种方法,刘起釪认为《洪范》成书至迟不会晚于春秋前期①,后陈蒲清又具体论证《洪范》具体成书在周朝初年②。由此可见,依据管燮初的说法,此处"者"的可靠性更是打上了问号。另外,在今文《尚书》里仅仅出现了这一次,所以从《尚书》全书用字的情况来看,依然值得怀疑。再者,今文《尚书》中有类似"者"字的结构现象,但是这类结构均没有加"者"字,如《周书·洪范》:"强弗友刚克。"意思是对倔强不能亲近的人以刚强取胜,"强弗友"作主语,义为"强弗友者";《虞书·皋陶谟》:"天讨有罪,五刑五用哉!"意思为老天惩罚有罪的人,用五种刑法惩治犯了这五种罪的人。"有罪"作修饰语兼代中心语"人",义同"有罪者";《尚书·盘庚》:"乃有不吉不迪,颠越不恭,暂遇奸宄,我乃劓殄灭之。"意思是有不善良不走正道的人,违法乱纪不恭不敬的人,欺诈奸邪胡作非为的人,我就要全部灭绝他们。"不吉""不迪""不恭"作修饰语兼代中心词,用如"不吉者""不迪者""不恭者"。钱宗武用《史记》和《尚书》对比,他指出"《史记》的《五帝本纪》全文译引了今文《尚书》的《尧典》,大凡动词或动词性词组处于宾语或主语位置用如名词或名词性词组时,司马迁就在这些动词或者动词词组的后面加上一个'者'字"③。并举例:《虞书·尧典》"下民其咨,有能俾乂",《史记·五帝本纪》作"下民其忧,有能使治者",而此处《史记》是用"是"而非"者"做解释。由此可见,古文《尚书》中应该尚未出现"者"字,这也是《尚书》语言比较朴素原始粗疏的表现之一,因为语言中出现"者"字结构以后,就使表达效果日趋精确了。

由以上惠栋所说及我们的证明,可以肯定此处"者"非结构

---

① 刘起釪《古史续辨》,中国社会科学出版社,1991年,第303-306页。
② 陈蒲清《〈尚书·洪范〉作于周朝初年考》,《湖南师范大学学报》,2003年第1期。
③ 钱宗武《洪范"者"字辩——兼谈"者"的词性》,《古汉语研究》,1991年第4期。

助词。然而,今许多研究上古词语的著作中将其作为助词处理,如裘燮君《商周虚词研究》言:"今文《尚书》仅《洪范》有一例与数词结合的'者':'曰时五者来备'。由于数词具有谓词性,因此'五者'之'者'也为结构助词。"①梁东汉《新编说文解字》解释"者"云:"与数次、形容词、动词结合成名词'者'字结构,《书·洪范》'五者来备,各以其叙,庶草蕃芜'。"②此类解释我们认为均不妥。

《诗经·鄘风·墙有茨》:"中冓之言,不可道也",惠注:"《玉篇》引作'篝',云:'中夜之言也。'《韩》《鲁诗》同。《广雅》曰'篝,夜也'。"此处根据惠栋的系联,可知"冓"和"篝"形成异文。其中"篝"字《玉篇》《广雅》都有解释,这种解释于本文意义正好相符合,这样就可以通过异文"篝"得知"中冓"的词义。

《左传·隐公七年》传"歃如忘",惠注:"《说文》引云'歃而忘'。服虔曰:'如,而也,临歃而忘其盟载之辞。'古'如''而'皆通用。《庄七年》经'夜中星陨如雨',《昭六年》传'火如象之',皆读为而。"惠栋通过系联《说文》所引异文,沟通了"如"和"而",证明此处"如"当为"而"的意思。

《左传·宣公二年》传:"赵盾为旄车之族",惠注:"郑氏《诗》笺'旄'作'耗',陆氏曰:一本作'耗'。服虔曰'耗车戎车之倅。'"惠氏此处引用《诗经·魏风·汾沮洳》"美无度,殊异乎公路"郑玄笺及服虔注,而得知此处的"旄车"之义。

(四) 辨证古书之伪

惠氏引用异文的作用之一,还表现在用于辑佚古书、辨证古书之伪。如,梅氏书《汤诰》序:"汤既黜夏命,复归于亳,作《汤

---

① 裘燮君《商周虚词研究》,中华书局,2008年,第92页。
② 梁东汉《新编说文解字》,山西教育出版社,2006年,第169页。

诰》。"而《论语》云"予小子履,敢用玄牡,敢昭告于皇皇后帝",孔安国注云:"此伐桀告天之文,《墨子》引《汤誓》其辞若此。"邢昺疏云:"《尚书·汤誓》无此文,而《汤诰》有之。"由此注释可见,孔安国在注《论语》时不直接引用《尚书·汤誓》,而是引用《墨子》,可见,孔氏当时所见《尚书》应无《汤誓》篇。为了进一步说明这一问题,惠氏还引用了《墨子》《汲郡古文》《吕氏春秋》《尸子》等先秦古籍中所记载商汤伐桀告天这一事件:

《论语》云:"予小子履,敢用玄牡,敢昭告于皇皇后帝。"

《墨子·兼爱》篇云:"汤曰:惟予小子履,敢用玄牡,告于上天后曰:今天大旱,即当朕身履,未知得罪于上下,有善不敢蔽,有罪不敢赦,简在帝心。万方有罪,即当朕身,朕身有罪,无及万方。"

《汲郡古文》:"成汤二十年大旱,禁弦歌舞;二十四年大旱,王祷于桑林,雨。"

《吕氏春秋·汤誓》:"昔者汤克夏而正天下,天下旱,五年不收,汤乃以身祷于桑林,曰:'余一人有罪,无及万夫,万夫有罪,在余一人。无以一人之不敏,使上帝鬼神伤民之命。'于是翦其发,攦其爪,自以为牺牲,用祈福于上帝,民乃甚悦,雨乃大至。"

《尸子》云:"汤之救旱也,(乘)素车白马,(着)布衣,身婴白茅,以身为牲。"

惠栋在综合稽考这些异文后指出:"墨子、吕氏皆见百篇《尚书》[①],故所载与《论语》同,《汤诰》篇绝无大旱请祷之事,孔安国亲传古文,其注《论语》不近考《尚书》而远引《墨子》,窃所未喻。"意即孔子后裔、西汉武帝时的孔安国以今文所传的孔氏壁古文

---

① 惠栋认为百篇《尚书》为真古文《尚书》,《汉书·艺文志》云:"故《书》之所起远矣,至孔子纂焉,上断自尧,下迄于秦,凡百篇而为之序。"

《尚书》当无《汤诰》篇,梅氏《汤诰》应该是伪书,《墨子》《吕氏春秋》《汲郡古文》等所见真古文《尚书》皆无商汤伐桀告天之事,而梅赜《尚书》有此篇,这样就证明了梅书当为伪书。惠氏所引用的有关异文材料均被《墨子》毕沅注、《吕氏春秋》毕沅注、《尸子》汪继培辑校及杨伯峻《论语译注》所采用。

## 第三节　因声求义法

漆永祥说:"在文字、音韵、训诂中,惠栋长于以形求字,通过字形、古今字、异体字、俗体字的差异来发现和解决疑难。"①同时他认为惠栋的短处则在于"多采用以形求索义的传统训诂方法治学,有些貌似因声求义,但实际上是拘形索义或望文生训"②,认为其过重字形,而不擅长他自己强调的审音。漆先生所说有一定的合理性,却不完全正确。其实,在训诂实践中,惠栋已经清楚地认识到了"识字审音"的重要性,他言:"读先王典法,必正言其音,然后义全。"③又云:"孔子殁后至东汉末,其间八百年,经师授受,咸有家法,故两汉诸儒多识古音。"④所以,他自觉地运用因声求义的方法,并取得了诸多成就。李开言:"识字辨义为解经之要务,惠栋以彼时代学问家独有的敏锐目光识字,自然,依其识字的内在逻辑发展,以其形体识字,越出形体识字,以音而不以形识字,到王念孙、王引之则完成破假借字的理论和操作实践,不过,凡此识字方法种种,清儒之鼻祖,还当推至惠栋。"⑤

---

① 漆永祥《惠栋与古籍整理》,《古籍整理研究学刊》,1992年第1期,第39页。
② 漆永祥《乾嘉考据学研究》,中国社会科学出版社,1998年,第155页。
③ 惠栋《松崖文钞》卷一,载《续修四库全书》第1427册,第272页。
④ 同上书,第273页。
⑤ 李开《惠栋评传》,南京大学出版社,1997年,第104页。

## 一、因声求义方法的运用

惠栋认为求古字古义必须通过"识字审音",所以,批评宋儒不注重音读:"古今异文,师徒异读,必欲执一说以绳之,此井蛙夏虫之见也。"因为同一字的异读,最终会导致字形的变化,因此在古文中产生了以同音字来记音的现象,这就导致了假借字的泛滥。所以,惠栋在审音上对假借字有了较多的关注。他说"古文多假借,故谦字皆作嗛"①,"古文多借用,故晋字或借为齐",而且,"古读斗如主,字随读变,故斗或作主,主非古文斗也"。字既随读变,则字形与字义的直接联系就被切断了。字义虽仍依赖于本字,但却需要字音来指向本字,因此,在他的训诂实践中多有通过字音求本字的例子:"负读为倍,与倍同物同音。《汉书》载《禹贡》'倍尾山',《史记》作'负尾',俗作'倍',字随读变。《礼记·明堂位》'负斧依','负'又作'倍',故云'负,倍也'。二变体艮,艮为背,背读为倍,又通于负,故郑注《明堂位》曰:'负之言背。'古人训诂,音义相兼。"②又说:"伏读为服,戏读为化,古训音与义并举,故云:伏,服也;戏,化也。"惠栋指出古人训诂的特色即在于"音义相兼""音义相通"。

惠氏除了对假借字关注以外,对形声字也给予了高度的重视。他对"三老五更"一词解释:"《蔡集问答》云:三老五更,子独曰五叟,何也？曰:字误也。叟,长老之称,其字与更相似,书写转误,遂以为更。嫂字女旁,瘦字从叟,今皆以为更矣。立字法者不以形声,何得以为字,以嫂、瘦推之,知是更为叟也。"此处以"嫂""瘦"的声符来类比推论"更"当为"叟"之误。李开也注意到

---

① 惠栋《周易本义辨证》,载《续修四库全书》第 21 册,上海古籍出版社,1995 年,第 308 页。
② 惠栋《周易述》,巴蜀书社,1993 年,第 458 页。

了惠栋对于谐声偏旁的关注:"惠栋指出,孔颖达正义和贾疏都不祥'圻鄂'二字之义,故详为举证而考订之。另《参同契》'经营养鄞鄂',是朕兆、胚胎之义,圻、沂、䰎皆从斤声,皆鱼巾反。惠栋于此处从谐声偏旁识其音义。"①

惠栋通过"读为""同物同音""声之转"等术语,标示本字,从而揭示假借字、沟通形声字等,或通过对方言的运用,揭示古今、方俗的语音变化。

(一)读为

"读为"是训诂学中一种注音兼释义的术语,就是用本字、本义来说明原来的假借字,如《左传》"辟女子",杜注"使避君",惠栋注:"下云'乃奔则辟',当读为趡,与《五年》'伯宗辟重'同。"按:惠氏认为"辟"为借字,"趡"为本字。《左传·隐公六年》"郑人来渝平",杜注:"渝,变也。"惠栋注:"渝读为输,二传作输。《广雅》曰'输,更也',与悇悇改同。"按:《榖梁传》《公羊传》并作"输","渝"为假借字,"输"为本字,惠氏所说为是。《周易古义》:"震为龙。"惠栋注:"虞翻本作駹,云'駹苍色,震东方,故为駹,旧读作龙,上已为龙,非'。栋案:《周礼·犬人职》云'凡几珥沈辜用駹,可也',注云:故书駹作龙,郑司农云'龙读为駹'。是古駹字皆作龙,读为駹。《周礼》皆以龙为駹。"此处惠氏又通过"读为"破读了"龙"当为"駹"之假借。

(二)同物同音

"同物同音"也是惠栋在训诂实践中经常用到的一个声训术语,是说两者读音相同,意义也相通。如惠栋说:"震亦作振,古文震、振、祇三字同物同音。祇有耆音,故《说文》引《易》作楮恒

---

① 李开《惠栋评传》,南京大学出版社,1997年,第104页。

也。"①又说:"《论语》'夫子矢之',孔安国注云:'矢,誓也。'矢、誓同物同音,故知矢为古誓字。誓以著信,故云信。"②这里的同音字显然是指古音相通、意义相通而形不同的字。如:《左传·襄公十年》:"筚门闺窬。"惠栋言"窬与窦同物同音"③。按:《说文》引云"筚门圭窬",《玉篇》亦引作"圭窬"。"窬""窦"上古均为定纽侯部,意义相通,王力《同源字典》将二者系联为同源字。《诗经·齐风·敝笱》:"敝笱在梁,其鱼鲂鳏。"笺云:"鳏,鱼子也。"惠栋注:"《说文》'鳏'从鱼眔,眔省声,本昆弟字,古魂切。周人谓兄曰眔。《尔雅》作昆。从弟为眔,从鱼为鳏,与鲲同物同音,非通用字也。《汗简》云'古《论语》昆作眔',又云'《石经》鳏作鱻'。"

（三）声之转

通过声转关系进行训诂实践,早在先秦两汉时期就已开始,西汉扬雄《方言》就多次用"语转""声转""声之转"等术语来说明方言与通语之间的语音关系。但是,对"声转"进行理论探讨的则发端于宋元之际的戴侗,到了清钱大昕、戴震、章太炎、黄侃等在前人基础上宏其宗旨、发其大凡、总结条例,声转理论才在训诂学上趋于成熟。惠栋作为清代早期的经学家,虽然不像戴震及章太炎、黄侃一样有明确的小学意识,将这一语音现象从理论上做详细的阐释,然而他却能够在训诂实践中自觉运用这一术语,分析语音的变化,为后人的研究提供诸多可供参考的语言材料。如惠栋说:"故龟兹讹为屈茨·皆声之转。"又说:"郑注读宿为肃,云肃犹戒也。《泰六四》曰:'不戒以孚'。故知不速犹不戒也,速与肃通。五爻皆有需象,上

---

① 惠栋《周易述》,巴蜀书社,1993年,第110页。
② 惠栋《周易述》,第117页。
③ 惠栋《左传补注》卷三,第62页。

不言需,称不速之客,北音读速为须,声之转也。"《后汉书》:"扶黎营。"惠栋注:"辽东有无虑县,属国不应重出,扶黎误为无虑,声之转也,辽东属国县名。"

(四) 方言

古今读音的变化,也会促成雅言的改变,原来的雅言就有可能转化成方言,因而方言也可能保存了古音,通过方言可以发现古音义相通的线索。惠栋说:"案:古宣、鲜字皆读为斯,《诗·瓠叶》云"有兔斯首"郑笺云:'斯,白也。'今俗,斯、白之字作鲜,齐鲁之间声近斯。宣二年《春秋传》云:'于思于思。'贾逵曰:'头曰貌,思、斯同音。'宣读如斯,故训为白也。"他认为方言具有一定的保守性,因而保留了古代雅言的发音。

## 二、"因声求义"方法所取得的成就

就小学而言,惠栋更关注训诂,对文字、音韵的专门理论研究不多,他主要是运用文字和音韵的相关知识与方法进行训诂考证,这一点经常遭到后来学者的批评。不过,惠栋大力倡导通过识字审音以通经义,并在训诂中大量实践识字审音的方法,显然推动了后世识字审音的专门研究。对于因声求义方法的运用,惠栋同样取得了一定的成就。

(一) 协韵辩误

惠栋认为经文很多是押韵的,他说:"程氏迥曰:《小象》有声韵阳在下也,下音户,与《诗》'在南山之下'同。董氏真卿曰:沙随《小象》叶韵,而尤详备于《小过》《既济》,则通一部《易》,皆可类推矣。"此处他认为《周易》是押韵的,所以他往往运用协韵来进行训诂。惠栋讲协韵是讲两字古韵相通,通过协韵可以辨误复本。

1. 用协韵解决句读的问题

《周易·大畜》:"刚健笃实,辉光日新,其德上而尚贤。"对于这句话的句读问题,历来各家所说不一,有的主张当从"其德"二字当属上句,有的主张当属下句。惠栋此处引用其父之说,认为"辉光日新"与下句的"其德上而尚贤""能止健,大正也""应乎天也"押韵,当从"新"字断开:"家君谓新字读断,与下文正、贤、天协。唐以前读易皆然,宋儒改之,既失音且不辞矣。"①惠氏所解可备一说。

2. 用协韵校勘经文脱衍

校勘经文衍文例:

《周易·坤》"直方大",郑注云:"直也,方也,地之性,此爻得中气而在地上,自然之性广生万物,故主动直而且方。"惠栋引熊氏《经说》云:"郑氏古《易》云:'坤爻辞履霜直方,含章括囊,黄裳元黄',协韵,故《象传》《文言》皆不释'大',疑大字衍。"又曰:"《释文》《音训》皆云'未光大也'。案:光与上下文韵,有大字者,羡文也。四位五阴所掩,故云未光。"②

校勘经文脱文例:

《周易·蹇卦》"宜待也",惠栋注:"张璠作'宜时也',康成本云'宜待,时也'。案:辅嗣注云:'睹险而止,以待其时。'当有时字,且时与尤、之韵。尤,古音垂也。"③惠氏认为"宜待也"与下句"匪躬之故""终无尤也"应该是押韵的,而"时"字正好押韵,所以当为脱文。

3. 用协韵破读假借

《左传·昭公十三年》"子服湫从","湫"徐邈音"椒"。惠栋

---

① 《周易本义辨证》,第 361 页。
② 同上书,第 313 页。
③ 同上书,第 325 页。

注:"湫本与椒同音,《说文》湫从水秋声,荀卿子引《诗》曰'凤凰秋秋,其翼若干,其声若箫',秋与箫协韵,明秋亦作椒,音惠伯名椒,独此作湫者,声之误也。晋以来唯徐仙民识古,诸儒皆不及也。"

(二) 证古韵分部误

《周易·困》"三岁不觌",惠栋注:"(觌)古音读渎,后人误入二十三锡韵。"① 又说:"琐,古音厜,与灾韵。顾氏《易》音不及此,盖未之考。"② 又说:"栋案:此爻与二四五爻韵,古音十七真以下,与一先通也。顾氏炎武撰《易音》,以九四隔三爻与二五为音,盖未考《说文》耳。"③ 对于这一韵部的解说在《渔洋山人精华录训纂》中惠氏又有解说:"王士祯有是云:赤壁战堂堂,纶巾绣裲裆。元戎在何许? 顾曲有周郎。"明古音学家杨慎《艺林伐山》称:"纶本经纶之纶,而诗人纶巾多音关,案:《说文》有綸字,注云:青丝绶也,后人误用纶,乃假借而述其音耳。"惠栋以其古音纠正杨说:"古音十七真以下皆与一先通,故纶读为关,杨氏之说殊未然也。"惠栋的意思是,读 lun 为中古韵十七真,读 guan 为中古韵为下平一先,而古音真先为一部,顾炎武、戴震皆然。尤其是顾炎武合"真谆……删山先仙"为一部。李开先生言:"惠说或受顾的影响,但真、先为一显然正确,唯中古分别为谆、山未辨,如辨之,仍合于顾氏第四部。今谓'经纶'字上古为见纽文部,'纶巾'字上古为来纽文部。惠说不误。"④

(三) 与古音特征暗合

惠栋在实际的识字审音活动中,"不自觉地"触及了一些重要的古音特征。如他说:"犕,古服字。孟喜作犕,今从之。《春

---

① 《周易本义辨证》,第331页。
② 同上书,第340页。
③ 同上书,第292页。
④ 李开《惠栋评传》,第106页。

秋·僖二十四》传:'王使伯服。'《史记》作'伯輤'。《后汉书·皇甫嵩传》:'董卓谓嵩曰:义真犕未乎?'义作服字,亦作备。《史记·赵世家》灵武王云:'骑射之备。'《战国策》'备'作'服'。《特牲馈食礼》云:'备答拜焉。'郑彼注云:'古备为复。'《说文》:'犕,车犕也。'或作犕,古音通也。"①再如,《尚书古义》"否德忝帝位",惠栋言:"《史记》作'鄙德'。栋案:鄙与否古通用。《论语》曰'予所否者天厌之',《论衡》引作鄙训为鄙陋之鄙,《释名》云'鄙,否也,小邑不能远通',与《论衡》合。故陆氏《释文》又音'鄙'。《益稷》云'否则威之',徐邈音鄙,是否有鄙音。正义曰'否古文不字'。"②对于惠栋的这种考证,杨向奎认为即是"古代无轻唇、重唇之分的主张,钱大昕后来发展了这种说法"③。惠栋曾将鲜、斯同训,亦将殷、衣同训,杨向奎认为,"鲜、斯同训,亦阴阳对转,鲜字去掉阳声韵尾,故读为斯。此又可以'殷'读如'衣'证之。《中庸》之'壹戎衣'即《康诰》中之'壹戎殷',齐人读殷如衣,也是去掉阳声韵尾。当时齐鲁一带人读阳声为阴声,惠栋注意到了这个问题,虽然他还没有归纳成'阴阳对转'说,但这种理论却受到了他的影响"④。

(四) 声调四声说

学术界一直认为惠栋并无音韵方面的专门著作,其实这是一个误解。惠栋曾经著有《更定四声》,他在惠栋《周易本义辨证》曾提到过这本书:"志,应也。应与中韵,详余所撰《更定四声》。"⑤王欣夫先生对此书也有专门的论述(详见本书第 75 页)。王先生说此书体例依据"字书、传注,以定《广韵》训说;本

---

① 惠栋《周易述》,巴蜀书社,1993 年,第 325 页。
② 惠栋《九经古义》,中华书局,1985 年,第 28 页。
③ 《中国古代社会与古代思想研究》,上海人民出版社,1964 年,第 919 页。
④ 同上。
⑤ 《周易本义辨证》,《续修四库全书》第 21 册,上海古籍出版社,1995 年,第 311 页。

之音义、假借,以别四声部居"。清代学者对于上古音是否有四声,有着不同的看法,由此书看来,惠栋是主张有四声的。在他的训诂实践中也能体现出他这一主张:"《语类》曰:'自上示下曰观,去声;自下观上曰观,平声。故卦名之观去声,而六爻之观皆平声。"龙氏仁夫曰:'观、观两音,六十四卦似无此例,只合依卦名并去声。'魏氏了翁谓'当皆作平声'。"① 又说:"'何天之衢',程传用胡氏之说,以何字为羡文。诸家皆读为荷,上声,折中从之。"又说:"《语类》:'已上也,上字作平声也。'愚按:康成本上作尚,尚音常,与长、亢韵。亢音冈,虞仲翔读为颉颃之颃。然先儒谓古人韵缓,平上皆可协也。"②

## 第四节　博征类比法

所谓"博征类比法",是指广泛征引历代有关文献典籍的语言材料作为例证,从中归纳和总结出语词本身的语境之义,类比成释。③ 这种方法注重广泛搜集与对象相关的文献数据,进行深入细致的定性分析和定量分析,进而得出科学的判断与推论。博征类比的方法被广泛地应用于社会科学之中,它以实事求是、力戒空疏为第一要义,以追求事实为最终目的。训诂学中的博征类比方法,表现在不同版本文献异文的征引,各种经史子集相关文献内容的收集及前人相关注释的证明,此训诂方法的精髓就是"以直接援引旧文、旧注、成句与故实,来探明词语源流,而将说解语义与阐明文意融于其中"④。这种训诂方法在训诂学史上源远流长,郑玄注三礼屡引郑司农说,许慎著《说文》不仅援

---

① 《周易本义辨证》,第 317 页。
② 同上书,第 345 页。
③ 邓升国《清代〈仪礼〉文献研究》,上海古籍出版社,2006 年,第 309 页。
④ 王宁《训诂学原理》,中国国际广播出版社,1996 年,第 180 页。

引典籍用例,还多次提及"通人"之说。稍后的高诱注《淮南子》《战国策》《吕氏春秋》引用前说亦屡见不鲜,此方法到唐李善注《文选》已臻成熟,有清一代将这一方法运用到极致。惠栋训诂的特点是征引浩繁,无征不信,将征引文献作为立论的基础,一扫宋明空疏师心之遗风。

惠栋在考证过程中,征引了大量的经文、史传、辞书、类书、纬书、佚书及前贤注说等,我们选择惠栋的《九经古义》《左传补注》《周易述》《惠氏读说文记》《后汉书补注》这五部著作为代表,对其征引文献的类型做了穷尽性的统计。

## 一、经史子集类

惠栋在训诂实践中引用了大量的经文文献,或用来解说词义,或用来沟通异文,或用来校勘文字,或用来辑佚古书等。各种经史子集类的书籍,甚至包括一些谶纬之书,都在征引的范围之内,可见其征引书籍的范围之广。我们将惠氏在这五部书中所引用的正文文献做了统计,列表如下:

表 5-4-1　经子史传类文献征引统计表

| 征引书目 \ 著述征引次数 | 《九经古义》 | 《左传补注》 | 《周易述》 | 《读说文记》 | 《后汉书补注》 | 总计 |
|---|---|---|---|---|---|---|
| 汉及汉之前的文献 | | | | | | |
| 《诗经》 | 326 | 98 | 125 | 98 | 189 | 836 |
| 《史记》 | 111 | 46 | 12 | 12 | 73 | 254 |
| 《白虎通》 | 17 | 0 | 1 | 20 | 11 | 49 |
| 《周礼》 | 91 | 58 | 56 | 112 | 80 | 397 |
| 《庄子》 | 11 | 17 | 18 | 6 | 18 | 70 |
| 《楚辞》 | 13 | 6 | 2 | 0 | 6 | 27 |

(续表)

| 征引书目 \ 征引次数 \ 著述 | 《九经古义》 | 《左传补注》 | 《周易述》 | 《读说文记》 | 《后汉书补注》 | 总计 |
|---|---|---|---|---|---|---|
| 汉及汉之前的文献 ||||||| 
| 《春秋传》 | 53 | 9 | 87 | 33 | 52 | 234 |
| 《大学》 | 6 | 0 | 28 | 0 | 0 | 34 |
| 《战国策》 | 21 | 23 | 3 | 7 | 15 | 69 |
| 《东京赋》 | 2 | 1 | 0 | 0 | 0 | 3 |
| 《西京赋》 | 0 | 1 | 0 | 1 | 0 | 2 |
| 《公羊传》 | 15 | 28 | 20 | 16 | 22 | 101 |
| 古文《尚书》 | 22 | 0 | 9 | 11 | 10 | 52 |
| 《管子》 | 29 | 15 | 26 | 7 | 22 | 99 |
| 《荀子》 | 40 | 25 | 71 | 4 | 37 | 177 |
| 《仪礼》 | 29 | 5 | 8 | 9 | 18 | 69 |
| 《归藏启筮》 | 0 | 1 | 0 | 0 | 1 | 2 |
| 《韩诗》 | 47 | 5 | 4 | 8 | 15 | 79 |
| 《汉官仪》 | 2 | 1 | 0 | 0 | 102 | 105 |
| 《汉书》 | 104 | 33 | 13 | 71 | 56 | 277 |
| 《淮南子》 | 22 | 24 | 38 | 24 | 43 | 151 |
| 《九章算术》 | 1 | 0 | 0 | 0 | 0 | 1 |
| 《考工记》 | 7 | 3 | 15 | 5 | 6 | 36 |
| 《礼记》 | 42 | 20 | 18 | 16 | 24 | 120 |
| 《列子》 | 11 | 5 | 4 | 2 | 4 | 26 |
| 《新序》 | 0 | 3 | 0 | 0 | 0 | 3 |
| 今文《尚书》 | 10 | 1 | 2 | 3 | 3 | 19 |
| 《吕氏春秋》(吕览) | 45 | 48 | 35 | 10 | 38 | 176 |
| 《论衡》 | 1 | 0 | 3 | 1 | 6 | 11 |
| 《论语》 | 12 | 65 | 29 | 10 | 37 | 153 |

（续表）

| 征引书目 \ 征引次数 \ 著述 | 《九经古义》 | 《左传补注》 | 《周易述》 | 《读说文记》 | 《后汉书补注》 | 总计 |
|---|---|---|---|---|---|---|
| 汉及汉之前的文献 | | | | | | |
| 《毛诗》 | 94 | 13 | 1 | 13 | 26 | 147 |
| 《墨子》 | 12 | 13 | 2 | 4 | 10 | 41 |
| 《齐诗》 | 4 | 3 | 0 | 0 | 0 | 7 |
| 《潜夫论》 | 4 | 4 | 1 | 1 | 5 | 15 |
| 《穆天子传》 | 11 | 2 | 0 | 0 | 3 | 16 |
| 《孝经》 | 18 | 48 | 0 | 9 | 22 | 97 |
| 《周易》 | 120 | 20 | 98 | 44 | 23 | 305 |
| 《说苑》 | 7 | 6 | 4 | 2 | 5 | 24 |
| 《世本》 | 5 | 62 | 5 | 5 | 38 | 115 |
| **总计** | **1 370** | **714** | **738** | **560** | **1 122** | **4 409** |
| 汉以后的文献 | | | | | | |
| 《晋书》 | 0 | 2 | 0 | 0 | 30 | 32 |
| 《国语》 | 12 | 13 | 24 | 3 | 12 | 64 |
| 《括地志》 | 0 | 2 | 0 | 0 | 3 | 0 |
| 《冀州论》 | 0 | 1 | 0 | 0 | 0 | 1 |
| 《三国志》 | 3 | 2 | 0 | 0 | 17 | 22 |
| 《荆州记》 | 0 | 4 | 0 | 0 | 2 | 6 |
| 《宋书》 | 0 | 0 | 0 | 0 | 5 | 5 |
| 《隋书》 | 8 | 0 | 0 | 0 | 90 | 97 |
| 《唐六典》 | 0 | 1 | 0 | 0 | 2 | 3 |
| 《通典》 | 0 | 0 | 1 | 0 | 4 | 5 |
| 《尉缭子》 | 2 | 4 | 0 | 0 | 0 | 6 |
| 《魏书》 | 1 | 0 | 1 | 0 | 29 | 31 |
| 《吴地记》 | 0 | 1 | 0 | 0 | 2 | 3 |
| 《地理风俗记》 | 0 | 2 | 0 | 0 | 23 | 25 |
| 《续通典》 | 0 | 0 | 0 | 0 | 13 | 13 |

(续表)

| 征引书目 \ 著述征引次数 | 《九经古义》 | 《左传补注》 | 《周易述》 | 《读说文记》 | 《后汉书补注》 | 总计 |
|---|---|---|---|---|---|---|
| 汉以后的文献 | | | | | | |
| 《通典》 | 2 | 3 | 1 | 0 | 14 | 20 |
| 《宰相世系表》 | 1 | 5 | 0 | 0 | 0 | 6 |
| 《博物志》 | 0 | 7 | 0 | 0 | 3 | 10 |
| 《东汉会要》 | 0 | 0 | 0 | 0 | 1 | 1 |
| 总计 | 29 | 47 | 27 | 3 | 249 | 350 |

由此表的统计可以看出，惠栋在五部著作征引的文献之中，明确标明书名的有59种文献，其中汉以前的文献有39种，五部书中累计引用次数为4 409次；汉以后的文献有20种，累计引用次数仅有350次，与汉以前的文献相差甚远。在这五部书中，《九经古义》所征引的汉代文献次数最多，有1 370次之多，《后汉书补注》征引的汉代以后的文献次数最多，有249次之多；其中征引次数最多的文献为《诗经》，有836次之多，其次是《周礼》，有397次之多。

**二、注释文献类**

各个时代的注释文献亦是惠栋训诂比较重视的文献资料，这些注释文献主要分为几种类型：一是传注类，如《诗经》毛传、何休《公羊传》注、高诱《吕览》注、《七经小传》、《左传字辨》等；二是章句类，如《月令》蔡氏章句，王逸《楚辞章句》；三是集解类，如杜预《春秋集解》、何晏《论语集解》；四是音义类，如《汉书音义》《经典释文》等；五是义疏类，如《诗经正义》《尚书正义》《礼记义疏》等等。

表 5-4-2　传注文献征引表

| 征引书目 \ 征引次数 \ 著述 | 《九经古义》 | 《左传补注》 | 《周易述》 | 《读说文记》 | 《后汉书补注》 | 总计 |
|---|---|---|---|---|---|---|
| 熊朋来《经说》 | 7 | 1 | 0 | 0 | 0 | 8 |
| 余仲仁《左传字辩》 | 0 | 2 | 0 | 0 | 0 | 2 |
| 《汉书音义》 | 1 | 0 | 0 | 1 | 5 | 7 |
| 《尚书大传》 | 14 | 2 | 13 | 4 | 23 | 56 |
| 京相璠《春秋土地名》 | 0 | 3 | 0 | 0 | 0 | 3 |
| 刘敞《春秋权衡》 | 0 | 1 | 0 | 0 | 0 | 1 |
| 《史记索隐》 | 6 | 7 | 10 | 3 | 13 | 39 |
| 《七经小传》 | 3 | 0 | 0 | 0 | 0 | 3 |
| 《月令蔡氏章句》 | 1 | 0 | 0 | 0 | 0 | 1 |
| 《月令答问》 | 1 | 0 | 0 | 0 | 0 | 1 |
| 毛居正《六经正误》 | 7 | 0 | 0 | 0 | 0 | 7 |
| 《诗经》毛传 | 16 | 9 | 23 | 7 | 0 | 55 |
| 《史记》司马贞索隐 | 9 | 6 | 0 | 3 | 5 | 23 |
| 杜预《春秋集解》 | 0 | 1 | 0 | 0 | 0 | 1 |
| 《左传》杜预注 | 2 | 407 | 1 | 2 | 1 | 413 |
| 《周礼》贾公彦疏 | 8 | 1 | 1 | 0 | 1 | 11 |
| 《诗经正义》 | 10 | 2 | 1 | 4 | 5 | 22 |
| 《尚书正义》 | 7 | 2 | 1 | 0 | 2 | 12 |
| 《毛诗》郑笺 | 70 | 17 | 12 | 6 | 5 | 110 |
| 《春秋正义》 | 4 | 2 | 0 | 0 | 1 | 7 |
| 《五经异义》 | 14 | 4 | 0 | 4 | 10 | 32 |
| 何休《公羊注》 | 16 | 7 | 16 | 5 | 29 | 73 |
| 司马光《资治通鉴考异》 | 0 | 0 | 0 | 0 | 24 | 24 |

（续表）

| 征引书目 \ 征引次数 \ 著述 | 《九经古义》 | 《左传补注》 | 《周易述》 | 《读说文记》 | 《后汉书补注》 | 总计 |
|---|---|---|---|---|---|---|
| 熊安生《礼记义疏》 | 0 | 1 | 0 | 0 | 1 | 2 |
| 王逸《楚辞章句》 | 4 | 5 | 0 | 0 | 1 | 10 |
| 《吕览》高诱注 | 4 | 17 | 1 | 0 | 13 | 35 |
| 李涪《刊误》 | 0 | 1 | 0 | 0 | 1 | 2 |
| 顾炎武《左传补正》 | 0 | 9 | 0 | 0 | 1 | 10 |
| 何晏《论语集解》 | 10 | 0 | 0 | 0 | 1 | 11 |
| 《经典释文》 | 124 | 61 | 2 | 27 | 9 | 223 |
| 《易》虞翻注 | 32 | 2 | 6 | 3 | 8 | 51 |
| 《匡谬正俗》 | 7 | 2 | 0 | 3 | 1 | 13 |
| 谯周《古史考》 | 1 | 4 | 0 | 0 | 0 | 5 |
| 总计 | 378 | 576 | 87 | 72 | 160 | 1 273 |

由此表的统计可以看出，惠栋在五部著作征引的文献之中，明确标明书名的有 32 种文献，这 32 种文献征引的次数多达 1 273 次。在这五部书中，《左传补注》所征引的上述文献次数最多，有 576 次之多，其次是《九经古义》，有 378 次之多，最少的是《读说文记》，有 72 次。

### 三、辞书文献类

惠栋在训诂实践中亦重视字典辞书类文献的征引，这类文献主要是小学文献，包括文字、音韵、训诂等方面的文献资料，这也体现了惠栋深厚的小学功底。

表 5-4-3 辞书类文献征引表

| 征引书目 \ 征引次数 \ 著述 | 《九经古义》 | 《左传补注》 | 《周易述》 | 《读说文记》 | 《后汉书补注》 | 总计 |
|---|---|---|---|---|---|---|
| 《广雅》 | 9 | 10 | 21 | 0 | 32 | 72 |
| 《广韵》 | 9 | 11 | 0 | 7 | 12 | 39 |
| 《说文》 | 255 | 130 | 137 | 0 | 217 | 739 |
| 《尔雅》 | 22 | 4 | 20 | 5 | 25 | 76 |
| 《埤苍》 | 3 | 0 | 0 | 1 | 2 | 6 |
| 《仓颉篇》 | 4 | 2 | 5 | 5 | 2 | 18 |
| 《文字指归》 | 1 | 1 | 0 | 1 | 0 | 3 |
| 《玉篇》 | 25 | 11 | 0 | 77 | 16 | 129 |
| 《释名》 | 16 | 4 | 4 | 3 | 42 | 69 |
| 《六书故》 | 5 | 1 | 0 | 1 | 2 | 9 |
| 《字林》 | 5 | 2 | 7 | 15 | 20 | 49 |
| 《古今字谱》 | 1 | 0 | 0 | 0 | 0 | 1 |
| 《方言》 | 8 | 7 | 11 | 127 | 19 | 172 |
| 《复古编》 | 11 | 2 | 0 | 1 | 0 | 14 |
| 《礼部韵略》 | 0 | 0 | 0 | 1 | 0 | 1 |
| 《集韵》 | 1 | 1 | 0 | 4 | 2 | 8 |
| 《古文奇字》 | 1 | 0 | 2 | 0 | 1 | 4 |
| 《小尔雅》 | 0 | 7 | 0 | 0 | 1 | 8 |
| 总计 | 376 | 193 | 207 | 248 | 393 | 1 417 |

由此表的统计可以看出,惠栋在五部著作征引的文献之中,明确标明书名的辞书类文献有 19 种,这 19 种文献征引的次数多达 1 417 次。在这五部书中,《后汉书补注》所征引的上述文献次数最多,有 393 次之多,其次是《九经古义》,有 376 次之多,最少的是《周易述》,有 207 次;其中征引次数最多的文献为《说

文》,有 739 次之多,其次是《方言》,有 172 次。

### 四、前贤之说

惠栋除了广泛地征引文献原文之外,还征引很多前贤之说,但有一些并未标注出自何处,姑且录之如下:

表 5-4-4 前贤之说征引表

| 征引书目 \ 征引次数 \ 著述 | 《九经古义》 | 《左传补注》 | 《周易述》 | 《读说文记》 | 《后汉书补注》 | 总计 |
|---|---|---|---|---|---|---|
| (三国)孟康 | 5 | 3 | 12 | 1 | 29 | 50 |
| (三国)虞翻 | 39 | 2 | 10 | 7 | 14 | 72 |
| (汉)郑玄 | 733 | 26 | 88 | 19 | 6 | 872 |
| (汉)郭璞 | 21 | 9 | 13 | 4 | 34 | 81 |
| (汉)孔鲋 | 1 | 2 | 0 | 0 | 1 | 4 |
| (汉)梅福 | 1 | 1 | 0 | 0 | 0 | 2 |
| (汉)杜林 | 2 | 1 | 0 | 8 | 6 | 17 |
| (汉)服虔 | 3 | 30 | 0 | 1 | 9 | 43 |
| (汉)王充 | 4 | 6 | 0 | 0 | 10 | 20 |
| (汉)刘向 | 6 | 6 | 8 | 4 | 39 | 63 |
| (汉)徐邈 | 19 | 8 | 0 | 2 | 7 | 36 |
| (汉)京房 | 10 | 0 | 25 | 1 | 29 | 65 |
| (汉)荀爽 | 15 | 0 | 6 | 2 | 11 | 34 |
| (汉)何休 | 16 | 7 | 16 | 5 | 29 | 73 |
| (汉)王符 | 2 | 12 | 1 | 0 | 7 | 22 |
| (汉)郑众 | 2 | 9 | 1 | 1 | 31 | 44 |
| 总计 | 879 | 122 | 180 | 55 | 262 | 1 498 |
| (魏)王肃 | 25 | 18 | 26 | 1 | 9 | 79 |
| (魏晋)杜预 | 3 | 10 | 8 | 2 | 111 | 134 |

(续表)

| 征引书目 \ 征引次数 \ 著述 | 《九经古义》 | 《左传补注》 | 《周易述》 | 《读说文记》 | 《后汉书补注》 | 总计 |
|---|---|---|---|---|---|---|
| (魏晋)王弼 | 6 | 0 | 33 | 11 | 4 | 54 |
| (晋)司马彪 | 3 | 18 | 4 | 2 | 12 | 39 |
| (晋)京相璠 | 27 | 0 | 0 | 0 | 39 | 66 |
| 总计 | 70 | 46 | 104 | 27 | 179 | 426 |
| (隋)刘炫 | 2 | 17 | 0 | 1 | 1 | 21 |
| (隋唐)曹宪 | 5 | 2 | 0 | 6 | 0 | 13 |
| (唐)崔憬 | 2 | 1 | 1 | 0 | 0 | 4 |
| (唐)颜师古 | 28 | 7 | 7 | 11 | 73 | 126 |
| (宋)王应麟 | 19 | 3 | 0 | 1 | 10 | 33 |
| (宋)刘敞 | 2 | 0 | 0 | 0 | 1 | 3 |
| (宋)朱熹 | 4 | 5 | 7 | 2 | 2 | 20 |
| (宋)薛瓒 | 1 | 3 | 0 | 0 | 3 | 7 |
| (宋)朱国祯 | 0 | 1 | 0 | 0 | 0 | 1 |
| (清)惠士奇 | 10 | 69 | 23 | 3 | 5 | 110 |
| (清)顾炎武 | 6 | 6 | 0 | 0 | 44 | 56 |
| 总计 | 79 | 114 | 38 | 24 | 139 | 394 |

由此表可以看出,惠氏征引的包括三国、汉、魏晋、隋唐及宋、清各朝代的学人之说,总计有38人,其中汉及以前的有16人,其中征引次数为1498次;魏晋的有6人,征引次数是426次;魏晋以下的有11人,征引次数为394次。不论是从征引人数还是征引次数,均可见惠氏"以古为尚"的治经主张。

### 五、金石文字类

惠氏除了征引传世的书面文字作为解说的证据,还十分注重以金石文字作为参考。关于金石文字的内涵,前辈学者都有明确地界定,刘明水言:"秦汉以前刻于钟鼎彝器的铭文和庙堂冢墓的文辞,统称金石文字。"①张振镛亦言:"镂金之文,刻石之字,钟鼎盘匜之铭,庙堂冢墓之辞,代益时增,蔚为大观,此所谓金石文字也。"②由此可见,金石文字主要为钟鼎彝器、庙堂冢墓之上的文字。金石学自宋代兴起,为学术发展开辟了一条新途径,王国维云:"自宋人始为金石之学,欧、赵、黄、洪各据古代遗文,以证经考史,咸有创获。"③到了清代,"自金文学兴,而小学起一革命"④。顾炎武的《金石文字记》为金石学在清代兴起的滥觞,此后惠栋、钱大昕、王昶、阮元继之,使"金石学之在清代又彪然成一科学"。清儒利用金石数据为佐证来校勘古籍、考证经史,取得了前人不可企及的成就。钱大昕言:"金石之学,与经史表里。"⑤这些都足以说明,清人对于金石文献的使用已有相当的自觉性,并开始大量地运用于经学文献的考证之中。

据我们统计,惠栋在训诂实践中也是广泛地征引金石文字用以证经补史。惠氏征引金石文字的统计如下:

表 5-4-5　金石文字征引表

| 征引文献 \ 征引次数 著述 | 《九经古义》 | 《左传补注》 | 《周易述》 | 《读说文记》 | 《后汉书补注》 | 总计 |
|---|---|---|---|---|---|---|
| 诅楚文 | 2 | 1 | 0 | 0 | 0 | 3 |
| 石鼓文 | 3 | 1 | 1 | 12 | 0 | 17 |
| 三体石经 | 0 | 2 | 0 | 2 | 1 | 5 |
| 高宗皇帝御赐石经 | 6 | 0 | 1 | 1 | 2 | 10 |

---

① 刘明水《国学纲要》,商务印书馆,1947年,第28页。
② 张振镛《国学常识答问》,商务印书馆,1935年,第10页。
③ 王国维《齐鲁封泥集存序》,载《观堂集林》,中华书局,1959年,第920页。
④ 梁启超《清代学术概论》,上海古籍出版社,1998年,第59页。
⑤ 钱大昕《关中金石记序》,载《嘉定钱大昕全集》(九),江苏古籍出版社,1997年,第396页。

(续表)

| 征引文献 \ 著述征引次数 | 《九经古义》 | 《左传补注》 | 《周易述》 | 《读说文记》 | 《后汉书补注》 | 总计 |
|---|---|---|---|---|---|---|
| 唐石经 | 1 | 1 | 0 | 0 | 1 | 3 |
| 祖乙卣盘钟鼎 | 0 | 1 | 0 | 0 | 0 | 1 |
| 朱浮墓石壁 | 0 | 1 | 0 | 0 | 0 | 1 |
| 周阳侯钟 | 0 | 1 | 0 | 0 | 0 | 1 |
| 周伯郂鼎 | 0 | 2 | 0 | 1 | 2 | 5 |
| 晋姜鼎 | 2 | 1 | 0 | 0 | 0 | 0 |
| 文王命疕鼎 | 1 | 0 | 0 | 0 | 0 | 1 |
| 秦权微栾鼎 | 1 | 0 | 0 | 1 | 0 | 2 |
| 文王命疕鼎 | 1 | 0 | 0 | 0 | 0 | 1 |
| 晋姜鼎 | 1 | 1 | 0 | 0 | 3 | 5 |
| 古钟鼎文 | 3 | 1 | 1 | 12 | 0 | 17 |
| 毁敦 | 2 | 1 | 0 | 0 | 0 | 3 |
| 虢姜敦 | 3 | 0 | 0 | 0 | 0 | 3 |
| 周伯映彝 | 1 | 0 | 0 | 0 | 0 | 1 |
| 臣敷印 | 24 | 4 | 0 | 0 | 5 | 33 |
| 仲秋下旬碑 | 1 | 0 | 0 | 0 | 0 | 1 |
| 张平子碑 | 1 | 0 | 0 | 0 | 2 | 3 |
| 尧母碑 | 1 | 0 | 0 | 0 | 0 | 1 |
| 尧庙碑 | 1 | 0 | 0 | 0 | 0 | 1 |
| 严欣碑 | 1 | 0 | 0 | 0 | 0 | 1 |
| 严发碑 | 1 | 0 | 1 | 0 | 0 | 2 |
| 魏修孔子庙碑 | 1 | 1 | 0 | 0 | 0 | 2 |
| 尉氏令君碑 | 1 | 0 | 0 | 0 | 0 | 1 |
| 王政碑 | 1 | 0 | 0 | 0 | 0 | 1 |
| 唐公房碑 | 1 | 0 | 0 | 4 | 0 | 5 |

(续表)

| 征引文献 \ 征引次数 \ 著述 | 《九经古义》 | 《左传补注》 | 《周易述》 | 《读说文记》 | 《后汉书补注》 | 总计 |
|---|---|---|---|---|---|---|
| 灵台碑 | 1 | 0 | 0 | 0 | 0 | 1 |
| 李翊夫人碑 | 1 | 0 | 0 | 0 | 1 | 2 |
| 孔霓碑 | 1 | 0 | 0 | 0 | 0 | 1 |
| 孔庙碑 | 1 | 0 | 0 | 0 | 0 | 1 |
| 后汉刘修碑 | 2 | 1 | 0 | 0 | 0 | 3 |
| 后汉范氏碑 | 2 | 1 | 0 | 0 | 2 | 5 |
| 吕君碑 | 1 | 1 | 0 | 0 | 2 | 4 |
| 街弹碑 | 1 | 0 | 0 | 0 | 1 | 2 |
| 秦和钟 | 1 | 0 | 0 | 0 | 0 | 1 |
| 陈球碑 | 0 | 1 | 0 | 0 | 5 | 0 |
| 孔羡碑 | 0 | 1 | 0 | 0 | 0 | 0 |
| 汉刘修碑 | 1 | 1 | 0 | 0 | 2 | 0 |
| 孙叔敖碑 | 2 | 4 | 0 | 0 | 0 | 2 |
| 魏大飨碑 |  | 1 | 0 | 0 | 1 | 0 |
| 齐侯镈钟 | 1 | 1 | 0 | 0 | 1 | 3 |
| 冯焕残碑 | 8 | 4 | 0 | 8 | 0 | 20 |
| 繁阳令杨君碑 | 10 | 22 | 0 | 0 | 1 | 33 |
| 樊毅修华碑 | 19 | 46 | 0 | 0 | 0 | 65 |
| 都乡正街弹碑 | 24 | 2 | 1 | 3 | 4 | 34 |
| 国三老袁良碑 | 3 | 0 | 0 | 0 | 2 | 5 |
| 鲁峻石壁残画 | 1 | 0 | 0 | 0 | 0 | 1 |
| 汉樊毅修西狱庙记 | 2 | 1 | 0 | 0 | 0 | 3 |
| 周公礼殿记 | 0 | 1 | 0 | 0 | 0 | 1 |
| 总计 | **148** | **108** | **5** | **45** | **43** | **329** |

从载体上来看,惠栋所引用的金石文字主要有石刻经文、钟鼎铭文、印文、碑文、石壁残文、庙堂殿记等,一共有 57 种之多,其中最多为碑文,有 30 种。五部书之中引用金石文字的次数多达 329 次之多,其中最多的是《九经古义》,有 148 次,最少的《周易述》,有 5 次。

从以上征引的金石文字可见,惠栋在他这五部重要的经学研究著作中广泛地征引了金石文献,可以说他是有清一代学术开风气的人物。他虽无力收录金石,不能以金石学名家,但在"考稽史传,证事迹之异同"方面多有实际的运用,体现出卓越的识见与开阔的视野。但后人对这方面的关注很少。下面我们从三方面对惠氏金石文献应用方面的成就做一总结。

(一)证经文之异同

惠栋在训诂实践中,征引古石经及碑文沟通经典文句的异文,以证经文的异同。如《诗经·邶风·简兮》:"赫如渥赭。"惠栋征引《尧庙碑》作"赫如屋赭"。并举《周易·鼎九四》曰"其形渥",郑玄本作剭音为屋,得出结论"盖古文渥或省作屋字,故诸儒训诂各异也"。此主要是指出传世文献与碑文的不同,为古今文的不同。《左传·桓公十七年》传"疆场之事,慎守其一",惠栋注:"古文作畺易。《周礼》有'畺地易地'。《吕君碑》曰'慎守畺易',盖用此文。"惠氏此处引用碑文,指出了今文与古文用字的不同。《左传》"焉用亡郑以倍邻",惠栋注:"《唐石经》及宋本皆作陪,《释文》仍作倍,案:注当作倍。""陪"是"倍"因语音相近而产生的假借字。

(二)证典籍之谬误脱衍

传世文本与金石文本用字的不同,表明其中的源流雅俗之别,或毁损残蚀之因。碑铭历史悠久,可以见古,而后人抄本版刻则易失本真,故金石铭文多能越千载而不损,故惠氏崇信金石,多采汉唐石经及钟铭鼎文证今传本文献文字的真伪,故常言"依石经正之""当从石经改"等。如,《左传补注》:"《左传》惠公之二十四年,唐石经廿四年;下惠之三十年,《唐石经》卅年。栋案:石经凡经传中二十字皆作廿,三十字皆作卅,此古文《春秋左氏传》本文也。"①后又引用钟鼎文进一步论述"钟鼎文如秦权微栾鼎二十字作廿,石鼓文周阳侯钟三十字作卅,此又金石文之可为佐证者,今九经二十三十字皆当从石经改正"。廿、卅为二十、三十之合写,此因书写习惯使然,虽然石经及金文有作廿、卅者,然不必刻意求古而强改之。再如《采蘩》诗云:"夙夜在公。"惠氏注:"《尉氏令郑君碑》云:'夙夜在公。'即夙字。《说文》曰:'夙,早敬也。从丮,持事;虽夕不休,早敬者也。'《义云章》及古钟鼎文皆作夙。徐铉曰:'今俗作夙,讹'。"②惠氏引用碑文及古钟鼎文指出"夙"为俗体,当依金石文字作夙。惠氏除了征引金石文字校勘经文文字外,还校正文句的脱衍,如《左传·成公十五年》:"侨如曰:'不可以再罪。'奔卫。"惠注:"《唐石经》曰'遂奔卫',今本皆脱遂字。"阮元从其说。《左传·僖公十九年》:"退修教而复之。"惠栋注:"今唐石经及宋本皆云'复伐之',陆氏以伐为衍字。"

(三) 考文字之变迁

一般的金石文字年代较为久远,此种古老的文字材料也为考证文字形体的演变提供了可靠证据,惠氏在训诂实践中亦注意到了金石文字此方面的价值,并将其用于考证文字的源流变化。如《诗经·郑风·清人》云:"河上乎逍遥。"惠栋注:"《释文》

---

① 惠栋《左传补注》,第5-6页。
② 惠栋《九经古义》,第50页。

曰：'逍本又作消，遥本又作摇。'《说文新附》曰：'逍遥犹翱翔也。'徐公文曰：'《诗》只用消摇字，此二字《字林》所加。'栋案：后汉崔骃撰《张平子碑》已用'逍遥'字，不始于吕忱也，但经典中只合用消摇耳。"①"逍遥"古文经典中做"消摇"，徐铉指出"逍遥"二字始于西晋吕忱的《字林》，惠栋则依据碑文指出，"逍遥"二字在西汉时已有此写法，甚为精当。

惠栋在金石文字方面虽多只言片论，均为随文考释，但他已经能够利用金石材料，辨经文之异同，察点画之正俗，考文字之变迁，为考核经籍做出些许成绩。如此训诂实践，可以说，显示出一代大师的学术眼光。

从以上惠栋征引文献的总结，亦可以看出惠栋对于乾嘉学术的影响：

惠栋引领了乾嘉时期"以古为尚"的治经取向。从这五个表统计情况来看，惠栋在训诂实践中，征引汉及汉以前的文献及贤人之说，占了绝大多数，而征引次数也远远多于汉以后文献，如表5-4-1统计的经文史传类文献，汉及汉以前的文献征引次数有4 409次而汉以后仅有350次，相差甚远。表5-4-4征引前贤之说，其中汉及以前的有15人，征引次数为626次，也多于魏晋及魏晋以下人数和征引次数。梁启超论及乾嘉考据学时云："选择证据，以古为尚。以汉唐证据难宋明，不以宋明证据难汉唐；据汉魏可以难唐，据汉可以难魏晋，据先秦西汉可以难东汉。以经证经，可以难一切传记。"②其实用此点来诠释惠栋，深中肯綮。惠栋作为清代早期的经学家，他这种治经取向影响了有清一代学人，也开创了一代学风。

惠栋开辟了清代文献引用的领域。传统的经学研究，主要

---

① 惠栋《九经古义》，第54页。
② 梁启超《清代学术概论》，上海古籍出版社，1998年，第47页。

是在文献与文献之间循环操作,所使用的证据,一般均局限于传世文献领域。虽然早在魏晋时期,王肃就已经将出土实物证据应用于经文考证之中,然而,一直以来均没有受到汉学者的重视。从以上统计来看,惠氏所引文献主要包括书面文献和金石文献,尤其是对于金石文献的广泛征引,是清代用出土文献来证明传世文献的第一人。据我们的统计来看,惠栋引用石刻经文、钟鼎铭文、印文、碑文、石壁残文、庙堂殿记等,一共有 57 种之多,五部书之中次数多达 329 次之多。李开先生总结言"这无疑是今天以考古发现解释古代文献典籍的先驱"[①]。这种方法对清代学术产生了极大的影响。后来,随着甲骨学的兴起,特别是古文物的大量出土,经学家们积极地将这些材料应用于训诂实践中,20 世纪初,这种方法被王国维先生总结为"二重证据法",他言:"吾辈生于今日,幸于纸上之材料外,更得地下之新材料。由此种新材料,我辈得据以补正纸上之材料,亦得证明古书之某部分全为实录,即百家不雅训之言亦不无表示一面之事实。此二重证据法,惟在今日始得行之。虽古书之未得证明者,不能加以否定;而其已得证明者,不能不加以肯定,可断言也。"[②]从清代学术史看,王国维的"二重证据法"亦可导源于惠栋的训诂实践。

---

① 李开《惠栋评传》,南京大学出版社,1997 年,第 75 页。
② 王国维《古史新证》,清华大学出版社,1994 年,第 2-3 页。

# 第六章 惠栋训诂的比较研究

## 第一节 惠栋与戴震训诂的比较

戴震(1724—1777),字东原,一字慎修,号杲溪,安徽徽州休宁隆阜(今黄山市)人,清代著名语言文字学家、哲学家、思想家。乾隆二十七年举人,乾隆三十八年被召为《四库全书》纂修官。乾隆四十年会试下第,特命参加殿试,赐同进士出身。他对音韵、文字、历算、地理无不精通,又进而阐明义理,对乾嘉考据学及晚清以来的学术思潮产生了深远影响。梁启超、胡适称其为中国近代"科学界的先驱者"。以乾隆二十二年(1757)结识惠栋为分界点,戴震的学术思想可分为前后两个时期:前期师从江永,汉宋兼治;后期受惠栋的影响,专治汉学,批评宋学。

乾嘉汉学有吴派、皖派之别,皖派以江永发其端,至戴震而集大成,有段玉裁、洪榜、王念孙等承继其说,其学益精;吴派以惠周惕、惠士奇发其端,至惠栋而集大成,有钱大昕、江声、余萧客等推衍其说,其学益广。惠栋与戴震为吴、皖两派的学术巨擘,二者关系是清学研究的一个重要课题,一直受学术界关注,清代王鸣盛、任兆麟、洪亮吉、凌廷堪、汪中、江藩等皆有相关论断,近现代的梁启超、章太炎、钱穆等学者也有阐述。下面我们在前人的基础上,从两个方面就他们在训诂上的关系论述如下。

### 一、惠、戴治学之合

惠栋与戴震论学有很多相合之处。就训诂方法而言,他们均以汉儒笺注为主要依据,从字词入手,以研究经书古义。惠栋言:"经之义存乎训,识字审音,乃知其义,是故训不可改也,经师不可废也。"①戴震言:"由文字以通乎语言,由语言以通乎古圣贤之心志,譬之适堂坛之必循其阶,而不可以躐等。"②就训诂宗旨而言,他们均"深嫉乎凿空以为经",尊崇汉代经学近古,反对宋学凿空,而恢复经典本义。惠栋认为"宋儒之祸,甚于秦灰",他在训诂实践中,多驳斥宋儒之言;戴震认为程朱"今人无论正邪,尽以意见误名曰理,而误斯民",又说"宋儒讥训诂之学,轻语言文字,是犹渡江河而弃舟楫,欲登高而无阶梯也"③。由此两方面,均不难看出惠栋对戴震的影响,及戴震对惠栋之学的传衍踵合之迹。具体分析起来有如下两方面:

(一) 关注惠栋学说

乾隆二十二年(1757),惠栋在扬州结识了戴震,当时惠栋已是垂暮之年,在学术界已有很高声誉,戴震仅有三十五岁,作为后学的戴震,对惠栋充满钦佩之情。后来他作《题惠定宇先生授经图》叙述此事:"前九年,震自京师南还,始睹先生于扬之都转盐运使司署内。先生执震之手言曰:'昔亡友吴江沈冠云尝语余,休宁有戴某者,相与识之也久。冠云盖实见子所著书。'震方心讶,少时未定之见,不知何缘以入沈君目,而憾沈君之不及睹,益欣幸获睹先生。明年,则闻先生又殁于家。"④惠、戴当日商讨的学术话题及具体情形,已难以推测,但我们有理由认为,他们的交谈气氛是"融洽"的。

事实上,在惠、戴相识之前,惠栋的学说已对戴震产生过一

---

① 惠栋《九经古义序》,载《九经古义》,中华书局,1985年,第1页。
② 戴震《古经解钩沉序》,载《戴震集》,上海古籍出版社,1980年,第191页。
③ 段玉裁《戴震年谱》,载《戴震集》,第455页。
④ 戴震《题惠定宇先生授经图》,载《戴震文集》,中华书局,1980年,第168页。

定的影响,在他的著述中也屡引其说,已对惠氏之学有足够的关注。戴震《考工记图注》引惠栋计六处,卷上四处,卷下二处,《考工记图注》作于乾隆二十年(1755),当时惠、戴并未相识。戴氏《尚书义考》五次引用惠栋《尚书古义》之说,并对惠说之疑处,加以辨驳,卷一四处,卷二一处。《九经古义》为惠栋早岁之书,其中《尚书古义》约成书于 1735 年前后。《尚书义考》为戴氏未竟之书,具体成书年月不详,但亦足以说明戴氏对于惠栋的学说极为关注。

在相见之后,戴震更是关注推崇惠栋之学,对惠栋的著作进行了校订。例如:惠栋作《春秋左传补注》一书,影响深远,戴震曾认真校勘过惠氏此书。乾隆五十四年(1789),周永年所辑、李文藻所刊《贷园丛书》中所收录的《春秋左传补注》,即为戴震的手校本,贷园丛书本《春秋左传补注》李文藻跋云:"惠定宇先生《左传补注》六卷,向在京师假阅,未及录。乾隆壬辰冬,历城周书昌寄副至芈城,乃戴东原先生手校本,予覆其半,将归潮阳,以付顺德胡生亦常刻之。"① 又清华大学出版社出版的《戴震全集》第三册扉页附图,亦载有山东维县丁嫁民家藏有戴东原先生手校惠栋《左传补注》墨迹。题跋云:"此书周书昌寄来发刻,其朱笔所正乃戴东原手迹,殊可珍也。乾隆壬辰十一月初六李文藻题于□□大佛寺。"其眉注"颖""县""巨""焰""扬""曰"等,皆戴东原手迹。戴震手校此书,除了表现他的为学根底外,其实也说明了戴震心仪并深入于惠栋之学。

惠栋治学以遵古宗汉闻名于世,王昶说他"眈思旁讯,探古训不传之秘,以求圣贤之微言大义","海内人士无不重通经,通经无

---

① 李文藻跋,载《春秋左传补注》,《贷园丛书初集》第 7 册,清乾隆五十四年(1789)序刊本,第 31 页。

不知信古,其端自先生发,可谓豪杰之士矣",是"儒林典型"①;钱大昕说他"推演古义,针砭诉说,有益于学者"②;惠栋明言"明于古今,贯天人之理"才是儒林之业,且自述自己于遵尚古学外,尚兼涉猎于艺术,并于"反复研求于古与今之际,颇有省悟",还引用王充"知今而不知古谓之盲瞽,知古而不知今谓之陆沈"之语,说明学当以"能推今说而通诸古"为贵③。戴震不仅与惠栋游,还与惠门弟子交,于惠栋所提倡的治学主张,也心向往之。他言:"空凭胸臆之卒无当于贤人圣人之理义,然后求之古经;求之古经而遗文垂绝,古今悬隔也,然后求之故训。故训明则古经明,古经明则贤人圣人之理义明,而我心之所同然者,乃因之而明。贤人圣人之理义非他,存乎典章制度者也。松崖先生之为经也,欲学者事于汉经师之故训,以博稽三古典章制,由是推求理义,确有据依。"④戴震又为余萧客《古经解钩沉》作序:"后之论汉儒者,辄曰故训之学云尔,未与于理精而义明。则试诘以求理义于古经之外乎?若犹存古经中也,则凿空者得乎?"⑤由此可见,戴震对惠门之学多有阐述,对惠门的训诂考据也多有辩护。

(二)踵继惠栋训诂蹊径

旧学久淹,愤然存古,这是惠栋一生为学的追求。他究心古学,使"汉学之绝者千有五百余年,至是而粲然复章矣",他的《九经古义》《易汉学》《周易述》等,正是今日我们用以了解汉代经学的重要著作。戴震比惠栋小20多岁,在很大程度上踵继惠栋训

---

① 王昶《惠先生墓志铭》,载《碑传集》卷133,第3985页。
② 钱大昕《惠先生栋传》,载《嘉定钱大昕全集》(九),江苏古籍出版社,第661页。
③ 惠栋《学福斋集序》,载《松崖文钞》卷二,艺文印书馆,1981年,第7页。
④ 《题惠定宇先生授经图》,载《戴震文集》,中华书局,1980年,第168页。
⑤ 戴震《古经解钩沉序》,载《戴震集》,上海古籍出版社,1980年,第191页。

诂蹊径,如其所言:"《尔雅》解释《诗》《书》,汉儒释经多宗之,则注内已见采录。如《诗》有毛传、郑笺;《礼》有郑氏注,并宜全载其文,然附以诸儒之说。惟《尚书》无汉儒全注,今经文之下,即取《尔雅》以存古义。"①这真是惠栋的口吻,亦与惠栋志存古义的为学宗旨相同,这也可以看出戴震之学是惠栋之学的延续。下面,我们以戴震和惠栋治《诗经》的具体训诂实践为例,来梳理惠、戴之间的关系。

戴震治《诗经》时有信古思想,其训释词义或诗旨之时积极追求古人之言。如论及《诗经·国风·丘中有麻》中"子国"与"子嗟"关系时言:"毛氏授经大儒,去古未远,又知子国为子嗟父,必非无据而凿空言之者也"②。此处戴震从毛传理由仅为毛氏授经大儒,去古未远。又如其论《诗经·周颂·昊天有成命》篇云:"以叔向,晋之博闻者,又去作诗之时世未远,诗教群习,未失诂训,语言未移,其说如此,后儒不能用其鲜者。今之去叔向,数倍于其去诗之作,并举叔向所解说不能通之矣。"③戴震重视叔向之说诗,他认为叔向离作诗之时未远,未失训诂,语言未移。戴震又在该篇中通过毛传、郑笺以及贾景伯、唐子正等之说来反复申述叔向之言。

戴震往往以是否通古来检验旧说。如《诗经·豳风·东山》二章训"熠耀宵行"中"宵行"之义时云:"宵行,夜飞往来也。《集传》以宵行为虫名,古书中无此说。"④戴震认为朱熹释"宵行"为虫名不妥,其主要原因为古书中无此说,可见其对古书推崇有加。又如《诗经·小雅·宾之初筵》五章"式勿从谓,无俾大怠"条下云:"勿,有没音。……郑注《礼记》云'勿勿,犹勉勉也'。卢

---

① 戴震《尚书义考·义例》,载《戴震全集》(三),清华大学出版社,1992年,第1667页。
② 戴震《戴氏诗经考》,载《戴震全集》(四),第1886页。
③ 戴震《毛郑诗考证》,载《戴震全集》(二),第1229页。
④ 戴震《戴氏诗经考》,载《戴震全集》(四),第1962页。

辩注《曾子·立事》篇'终身守此勿勿',亦云'勿勿,犹勉勉',此皆语之转,当读'勿'如'没',而经师旧失其音,未通于古。"①戴震认为此处"勿"古读与"没"同,而经师原来的解释错误就是由于未通于古。"勿"上古微纽物部;"没"明纽物部,二者古音相通,惠说为是。

古器铭不像一般书面材料那样多讹多变,用作考证材料就显得尤为可靠,故学者们对之极为重视,方以智"金石汉碑之通,何必强合《说文》"②,阮元"吾观三代以上之道与器,九经之外,舍钟鼎之属,曷由观之"③等语均道出此中奥妙。戴震治诗时常借助古器铭进行校勘或考证,如《毛郑诗考正》于《大雅·文王》首章训"有周不显,帝命不时',中"不"之义时,对传笺进行了批评,并指出"不"与"丕"通用,而古器铭就成为戴震此处考证的有力佐证:"古人金石铭刻'丕显'多作'不显',二字通用甚明。传、笺各缘词生训,失其本始。"④由此可见,戴震虽推崇传、笺,但又置金石铭刻于传、笺之上。又如《诗经·鄘风·定之方中》三章"终然允臧",戴氏指出今本中"然"作"焉",应"依《石经》正之,作允。"⑤《诗经·周南·螽斯》三章中指出古字"辑"通用"揖",并以秦刻石证之,"古字辑通用揖。《史记》'揖五瑞',又秦刻石'博心揖志'。"⑥

戴震的训诂实践,往往也是致力于求古书中古字、古语等,如《诗经·周颂·般》:"隋山乔岳,允犹翕河。"戴注:"古书犹、由交通,盖同声转写之讹,遂相沿为古字通用,以免改字。"⑦如《郑

---

① 戴震《毛郑诗考证》,载《戴震全集》(二),第 1206 页。
② 方以智《通雅》卷首一,载《文渊阁四库全书》第 857 册,第 17 页。
③ 阮元《揅经室集》卷三《商周铜器说》,载《四部丛刊初编》,第 305 页。
④ 戴震《毛郑诗考证》,第 1207 页。
⑤ 戴震《戴氏诗经考》,载《戴震全集》(四),第 1861 页。
⑥ 戴震《杲溪诗经补注》卷一,载《戴震全集》(二),第 1122 页。
⑦ 戴震《毛郑诗考证》,第 1236 页。

风·羔裘》首章"舍命不渝"条下云:"《笺》云:'舍,犹处也。'震按:古字'舍''释'通。《礼记》'舍菜'即'释菜'是也。"①《毛郑诗考正》于《商颂·那》"亦不夷泽"条下云:"震按:'亦不'犹云'不亦',古语然耳。"②

同戴震一样,惠栋治学时也信古,利用古器铭来进行考证或校勘的实例俯拾皆是,我们在第三章第四节做了详细的统计。《毛诗古义》中也用了很多古器铭来进行考证:《正月》"赫赫宗周,褒姒威之"条下惠注:"传云:'威,灭也。'案:《灵台碑》云'兴威继绝',驺氏竟铭云'胏胥殄威',诅楚文'伐威我百姓',皆以威为灭。"《丰》"子之昌兮,俟我乎堂兮"条下惠注:"古文《论语》有申枨,《史记》作申堂。《汉王政碑》云:'有羔羊之絜,无申棠之欲。''堂'与'棠'同见《鲁峻碑》。是'堂'本与'枨'通,故读为枨,非郑之改字也。"李开认为惠栋这一做法,"无疑是今天以考古发现解释古代文献典籍的先驱"③,此评洵然。

通览惠栋《毛诗古义》与戴震《毛郑诗考证》二者的比较,我们可以看到二者所说有诸多相合之处,此充分凸现出戴震与惠栋学术的一脉相承性。如"采采卷耳"条下,惠栋申述《荀子》之说"顷筐易满也,卷耳易得也,然而不以贰周行";"羔裘"条下,惠栋训该篇"舍命不渝"中"舍"之义时反对郑笺、王肃之说,后通过疏通《管子》、徐广《史记》注、郑玄《周礼》注等得出"舍犹释也";"伐木许许"条下,惠栋训"许许"时从毛传与《说文》为"伐木声也";"正月"条下,惠栋训该篇"赫赫宗周,褒拟威之"中"威"之义为"灭也"等,均与戴震治诗中的观点相吻合。另外,《诗经·小雅·六月》首章"我是用急"中"急",戴震认为此为"戒"之讹字,

---

① 戴震《毛郑诗考证》,载《戴震全集》(二),第1182页。
② 同上书,第1240页。
③ 李开《惠栋评传》,第75页。

其弟子段玉裁在戴震之说的基础上又做了补充说明:"然则'诫''恧''鱼''棘''革''戒'六字同音,义皆急也。"惠栋在《江汉》篇言:"《释言》云:'烕,褊急也。'注云:'皆急狭。'《盐铁论》引《诗》云'猃狁孔炽,我是用戒',戒即烕也。毛诗戒作棘,是棘与戒古字通。"可见戴震、段玉裁与惠栋的观点相吻合。

## 二、惠、戴训诂之异

惠栋、戴震在治学上,都深疾乎凿空以为经,在训诂实践中都以古为宗,但二人在论学有合中,也都有自己独特的学术性格与系统。章太炎曾全面述评了惠、戴及他们所代表的吴派和皖派的异同:"其成学著系统者,自乾隆朝始,一自吴,一自皖南。吴始惠栋,其学好博而尊闻。皖南始戴震,综形名,任裁断,此其所异也。"①台湾学者黄顺益也指出了二者的不同:"惠栋志存古义,其学以博闻强记为初基,以尊古守家法为究竟,跨唐宋、越魏晋,专宗汉诂而直指汉代经学,他重视辨伪、辑佚而长于考证;戴震则志乎闻道,其学由小学、典章、历数、水地,而明六经孔孟之道,他吸收了惠栋之长,而更加以发挥。"②黄说亦甚为允恰。惠栋、戴震二人之学,在相通中,实亦有着各自的不同。

### (一)戴震信古求是

我们也可从二者对《诗经》的研究实践中窥其不同。戴震曾云:"仆情僻识狭,以谓信古而愚,愈于不知而作,但宜推求,勿为株守。"③此语实际上贯穿于戴震的治诗过程中。《毛诗补传》纠正毛传、郑笺的实例就不胜枚举,如《诗经·召南·小星》二章戴震释"抱衾与裯"中"裯"毛传释为"禅被也",郑笺释为"床帐也",

---

① 章太炎《检论·清儒》,《章太炎全集》第三册,第 156-157 页。
② 黄顺益《戴震与惠栋的学术关系》,《孔孟月刊》第三十八卷,第 11 期,第 25 页。
③ 戴震《与王内翰凤喈书》,载《戴震全集》(五),第 2236 页。

而戴反对毛、郑之说,认为"裯"当为"短衣也,或谓之汗襦,或谓之袛裯。"①后治《诗》者多从其说,马瑞辰云:"窃谓此诗以裯与衾并举,即袛裯耳。古者夫人御于君,有易燕服之礼,则贱妾亦当易服。裯为亵衣,故与衾同抱。"②马说与戴说一脉相承,当为确论。戴震不仅能冲出旧说之藩篱,又能打破字书、韵书的局限,重视它们而又不盲从,他曾言:"《说文》所载九千余文,当小学废失之后,固未能一一合于古,即《尔雅》亦多不足据。"《毛诗补传》中纠正字书等的误处也不一而足,如《国风·邶风·简兮》三章"左手执钥"中"钥",戴震认为《广雅》注为"七孔"非,当为三孔。③《頍弁》一章"茑与女萝"中"女萝",戴震认为"女萝""菟丝"为二物,"女萝,松萝也,色青。菟丝,色黄赤如金。二草尝蔓连,《尔雅》遂合为一物,非也。"另外,惠栋无门户之见,不轻易否定汉代的成果,如在《杲溪诗经补注》中常有毛传、郑笺与朱熹《诗集传》相比较,相比较后常用"是也"来表示合理观点的肯定,据程嫩生统计,在《杲溪诗经补注》中共出现过 20 次的比较,而戴震在这些地方对三者均作了不同程度的认同与批判,也有很多地方采用了朱熹的说法。由此可见,"不盲目信古、无门户之见"实为戴震治《诗》的最佳注脚④。

(二) 惠栋信古求古

与戴震相比较,惠栋的治《诗》风格就有些不同,惠栋《九经古义·述首》云:"汉人通经有家法,故有五经师,训诂之学,皆师所口授,其后乃著竹帛,所以汉经师之说立于学官,与经并行。五经出于屋壁,多古字古言,非经师不能辨。经之义存乎训,识

---

① 戴震《戴氏诗经考》,载《戴震全集》(四),第 1830 页。
② 马瑞辰《毛诗传笺通释》(上),中华书局,2005 年,第 94 页。
③ 同上书,第 1849 页。
④ 程嫩生《惠栋、戴震治诗中的信古与求是——兼论吴、皖学派分帜问题》,《社会科学战线》,2005 年第 6 期。

字审音乃知其义,是故训不可改也,经师不可废也。"此思想贯穿于惠栋的具体训诂实践中。"重视家法师承"是惠栋治《诗》的一个显著特点,如"采采卷耳"条下,惠栋引《经典释文·序录》之语:"孟仲子传根牟子,根牟子传赵人荀卿子,荀卿子传鲁人大毛公。"惠栋考证荀子授学于鲁国毛亨,毛亨作《诂训传》于其家,后被河间献王得而献之。在惠栋看来,毛传可信,源于荀卿,以荀证《诗》,发明毛传,则不为虚妄。故惠栋对荀子之说极为推崇,《毛诗古义》中屡屡引用,如"既醉"条下,惠栋认为《传》误训该篇"永锡尔类"中"类"为"善也",并引用《荀子》及注来作为佐证:"荀卿子《礼论》曰'礼有三本:天地者,生之本也;先祖者,类之本也。'注云类,种。""如匪行迈谋,是用不得于道"条下,惠栋云"《荀子·劝学》云《诗》云'匪交匪纡,天子所予',今《采菽》诗上'匪'字作'彼',或古'匪''彼'通用"。此实为惠栋对荀子与今本所作的调停之说。

"以古为尚"是惠栋训诂的另一显著特点。我们在第四章第四节已有详细的考证。从惠栋具体的治《诗》实践来看,亦有此特点。惠栋对引用例证的年代远近颇为讲究,历来为经学家所不重视的《吕氏春秋》由于年代较远,故也可侧立于经书传记之旁,如《邶风·简兮》"有力如虎,执辔如组"条下,惠栋云:"《吕氏春秋》曰:"《诗》曰:'执辔如组。'孔子曰:'审此言也,可以为天下。'子贡曰:'何其躁也?'孔子曰:'非谓其躁也,谓其为之于此,而成文于彼也。'圣人组修其身,而成文于天下矣。大毛公与吕氏同时盖皆有所受之也。"又如《桧风·素冠》:"棘人栾栾兮。"毛传:"棘,急也。"惠栋认为"棘"是古"瘠"字,他最直接的证据是《吕氏春秋·任地篇》:"肥者欲棘。"高诱曰:"棘,羸瘠也。《诗》云'棘人之栾栾'。"

梁启超述及吴派时又云"凡古必真,凡汉皆好",其"凡古必真"一语用于惠栋虽有所偏颇,但较为接近实事;而"凡汉皆好"一语就显得不甚妥当,于上可见,惠栋对汉儒之说也不尽从,不过其作驳斥时,往往依据的是更古材料。由以上所论不难发现,惠栋与戴震二人治学确实有别,梁启超所言"吴派信古,皖派求是"一语,较为近实地揭示出惠栋与戴震为学的不同。

### 三、惠、戴训诂不同的缘由

惠栋、戴震二人之学,在相通中,又有各自的特殊性,这主要的原因有二[①]:

其一,地域文风濡染所致。吴地为东南文薮、哲人蔚起之地。到明清之际,学者们对宋以来儒者荒废经学、奢谈心性的行为常常予以不齿或批评。明代昆山的归有光言:"盖汉儒谓之讲经,而今世谓之讲道。夫能明于圣人之经,斯道明矣。道亦何容讲哉?凡今世之人,多纷纷异说者,皆起于讲道也。"[②]明清之际常熟人钱谦益也有"圣人之经,即圣人之道""欲正人心,必自反经始;诚欲反经,必自正经学始"之论,并批评宋儒"宋之学者得不传之学于遗经,扫除章句,而胥归之于身心性命"[③]。惠栋的学术正渊源于吴地的好博雅、重经术的这一风潮而来。而反宋复古也成了惠栋学术的基调。

戴震为安徽休宁人,徽歙一地学者在清初十分重视朱子之学,如江永《礼书纲目·序》云:"盖欲卒朱子之志,成礼乐之完书,虽僭妄有不辞。"又在《近思录注》序云:"道在天下,亘古长存。自孟子后,一线弗坠。有宋大儒,起而昌之,所谓'为天地立

---

① 参考黄顺益《惠栋、戴震与乾嘉学术研究》第五章第一节,台湾中山大学博士论文,1998年,第161-172页。
② 归有光《震川集》卷九,《四部丛刊初编》本,集部。
③ 钱谦益《牧斋初学集》卷二十八《新刻十三经注疏序》,上海古籍出版社,2009年,第850页。

心,为生民立命,为往圣继绝学,为万世开太平',其功伟矣。……永自龀岁,先人授以《朱子遗书》原本,沉潜反复有年。今已垂暮,其学无成,日置是书案头,默自省察,以当严师。……晚学幸生朱子之乡,取其遗编,辑而释之,或亦先儒之志。"郭在贻先生也曾对朱熹的训诂学给予过很高的评价,"宋代在经学方面集大成人物朱熹,同时也是在训诂学方面能够加以变革的代表人物。朱熹著述宏富,重要的有《四书集注》《诗集传》《楚辞集注》等。朱熹注书,不默守旧注,不规矩于零词碎句,而能会通大意,简洁明了,无诘诎繁碎之病,为训诂学放一异彩"①。戴震在注重考据的同时,又能求其会通,正与朱子治学旨趣相同。所以黄顺益总结说:"戴震之学的起脚点,正源于徽州一地尊朱述朱的气息。"②

其二,时代变迁所致。惠栋生于康熙三十六年(1697),那时正是清初诸大儒相继谢世,学术界趋于沉寂之时。黄顺益言:"惠栋虽自弱冠即知尊尚古学,但在学术上他却是'求一殚见洽闻同志相赏者',四十年来而未得。他'上追汉经师,授受欲坠未坠蘸蕴积久之业,而以授吴之贤俊后学,俾斯事逸而复兴'。使后人'可以见汉代传经之崖略',正是他掌握了'古学未兴,道在存其古','学当以伪乱真'的时代脉动,也是他有功于学术者"③。戴震出生于雍正元年,在扬州结识惠栋时,吴地尊汉崇古的文风,已经由钱大昕、王鸣盛、纪昀、王昶、朱筠等人扩散至北京。其后,朱筠、朱珪兄弟更将尊汉崇古之风,拓展至西北。迨乾隆三十八年(1773),皇帝下诏修《四库全书》,位于翰林院内由纪昀主持的四库馆开以前,钱大昕、纪昀、朱筠等人,也常借着

---

① 郭在贻《训诂学》,载《郭在贻文集》第一卷,中华书局,2002年,第581页。
② 黄顺益《戴震与惠栋的学术关系》,《孔孟月刊》第三十八卷,第11期,第26页。
③ 同上。

主持典试科考的机会,提拔喜好考据的学子,并于彼此交往之间,相互推荐,共同提携。尊汉崇古的考据之学,既与利禄扯上关系,一时之间乃发展为学术主流,"江南千余里中,虽幼学鄙儒无不知有许、郑"①。戴震中年入都,正是个古学大兴之时,在学术上求通,乃成为一种时代的课题。通是一种识,是在"证之以实"的基础上,加以选择、分析、判断乃至创新的一种功力与学养。戴震在治学上,有谓"信古而愚,愈于不知而作,但宜推求,勿为株守",并主张学当求"十分之见",所反映的也是一种学术发展的需求。

总而言之,戴震生前推崇惠栋之学,并为其说传衍做了诸多的工作,所以不论训诂宗旨、训诂方法、训诂理路,二者都有相契合之处。戴震对于惠栋之学,既有所承续,也有所发展。惠栋求古,戴震求是,其实都是时代的体现,本身并无价值高低优劣的不同。乾嘉学术的训诂格局,是惠栋、戴震一先一后建立起来的。掌握惠栋、戴震的学术纲领,弄清惠栋、戴震学术的异同,对我们了解乾嘉学术的精神、本质与内涵,极有帮助。

## 第二节　惠栋学术群体训诂述论

惠栋之学,意在溯源求古。他以还古籍文献的原貌为目的,从而一生致力校雠、版本、辨伪、注疏之学。先有弟子余萧客、江声成为传衍惠学的中心外,后又有沈彤、朱楷、王昶、王鸣盛、钱大昕等先后羽翼之。流风所被,海内人士无不重通经,无不知信古,四方士大夫过吴门者,也无不以不识惠栋为耻。惠栋的学术

---

① 焦循《雕菰集》卷一三。

产生了巨大的影响,在他的倡导下,研究经学者竞以考据为好尚,相与粹励精进,一时之间,经师辈出,成为一代思潮。而与经学有关的学科,如小学、史学、天算学、律历学、地理学、音韵学、金石学、目录学等,也因之而发达。至乾嘉、道光之际,惠栋再传弟子江藩有《周易述补》一书,以续惠栋的《周易述》;而江藩弟子黄奭有《尔雅古义》,以补惠栋《九经古义》中缺《尔雅》一书,这都与惠栋"独抱遗经,远承绝学"一脉相承。以惠栋为核心所形成的学术群体,支伟成于《清代朴学大师列传》中列有:钱大昕、沈彤、江声、余萧客、江藩、王鸣盛、孙星衍、洪亮吉、王聘珍、汪中、李惇、宋绵初等。黄顺益指出:"此一学术群体,擅长经史,博闻强记,勤于汇集古注佚文,所治之学多尊从汉儒某一家之言,详辨而明证,表现着博涉详考的特色。"[①]

## 一、钱大昕训诂述论

钱大昕,字晓征,号辛楣,又号竹汀,晚号潜研老人,江苏太仓嘉定县人。钱大昕不是惠栋的入室弟子,他们是亦师亦友的关系,一般言及吴派,也将其列入其中。钱大昕在《潜研堂文集》卷三十九《惠先生栋传》中,也仅仅叙述了惠栋的学术,并没有涉及他与惠栋的师承关系,在为惠栋作《古文尚书考》的序中,他说:"今士大夫多尊崇汉学,实出先生绪论,……予弱冠时谒先生于泮环巷宅,与论《易》义,更仆不倦,盖谬以予为可与道古者。忽忽四十余载,椠书犹在,而典型日远,缀名简末,感慨系之。"[②] 在此,钱大昕对惠栋深切怀念,"以后辈礼事前辈,执经问难"。所以,钱大昕的训诂实践明显地受到了惠栋的影响。总结起来钱大昕的训诂成就有:

---

① 黄顺益《惠栋、戴震与乾嘉学术研究》,台湾中山大学博士论文,1998 年,第179 页。
② 陈文和主编《嘉定钱大昕全集》(九),江苏古籍出版社,1997 年, 第 369 页。

文字学成就，主要表现在他对于《说文》的研究上。他揭示了诸多《说文》体例：有"《说文》连上篆字为句"例，并解决了诸多释义的难题。比如《说文》"参"字条云："参商，星也。"当时的许多学者常常把句子断为"参，商星也"。钱氏不同意这一句读方式，强调："参商二者连文，以证'参'之从晶，本为星名，非以商训参。承上篆文'参'，故注不重出。"①因为参星在西方，商星在东方，而《说文》居然将'参'解释为商星，何以许慎连这一天象常识也不懂？如果不了解《说文》"迭正文者承篆文连读"的体例特点，就很有可能发出"何昧于天象乃尔"的感慨，甚至连顾炎武这样著名的学者也会误会许慎。后段玉裁维持了原来的句读，但主张"商当做晋"。另外，钱大昕发现了《说文》以"读若"式训语代替本字的行文体例。他说："汉人言'读若'者，皆文字假借之例，不特寓其音，并可通其字。"如《说文》云"𨛳"读若"许"，钱氏考证曰："《诗》'不与我戍许'，《春秋》之许田、许男，许冲上书阙下，不必从邑从无也。"又如，《说文》云"琇"读若"淑"，钱氏考证曰："《尔雅》'璋大八寸谓之琡'，即'淑'之讹，不必从玉从寿也。"在钱氏看来，"许氏书所云'读若'，云'读与同'，皆古书假借之例，假其音并假其义，音同而义亦随之，非后事譬况为音者可同日而语也"。② 钱氏的这一论点，基本上是正确的，但也有过于绝对之嫌。实际上，汉人言"读若"，有时仅用于注音，不一定都是假借。

乾嘉诸儒治经，几乎都从文字音韵入手，"由声音文字以求训诂，由训诂以寻义理"，是当时普遍为训诂学家所遵循的治学门径。钱大昕于音韵学有精湛的造诣，并以之为工具而治经和治史。有别于清代其他治古音的学者，钱大昕注意对别人多未

---

① 钱大昕《答问八》，载《潜研堂文集》卷十一。
② 钱大昕《古同音假借说》，载《嘉定钱大昕全集》，江苏古籍出版社，1997年，第43-44页。

接触的古声钮的探究,从而发现诸多上古声钮的变化现象。钱大昕指出上古汉语中,没有轻唇音,"凡轻唇之音,古读皆为重唇",其论证在《十驾斋养新录》卷五。又指出"古无舌头舌上之分,知、彻、澄三母,以今音读之,与照、穿、床无别也,求之古音,则与端、透、定无异"。另外,他认为"古人多舌音,后代多变为齿音",钱大昕这些发现,都可谓凿破浑沌之说。另外,钱大昕在古音学上,还有晓、匣、影、喻四母似不分别的说法,也有一定的道理。

就训诂内容言,钱大昕训诂最突出的特色为重视史学、主张经史并重。中国学术发展到宋明,学者讲求心性,常常贬低史学,他们或"诃读史为玩物丧志",或谓"读史令人心粗"等。至乾嘉之世,由惠栋开治史的风气,他以治经的方式为《后汉书》《左传》作注,有《后汉书补注》《左传补注》问世。钱大昕继承惠学,认为"学者但治古经,略涉三史,三史以下茫然不知"。他不贬低经学,认为经史应并列,并身体力行,转而将主要的精力,用于史学的研究。钱大昕以治经的方法治史,他利用经学、小学、天文、舆地、制度、金石、版本,诸专门之学为基础,旁征博采,反复考订。他的《廿史考异》《元史艺文志》《元史氏族表》等著作,在学术界均起了转移风气的作用,也直接推动了乾嘉史学的发展。

在训诂方法上,钱大昕能够将文字、音韵、训诂三者融会贯通,体现了小学研究全局审视和宏观把握的可贵意识。例如,他对"埻"与"塾"二字的关系进行了讨论:"《后汉书》:'王莽令天下乡亭皆画伯升像于塾,且起射之。'《东观记》《续汉书》并作'埻',则'埻'即'塾'也。《说文》'埻'从土,辜声。辜读如纯,纯、塾声相近,故'塾'亦从'辜'得声。埻者,射臬之名,古之男子无不习射,故常设埻于门侧,而堂以是得名。后儒不通古音,误分'埻'

'塾'为两文,而音读亦异。徐铉又于土部增入'塾',世遂无识'埻'字者矣。"①在这里,钱氏运用考异文、考古音两种方法,发现了"埻""塾"因发生音变而误分为两字的现象,指出因徐铉失察而误增入"塾"字,使后人难以了解文字的历史变迁。

## 二、王鸣盛训诂述论

王鸣盛,字凤喈,一字礼堂,自号西庄,晚年改号西沚,江苏仓州嘉定县人。生于康熙六十一年(1722),卒于嘉庆二年(1797),年七十六。乾隆十二年(1747),乡试,以五经中式。会试不第,客游苏州,与王昶、钱大昕同游沈德潜门下,又与惠栋讲经义,以师礼相待。乾隆十九年(1755),与钱大昕、王昶、纪昀、朱筠等同登进士,授翰林编修。他受惠栋影响亦崇尚汉学,主要著述有《十七史商榷》《尚书后案》《蛾术编》等。其在训诂上和惠栋表现出一脉相承性。

惠栋治学标举汉帜,他将汉代经师之说的地位,提高至与经并重的地位。王鸣盛受其影响,在论及历代学者的治学时也说:"两汉尊师法",又谓"自唐中叶以后,凡说经者,皆以意说无师法。夫以意说而废师法,此夫子之所谓'不知而作也'"②。王鸣盛之训诂,大抵遵循惠栋之理路,以汉儒为宗,他甚至认为"经文艰奥难通,但当墨守汉人家法,定从一师,而不敢他徙"③。王鸣盛平生治学,奉郑玄为宗旨,所著有《尚书后案》三十卷(附《尚书后辨》二卷)、《周礼集》二十四卷、《西庄始存稿》三十卷等。

惠栋治学既言应尊信汉儒经说,强调由古文字入手,重视声音、训诂,以求经书的意旨。在这方面,王鸣盛亦持相同的看法。他以

---

① 钱大昕《答问八》,载《嘉定钱大昕全集》,江苏古籍出版社,1997年,第167-168页。
② 王鸣盛《十七史商榷》(上),上海古籍出版社,2013年,第294页。
③ 同上书,第1页。

为"经以明道,而求道者不必空执义理以求之也。但当正文字、辨音读、释训诂、通传注,而义理自见,而道在其中矣"。又以为"小学为经之根本,自唐衰下讫明季,经学废坠千余年,无人通经,总为小学坏乱,无小学自然无经学"①。王氏所说与惠氏一脉相承。

  王鸣盛的训诂成就,主要表现在他的《尚书后案》《十七史商榷》及《蛾术编》三部著作上,这三部著作正好代表了他在经学、史学、小学方面的成就。《尚书后案》是一部存郑玄之说的辑佚之作。全书以今传二十九篇为真古文,篇各为卷,遍考群书,包括经传注疏、史书文集旧注及类书笔记,凡一百三十一种,勾稽已佚的郑注,若郑注已佚,则采马、王注补之,并都注明材料出处,又作案语以释郑义。此外,还兼采孔传及孔疏以补阙或备参,而于宋人及以后的注疏,则一概摒弃不取。《十七史商榷》是王鸣盛校订十七史的考证之作,也是其用毕生精力所作。在具体的内容上有史文校勘、考释典制事迹与考评史家得失。钱大昕评《十七史商榷》,谓王鸣盛此书"主于校勘本文,补正讹脱,审事迹之虚实,辨纪传之异同,于舆地职官、典章名物,每致详焉,独不喜褒贬人物,以为空言无益实用也。"②。钱氏对其考证的功夫极其推崇,评价也十分得当。《蛾术编》是王鸣盛于四十二岁辞官后,隐居苏州以后撰写的一部读书和考证的札记。分九十五卷,共分十目:说录、说字、说地、说制、说人、说物、说集、说刻、说通、说系,范围涉及经、史、子、集,内容包括书录解题、文字、音韵、训诂、名物、制度、地理、人物、金石等方面的考证。全书旨在发扬郑学,于古文献研究的资料多所补苴、订误,"援引博瞻""网罗繁富",是当时许多人对这部书的评价。

---

  ① 王鸣盛《蛾术编》卷一"史汉叙列五经行次多误皆传写刻镂之讹"条,上海书店出版社,2012年,第6页。
  ② 钱大昕《西沚先生墓志铭》,载《嘉定钱大昕全集》(九),江苏古籍出版社,1997年,第794页。

### 三、江声训诂述论

江声,本字鳣涛,后改字叔澐,号艮庭,江苏吴县人,生于康熙六十年(1721),卒于嘉庆四年(1799),享年七十九岁。年三十五,拜惠栋为师。读惠栋的《古文尚书》及阎若璩《古文疏证》,乃知《古文》及《孔传》为晋人伪作。又认为唐贞观时为诸经作正义者,自《诗》《礼》《公羊》外,皆取晋人后出之经,而汉儒专家诸说反而不传。因惠栋已作《周易述》,搜讨古学,乃亦用自注自疏的家法,撰《尚书集注音疏》十二卷,以存今文二十九篇,而别梅氏上二十八之伪造。另有《尚书逸文》二卷。除《尚书》之外,江声亦精小学,撰有《六书说》一卷,其说转注,以五百四十部为建类一首,以凡某之属皆从某为同意相受,实发前人所未发;又参补《惠氏读说文记》,并有《释名疏证》八卷、《补遗》一卷、《续释》一卷之撰。此研究范围及著述体例均沿袭惠栋而来。

在经学的研治上,江声主要的成就在于《尚书集注音疏》的撰述上。此书主要发挥汉儒之学,专释真古文二十九篇,经过四易书稿,积十余年而成。书中以汉人之注为主体,凡伏生、马融、郑玄、许慎之说皆择要引入,还旁采他书之涉及《尚书》者以增益之。采《经典释文》的体例,在经文及注下注音。书中引据古文,具有根底。书末附《尚书集注音疏·述》,对于《尚书》传、注之变迁与今古文之纠纷,叙述较为明晰。此书仿效惠栋《周易述》自注自疏的体例,他说:"吾师惠松崖先生《周易述》,融会汉儒之说以为注,而复为之疏,其体例固有自来矣。声不揆梼昧,综核经传之训故,采摭诸子诸家之说,与夫汉儒之解以注《尚书》……庶无负昔闻之师说云尔,敢窃比先师之《周易述》,晞附著作之林哉?"[①]本书保存

---

① 江声《尚书集注音疏》后跋,清《皇清经解》本。

了不少汉人的学说,具有相当的史料价值。

　　读书贵识字,字明而理亦明。江声精研小学,其成就主要表现在《六书说》的撰述以及对于惠栋《读说文记》的参补上。《六书说》一卷,全文不足两千字,其中所论"转注"一书,谓"《说文解字》一书,凡分五百四十部,其分部即'建类'也;其始一终亥,五百四十部之首,即所谓'一首'也";又谓"凡某之属皆从某者,即同义相受也"①,颇能发前人所未发。江声以部首与其属字为转注,其说是否合于许慎六书说解的本意,虽然仍有待商榷,但他能注意到对六书理论的探讨,亦可见其由识字而解经的用心。另外,惠栋、惠士奇父子校勘《说文》的随手札记,江声将其整理成《惠氏读说文记》一书,并为之做了参补。参补的内容或用经史子集原文以证字之本义、别义;或说明字的正体、或体;或说明字之古音,为后人阅读《说文》提供了许多方便②。

### 四、余萧客训诂述论

　　余萧客,字仲林,别字古农,江苏吴县人。青年时曾问学于惠栋,遍览群书,凡唐以前解经、史传、类书,以至佛道经藏,无不旁搜博览。他治经本惠栋之说,尊信汉唐古训,积极提倡古学,发扬惠派学风。他的主要代表作有《古经解钩沉》三十卷、《文选纪闻》三十卷、《文选音义》八卷等。

　　《古经解钩沉》既是一部辑佚书,同时又是一部优秀的校勘著作。根据本书自序,知其创始于乾隆二十四年(1759),成稿于乾隆二十七年(1762),历时四年,昼夜手录,用力精勤,他在《古经解钩沉》后序中言:"壬午二月,目疾甚,百方自疗。四月未尽,

---

① 江声《六书说》,载钱基博编《国学文选类纂》,上海古籍出版社,2012年,第36页。
② 台湾阙育铃硕士论文《惠栋〈读说文记〉研究》,对江声参补中的内容做了详尽的整理与研究,可参看。

复转入虚损,头不得俯,不得回顾,行不得盘旋,回顾盘旋,眩晕耳鸣,辄通夕不止。……壬午夏五,扶疾缮写。八月,书二十九卷毕。"①余萧客自述其这部书名曰"古经解钩沉",谓"言古以别于现行刊本,言经解不言注疏以并色异同,钩沉则借晋杨方《五经钩沉》之名"②。由此可见,此书是借晋杨方《五经钩沉》一书为名。江藩指出此书的特色为"凡采自周迄唐以前诸训诂,旁及史传类书,悉著其目;以传从经,钩稽排比,一一各著其所出之书;又经文异同,并以北宋本参校,以正明监本之失。摭拾蒐罗,颇为勤备"③。江氏所言甚是。但书中也不免有疏漏之处,正如《四库全书总目提要》所指出:"至梁皇侃《论语义疏》,日本尚有全帙,又唐史征《周易口诀义》,今《永乐大典》尚存遗说。是书列皇氏书于佚亡,而史氏书亦未采。盖海外之本,是时尚未至中国,而天禄之珍,庋藏清秘,非下里寒儒力所能睹也。然经生耳目之所及者,则捃摭亦可谓备矣。"④这个结论还是比较客观的。

## 第三节　戴震学术群体训诂述论

戴震博学而专精,他在学术上是一个早熟而卓有成就的人。二十二岁写成《策算》,二十三岁写成《六书论》,二十四岁写成《考工记图》,二十五岁写成《转语》,三十岁写成《屈原赋注》,三十一岁写成《诗补传》,三十二岁入都以后,结识王昶、王鸣盛、纪昀、朱筠等学者。三十五岁结识惠栋,对惠栋之学的"直上追汉经师授受,欲坠薶蕴积久之业,而以授吴之贤俊,俾斯事逸而复兴",推崇备至,并继承惠栋以训诂治经的蹊径,据以提出了他的

---

① 江声《古经解钩沉》后序,中华书局,2006年,第1420页。
② 同上书,前序,第1页。
③ 江藩著,漆永祥笺《汉学师承记笺释》(上册),上海古籍出版社,2006年,第232页。
④ 唐鉴著,李健美校点《唐鉴集》,岳麓书社,2010年,第667页。

"故训明则古经明,古经明则贤人圣人之理义明,而我心之所同然者,乃因之而明","贤人圣人之理义非它,存乎典章制度者也"的著名主张。可贵的是,戴震不仅能融惠学为己有,还能进一步发展惠学,入惠学而能出惠学,不以诸经训诂自限,而启示后人以"君子务在闻道",通经以明道,而非"徒守先儒而信之笃"。以戴震为核心所形成的学术群体,据章太炎《检论·清儒》所列有:金榜、程瑶田、凌廷堪、胡匡衷、胡培翚、任大椿、卢文弨、孔广森、段玉裁、王念孙、王引之,以及时代较晚的俞樾和孙诒让等。他们从各方面继承了戴震学术的衣钵,其中段玉裁、王念孙、王引之、程瑶田传承了戴震在音韵训诂、名物考证方面的衣钵。

### 一、段玉裁训诂述论

段玉裁,字若膺,号懋堂,江苏金坛人,生于雍正十三年(1735),卒于嘉庆二十年(1815),享年八十一。年十三补诸生。乾隆二十五年乡试中试。乾隆二十八年,初识戴震,心慕其学,屡请正师弟之称,至乾隆三十四年,乃如愿执贽戴震门下,学问大进。后曾任贵州玉屏知县、四川巫山知县,任职之余,著述不辍。乾隆四十七年,以亲老引疾归乡,专心从事著述,键户不问世事三十余年。

段玉裁的训诂成就,主要表现在经学和小学上。就经学而言,段玉裁有《古文尚书撰异》《毛诗故训传定本小笺》《诗经小学》《周礼汉读考》《礼仪汉读考》《春秋左传古经》等著作。《古文尚书撰异》将今文二十八篇析为三十一篇,加上《书序》,每篇各一卷;以句尾条目,共分1 158条,遍引群籍,校释《尚书》,又借《尚书》遍校群籍。段氏凭着深厚的小学功底和广博的文献知识旁征博引、洞察幽微、分别今古字、是正文字,其精理要义,层出不穷。如《尧典》"教胄子"条段氏指出:古文《尚书》作"胄子",今文《尚书》作"育子",然后举群书来证明:段氏引用了四个例证来证明今文"育":一,扬雄的《宗正箴》作"各有育子"。二,《史记·五帝本纪》作"教鞠子","鞠"与"育"通。三,《说文》"育"字下引《尚书》作"教育子"。四,《周礼·大司乐》郑玄注引《尚书》作"教育子",陆德明《释文》:"育音宵,本亦作宵。"以上是段氏清理"胄"今文作"育"。对于古文《尚书》作"胄",段氏解释言:"《尧典》'教胄子',《释文》:'胄,直又反。王云:胄子,国子也。马云:胄,长也。教长天下之子弟。'"由于陆德明以王本作音义,王本、马本作"胄",则郑本也作"胄",马融、郑玄、王肃三人的《尚书》注都作"胄",而三人又都宗法古文。段氏又引《礼记·王制》郑注:"《虞书》曰:'夔,命汝典乐,教胄子。'"这就进一步证成《尚书》郑注应作"胄"。另外,《释文》之"本亦作胄",也是古文作"胄"的证据。段氏最后指出,育与胄二字音义相通,因为"育"从"肉"得声,"胄"从"由"得声,"肉""由"同部;《尔雅·释诂》"育"训长,训养,《尚书》马融注"胄"为长,注"教胄子"为教长天下之子弟,而许慎认为养之使从善,义正相合。其他或训为稚子,或训为国子,则又是子弟可长、可养的推演。① 经过遍引群书,理出了古文"胄"与今文"育"的不同,只是今、古文的区别,其音义实相通。至此,影响群书出现的文字差异和旧注的纷歧,随之也怡然而理顺。

另外,段玉裁是乾嘉小学的大师,其所撰《说文解字注》,被当时人推许为"千七百年无此作矣","自有《说文》以来,未有善于此书",段玉裁在小学方面的成就,主要表现在这一部书中。此书"以经注许,以郑注许,尤要在以许注许"②,以注文的形式

---

① 段玉裁《古文尚书撰异》卷一下,载《续修四库全书》第 46 册。
② 段玉裁《经韵楼集补编》卷下,《与刘端临第二十三书》,载《段玉裁遗书》,大化书局,1971 年,第 1154 页。

发凡起例，剖疑辨伪，全面而系统地阐明了自己研究古代语言文字学的理论、方法和成果，并发展了"字书、故训、音声未始相离"，"声与音又经纬衡纵宜辨"的治学主张。段玉裁在小学上的成就是多方面的，就文字学说，他注意到了如同"古曰屦，今曰履；古曰履，今曰鞵，名之随时不同者也"的问题，更发现了"古字少而今字多，而义别"的语言发展趋势，因而留意于假借、古今、正俗之辨，如"册"字下段注："《左传》'备物典策'，《释文》'策本又作册，亦作策，或作笧。按策者，策之俗也；册者，正字也；策者，假借字也。笧者，册之古文也。"①段氏亦十分注重词义引申现象，如"髦"，段注："发中之秀出者，谓之髦发。《汉书》谓之'壮发'。马鬣称髦，亦其意也。诗三百'髦士'，《尔雅》、毛传皆曰：'髦，俊也。'《释文》云：'毛中之长豪曰髦，士之俊杰者借譬为名。'此引申之义也。"②"髦"的本义是"毛中之长豪"，其引申义是"士之俊杰者"，二者有相似的特征。他也注意探求词语的命名之由，如"瑁"段注："《玉人》曰：'天子执冒四寸以朝诸侯。'注：'名玉曰冒者，言德能覆盖天下也。'"③段氏引郑注，说明了"瑁"的命名缘由及其象征意义。在古音研究方面，段氏继顾炎武、江永之后愈加精密。他第一个系统地把文字的谐声系统同古诗的押韵情况结合起来进行研究，对古音问题有许多精辟的见解，创获良多。他分古韵为十七部，其中，支、脂、之分部，真、文分部，以及侯部独立等都是他的贡献，尤其"支、脂、之"三部的析分，得到了很高的评价，戴震就曾称誉，认为"支、脂、之有别，此足下卓识，可以千古矣"。

---

① 段玉裁《说文解字注》，浙江古籍出版社，1998年，第86页。
② 同上书，第426页。
③ 同上书，第13页。

## 二、王念孙、王引之父子训诂述论

王念孙,字怀祖,江苏高邮人,生于乾隆九年(1744),卒于道光十二年(1832),年八十九岁。王念孙家学渊源深厚,幼随父王安国入都,有神童之称。为戴震的入室弟子,尤精于声音训诂之学,主要的著作有《广雅疏证》十卷、《读书杂志》八十二卷、《释大》八卷、《古韵谱》二卷等。其子王引之承其学,也以小学名闻天下,故而世称"高邮王氏父子"。王引之,字伯申,生于乾隆三十一年,卒于道光十四年,年六十九。他一生好小学,"用小学说经,用小学校经"。其主要的代表作有《经义述闻》《经传释词》《字典考释》《春秋名字解诂》等。《广雅疏证》《读书杂志》《经传释词》与《经义述闻》四书被称为"高邮王氏父子四种",在清代学术著作中,别树一帜,备受瞩目。

王氏之精在于对字义的考证,而其最重要的方法便是以古音求古义。王念孙云:"窃以训诂之旨,本与声音。故有声同字异,声近义同,虽或类聚群分,实亦同条共贯。……今则就古音以求古义,引申触类,不限形体。"① 梁启超称:"所谓'就古音以求古义,引申触类'实清儒治小学之最大成功处。而这种工作,又以高邮王氏父子做得最精而通。"② 王念孙精通声韵,著有《古韵谱》《合韵谱》。他在顾炎武古韵十部的基础上,进一步分为二十一部,并发展了通假字说。王氏父子将这二者结合起来用于训诂实践,取得了重大成就。如王念孙在《广雅疏证》卷六上"踌躇,犹豫也"的疏中,就指出"嫌疑、狐疑、犹豫、蹢躅,皆双声字。狐疑与嫌疑,一声之转耳",他批评后人未能弄清楚"双声之字本因声以见义",故而"不求诸声而求诸字",以是"误读狐疑二字,

---

① 王念孙《广雅疏证·序》,江苏古籍出版社,1984年,第1页。
② 梁启超《中国近三百年学术史》,天津古籍出版社,2003年,第234页。

以为狐性多疑,故曰狐疑",又以为"犹是犬名,犬随人行,每豫在前,待人不得,又来迎候,故曰犹豫",或又谓"犹是兽名,每闻人声,即豫上树,久之复下,故曰犹豫",或又以"豫字从象,而谓犹、豫俱是多疑之兽",凡此穿凿附会之说,都是受形体所拘而造成的①。王念孙父子在训诂学上,能不为形体所拘,把千载以来不能说清楚的困惑一语道破,并注意到词义学的探究,使得经义更加明确,这对训诂学的发展极有贡献。再如《经义述闻》卷二十"漆姓"条:"防风氏为漆姓。《史记·孔世家》'漆'作'釐'。《索隐》曰:'釐音僖。'《家语》云:'姓漆盖误,世本无漆姓。'引之谨案:'漆'当为'来'。古字'来'与'釐'通,故《史记》作'釐'也。'来'与'㭗'字相似,因误为'㭗',后人又加水旁耳。"为考证防风氏之姓,王引之首先运用古音知识,指出"来"与"㭗"相通,这是问题的关键,否则,就无法从字形学的角度分析"来"与"㭗"的关系。此种考证方法,使人茅塞顿开。梁启超《清代学术概论》中分析道:"然则诸公曷能有此成绩耶?一言以蔽之曰:用科学的研究方法而已。试细读王氏父子之著述,最能表现此等精神。"②这个评价是中肯的。

  王氏父子对于古音研究也有很深的造诣,王念孙的主要著作有《古韵谱》《六书音韵表书后》《答江晋三论韵学书》《与李方伯论古韵书》。小学是说经的基础,而古音学又是研究古代语言文字的基础。王念孙在前人的基础上对于古音有专门的研究,他分古音为二十一部,析支、脂、之为三,真、谆为二,尤、侯为二,此与段玉裁的发明相合,而分至、祭、盍、缉四部,则为段玉裁所未及。其后,王念孙得见段玉裁《六书音韵表》,二人且于乾隆五十四年(1789)会晤于北京,讨论古音,双方所论有合有不合。大

---

① 王念孙《广雅疏证》,江苏古籍出版社,1984年。
② 梁启超《清代学术概论》,上海古籍出版社,1998年,第45页。

抵段玉裁所从者为"侯部自有入声"及"分术、月为二部";而若"月、曷以下非脂之入,当别为一部""质亦非真之入""缉、盍二部则无平上而并无去",则二人仍有争论。从这些争论可以看出王念孙对古音分部的精密。王念孙对古音学的最大贡献是:把至部、祭部、缉部、盍部独立出来。

实事求是是汉儒治学传统,"夫读书者实事求是,千古同之"①,汉人虽云如此,却存在严重的家各一经、经各一师的门户现象。他们的学识皆通过老师口授,所以并没有真正做到实事求是。王氏父子秉汉儒实事求是的学风,又摒弃门户之囿,论学立说,讲求有本之学,注重佐证,无征不信。王引之在《经义述闻·序》中说:"说经者,期于得经意而已。前人传注,不皆合于经,则择其合经者从之;其皆不合,则以己意逆经意,而参之他经,证以成训。虽别为之说,亦无不可。必欲专守一家,无少出入,则何邵公之墨守,见伐于康成者矣。故大人之治经也,诸说并列,则求其是,字有假借,则改其读,盖孰于汉学之门户,而不囿于汉学之藩篱者也。"就识断而言,他们不仅摒弃心学的凿空,也不取以惠栋为代表的汉学之株守,主张不专一家,实事求是。王念孙说:"自元明以来,说经者多凿空,而矫其失又蹈株守之病。"王引之则批评惠栋"考古虽勤,而识不高,心不细,见异于今者则从之,大都不论是非。"他们一扫唐以来学人"疏不破注"的原则,治经以合经之本意为旨,每有创新,令人豁然。如《经义述闻》卷十六"好实"条:"《哀公问》:'今之君子,好实无厌。'郑注曰:"实,犹富也。"引之谨案,《说文》:'实,富也。'此言好食无厌,则实谓货财也。《表记》:'具君子尊仁畏义,耻费轻实。'郑彼注曰:实,谓财货也。文十八年《左传》:'聚敛积实,不知纪极。'《楚

---

① 江藩著,漆永祥笺《汉学师承记笺释》(上册),上海古籍出版社,2006年,第1页。

语》:'令尹间蓄聚积实。'韦、杜注并曰:'实,财也。'皆与此'实'字同义。此对上文'古之君子与民同利'而言。《大戴》作'好色无厌',乃后人不知古义而妄改之。"王引之首先肯定"实"有"富"义,紧接着指出《礼记·哀公问》中此"实"字不当作"富"解。他不迷信经典注释郑注,而是从具体的语言环境出发,从众多的古语言材料中找到证据,证明了"实"为"货"之意,终于得经之本意。

### 三、程瑶田训诂述论

程瑶田,字易田,号让堂,安徽歙县人。生于雍正三年(1725),卒于嘉庆十九年(1804)。他与戴震有着深厚的友谊,时常在一起切磋学问。据民国《歙县志》载,程瑶田曾与戴震"俱学与江永,学乃大进"。他在《五友记》一文中写道:"吾与东原交几三十年,知东原最深","每论当世士,可交而资讲习益者,余曰'戴东原'。"程瑶田终生勤学,孜孜以求,长于旁搜曲证,凡礼制、考据、训诂、象数、水地、音韵、名物等,都有深入研究,所撰《通艺录》收其著作24种,共42卷,近百万言,包括《禹贡三江考》《九谷考》《考工创物小记》《释宫小记》《磬折古义》《释草小记》《螺蠃转语记》等。在学术上受戴震的影响较大。其训诂成就主要表现在名物考证和语源研究上。

程瑶田考证名物的一个突出特点是把考古实物与文献记载结合起来,这与惠栋训诂征引出土文献考证词义也是相通的。他言:"考定之事须得多见古物,以彼此错证而互明之。"郭沫若对此评价极高:"清人程瑶田,中国近世考古学之前驱也。其学即主于以存世古物以追考古制,所得发明特多……程氏所考之事物亦能力轶前人而别开生面。"[1]程瑶田在《考工创物小记》

---

[1] 郭沫若《殷周青铜器铭文研究》,科学出版社,1961年,第187页。

中,处处根据古实物来训解名物,如对"辖"的说解:"余疑郑氏贤軓之说,大小两穿,围径相悬。窃据记文,断以贤軓归于饰毂。然毂内端函轴之处,其径四寸四分,有其度矣。而毂外端轴末安辖处,既不凭注小穿之说,而于《记》别无明文,安能凭空立算而知其围径乎?灵山方补堂藏古铜器一事,戴以兽首,首下为枘,今尺厚二分,广三之,长九之。首接枘处,面背并为偃月形。持以问余,余曰:'此车辖也。'为偃月者,盖与轴凹凸相函者也。依其偃月规之,度以今尺径二寸二分,于古尺约三寸六分也,以为轴末安辖处之围径。虽与其四寸四分者有大小之殊,然与注所拟小穿之径,教宽一寸三分四厘矣。"①程氏此处运用古铜辖来推论古车轴末安辖围径的尺寸,以纠正郑注的误说。他在《考工创物小记》中还根据20多件古戈和12件古戟,考证了戈和戟的形制。除戈、戟外,程氏还运用了耒、锄、矛、爵、斧、钟、鼓、磬等古实物,对郑注正确的说法进行了验证,错误的说法给予了纠正,模糊的说法进行了申述,从而使文义"疏通而证明之"。

程瑶田还有一种方法值得称赞,那就是"目验"。他在《释虫小记》中强调"陈言相因,不如目验"。因为自己关于"螟蛉""果蠃"的研究成果和陶弘景、范处义以及汉魏诸儒之说不同,他整整目验了三年,最后得出结论:"若夫螟蛉、果蠃,古今同然一辞;今人之异闻,由皆得之目验。而乡民口中流传相受,其所从来亦远矣。"此外,他撰写《释草小记》《释兽小记》《九谷考》等,也都是在利用文献数据相互印证后,又经目验加以证实,把文献和调查研究结合起来。在清代,学者十分讲究用这种方法来考释名物,如段玉裁在《说文解字注》中对"樗"的说解:"昔在西苑万善殿庭中曾见其树,叶似栎而不似枣,其实似栎而小如指头。"又根据自

---

① 程瑶田《通艺录》,载《丛书集成续编》第165册,上海书店出版社,1994年,第292页。

己以及别人调查来的材料,说明"樿枣""羊矢枣""楰枣""牛奶枣"等五种名称实指一物。段氏精辟地揭示:"凡物必得诸目验而折衷古籍,乃为可信。"①

从历史发展来看,语源学萌芽于先秦两汉的"声训",发展为近古的"右文说",又演变为清代的"语转",到清末成为系统的学科。清代前期的学者大多借助于语源学方法来研究名物,主要是依据郑玄的声训模式,进行单字间的推源或系源。程瑶田的语源学方法,突破了汉字形体的拘牵,进行字族的群体系联,使语源探求从训诂学中独立出来,成为一门具有科学理论指导的学科。戴震第一个阐述了音转的理论,他与程瑶田同师从于江永,故而程氏从戴氏身上得到启发,将语转理论在同一义类的名物词演变上做了初步探讨,写出《螺蠃转语记》一文。他指出:"双声迭韵之不可为典要,而唯变所适也。声随形命,字依声立;屡变其物而不易其名,屡异其文而弗离其声。物不相类也,而名或不得不类;形不相似,而天下之人皆得以是声形之,亦遂靡而弗似也。""凡草木鸟兽虫鱼之名,绝代别国之异语方言,由经典之所载,以至俚巷之歌谣,苟为双声迭韵之转者,无不触类旁通。"②故程氏以"果蠃"一词为基点,系联了二百多个与音义有关的联绵词。

当然,从音韵学的角度来看,《果蠃转语记》没有明确综合音转的条例,且其所转之语也颇嫌宽泛。但是程瑶田的研究与戴震、段玉裁等随文释义的单字间系源或推源不同,他实践了一个词源研究的独立形式。这种形式给后人以深刻的启示:旧的形式就词源系统而言,不过是训诂材料。科学的语源学,必然在"先借疏证古书之机会以搜集材料",材料具备之后,进行科学的

---

① 段玉裁《说文解字注》,浙江古籍出版社,2002年,第239页。
② 胡朴安《中国训诂学史》,上海书店出版社,1983年,第147页。

综合,"以成一有系统之学说"①。程氏在《九谷考》《释虫小记》《释草小记》等著作之后著《果臝转语记》,正是使散篇考据中的语料系统化,实现了名物训诂范式的创新。

---

① 沈兼士《沈兼士学术论文集》,中华书局,1986年,第96页。

# 第七章　惠栋训诂的贡献与不足

余英时先生认为任何一个新学术系统的创始人均有两个特征："一，在具体研究方面，他的空前成就对以后的学者起着示范作用；二，他在该学术领域之内留下无数的工作让后人接着做下去，这样便逐渐形成了一个新的研究传统。"①惠栋在清代训诂学史上的地位亦是如此。他的治学主张与训诂实践不仅为此后乾嘉学者的训诂活动做出了表率，更为可贵的是，他在训诂领域中的开创性研究，为后来的学者引领了方向并打下了基础。如，惠栋著《明堂大道录》"对于古制专考一事，泐成专书者始此"②，后继者"泛滥益广"，使典制制度一科，在清代成为绝学。在音韵学上，惠栋提出"犕，古服字，孟喜作犕，今从之……《说文》猷也，或作鞴，古音通也"，对钱大昕提出"古无轻唇"的说法起了一定影响。另外，孔广森等人提出的"阴阳对转"说，在惠栋时也有发明③。在学术史上评价一位学人功绩的依据，往往并不在于看他能否解决问题，而是看他们提出问题的识断。从这个意义上说，虽然在一些专门的研究上，惠栋没有达到后来一些学者的专深与高度，但是，他以毕生脚踏实地的学术追求及提出的各种建设性问题的学术识断，使"吴之贤俊后学，彬彬有汉世郑重其师承之意"④，惠栋的学术地位与成就应当被给予高度的关注。在他的学术带动下，整个乾嘉之际的学者沿着其所开辟的路径，对

---

① 余英时《清代思想史的一个新解释》，载《中国思想传统的现代诠释》，江苏人民出版社，1995年，第217页。
② 梁启超《清代学术概论》，上海古籍出版社，2005年，第44页。
③ 参见杨向奎《中国古代社会与古代思想研究》，上海人民出版社，1964年，第919页。
④ 戴震《题惠定宇先生授经图》，载《戴东原文集》（增编本），黄山社，2008年，第286页。

中国文化传统的各方面进行了深入、细致的整理和重现,从而形成了声势浩大,堪与中国学术史上的先秦诸子学、两汉经学、魏晋玄学、隋唐佛学、宋明理学相比肩的乾嘉汉学。然而,由于所处时代及自身学识等各方面的限制,其训诂实践亦存有诸多不足。此章中我们从两方面,简略评述惠氏训诂学的成就与不足。

## 第一节　惠栋训诂的成就

### 一、确立了独尊汉学的风气

在清代学术史,惠栋是首先打出汉学旗帜的学者,他远绍清初顾炎武诸学术大师博通务实的学风,近承阎若璩、胡渭的治学途径和方法,又接续家学渊源,在训诂研究中详征博考、爬梳钩沉,致力于汉儒经学的发掘和表彰,终于使一代学术由此兴盛。

为构筑汉学的森严壁垒,惠栋有力地揭橥并确立了汉学的治学宗旨。戴震总结惠栋的经学思想说:"松崖先生之为经也,欲学者事于汉经师之训故,以博稽三古典章制度,由是推求理义,确有据依。"[①]正是经由惠栋的倡导,由古书的文字、音韵、训诂以寻求义理的主张,才得以正式确立,并成为汉学家共同尊奉的宗旨。在学术研究中,惠栋努力实践自己的治学主张,致力于搜索钩稽汉儒经说。他汇辑《易》《书》《诗》《礼》《公羊传》《穀梁传》《论语》等经籍的古字古言、古音古义,于"贾、马、服、郑诸儒,散失遗落,几不传于今者,旁搜广撮,裒集成书",撰《九经古义》十六卷,以发明汉儒专门训诂之学。后世学者评论此书"今读征君此书单词片义,具有证据,正非曲徇古人,后之士犹可于此得

---

① 戴震《题惠定宇先生授经图》,见《戴东原文集》(增编本),黄山书社,2008 年,第285 页。

古音焉,求古义焉,是古人之功臣而今人之硕师也"①。

梁启超评价惠栋的"汉学"是"纯粹的汉学",其特色为不问"真不真",惟问"汉不汉"②。从其训诂的总体成就来说,梁氏此说有失公允。其实在清代,很多学者都是十分推崇古人的,而非仅仅惠栋一人,如顾炎武就曾以为著书不如抄书,"今人所见之书之博,必不及古人也"③。因为,汉儒训诂确实有近古优势,且治学态度扎实客观,故惠栋及很多学者将其视之为可应用的重要资源,也是通经的不二门径。惠栋的汉学观念对后人的影响,在众人的言论中即可探知。戴震言:"故训明则古经明,古经明则贤人圣人之理义明,而我心之所同然者,乃因之而明。圣人之理义非它,存乎典章制度者是也。"④这与惠栋"经之义存乎训"相合。⑤钱大昕"穷经者必通训诂,训诂明而知义理之趣"⑥、王念孙"训诂声音明而小学明,小学明而经学明"⑦、阮元"圣贤之道存于经,经非诂不明,汉人之诂,去圣贤为尤近……有志于圣贤之经,惟汉人之诂多得其实者,去古近也"⑧等主张,均明显承自惠栋的汉学观念。

惠栋的汉学观念对乾嘉学术产生了重要的影响,后人多有评述:王昶云,"先生生数千载后,耽思旁讯,探古训不传之秘,以求圣贤之微言大义……流风所煽,海内人士,无不重通经,通

---

① 卢文弨《抱经堂文集》卷二,中华书局,1990年,第25页。
② 梁启超《清代学术概论》,上海古籍出版社,2005年,第28页。
③ 顾炎武《顾亭林诗文集》,中华书局,2008年,第30页。
④ 戴震《题惠定宇先生授经图》,载《戴东原文集》(增编本),黄山书社,2008年,第285页。
⑤ 钱大昕《左氏传古注辑存序》,载《潜研堂文集》,万有文库本,第344页。
⑥ 王念孙《说文解字·序》,载段玉裁《说文解字注》,浙江古籍出版社,2002年,第1页。
⑦ 同上。
⑧ 阮元《西湖诂经精舍记》,载《揅经室集》,《丛书集成初编》,中华书局,1985年,第506页。

经无不知信古,而其端自先生发之。"①钱穆以为"吴学实较(徽学)为激进趋新,先走一步,带有革命之气度……吴学高瞻,划分汉宋,若冀越之不同"②。惠栋一贯的汉学主张,得以配合学术流变及社会环境,因此获得世人的赞同,李保泰言:"数百年来,谈汉儒之学者,莫盛于今日,而必以吴惠氏为首庸。"③

## 二、促成了新疏的产生

惠栋的训诂以辨证或补充古训为主,其中《九经古义》《左传补注》《后汉书补注》《惠氏读说文记》等著作均摘述章句,以条目式的札记撰述治经所得。这种"札记体"训诂体式,为后人撰述新疏开启了端绪。后来学者往往在此基础上进一步申述而形成新疏,新疏不仅表征着清代汉学的治经特色,同时也荟聚了此一时期经学研究的重要成果。这一时期著名的新疏代表有:江苏苏州江声《尚书集注音疏》、江苏苏州王鸣盛《尚书后案》、江苏常州孙星衍《尚书今古文书》、江苏常州陈奂《诗毛氏传疏》、安徽绩溪胡培翚《仪礼正义》、江苏苏州刘文淇的《左传旧注疏解》、江苏常州洪亮吉《春秋左传诂》、江苏宝应刘宝楠《论语正义》、浙江瑞安孙诒让《周礼正义》、安徽桐城马瑞辰《毛诗传笺通释》等,其中大部分出自江苏一省,另外,江声、王鸣盛等又是惠栋的学生。清代新疏著述应该是学术群体各个成员之间累积性的研究,从惠栋札记式的训诂实践到群经新疏的撰述,最能体现这一学术现象。这些新疏著作的具体论述中,对惠栋的观点十分重视,从而一一引述,或用来证明己说,或在此基础上申发,或辩驳其非是,如洪亮吉《春秋左传诂》引惠氏之说有157次之多,《周礼正

---

① 王昶《惠先生墓志铭》,载《碑传集》卷133,第11册,第3985页。
② 钱穆《中国近三百年学术史》(上册),中华书局,1984年,第321页。
③ 李保泰跋,载惠栋《后汉书补注》,艺文印书馆,1964年,第1页。

义》中有 68 次,《毛诗传笺通释》中有 30 次,《诗毛氏传疏》中 16 次等等,不一而述。

在具体的训诂实践中,亦可以看出惠栋对后人的影响。如《诗经·大雅·大明》之"会朝清明",惠栋针对《毛传》"会,甲也"的训解,申明其义曰:"甲朝者,一朝也。古皆以甲为一,如第为甲第,观为甲观,令为甲令,夜为甲夜,……毛公以意说诗,故训会朝为甲朝,又云'不崇朝而天下清明',不崇朝者,不终朝也。后人泥于训诂,或训为甲子之朝,或训为甲兵之甲,皆非毛公之意。"①惠氏阐述传意,进一步训"甲"为一,谓"会朝"即甲朝,亦即一朝,"不崇朝而天下清明"正是解说"会朝清明"。以"甲"为"一",清儒诸家多依循此一训诂,如,钱大昕《潜研堂集·答问》:"问:'会朝清明',毛训为甲,何也?"钱氏以'会与甲,声相近,故义亦因之"数语略作补充,随即详细引录惠氏之说以告②。后来段玉裁《毛诗小笺》、陈奂《诗毛氏传疏》等的申说疏解并未超越惠、钱二家。如《诗经·大雅·烝民》:"爱莫助之。"毛传训"爱"为"隐",惠栋认为这是渊源有自得古训,断从毛义,不取郑改训为"惜"。惠氏此说见于《易微言》,而陈奂《诗毛诗传疏》引述甚详,依循不改。又如"象服"之"象"即"襐",惠栋训为"饰"③,陈氏曰:"象服未闻,疑此即袆衣也。象,古襐字,《说文》:'襐,饰也',象服犹襐饰,服之以画绘为饰者",并进一步援引《周礼》等,申明其义。谓象服即以画绘饰的画衣,亦即礼书中的袆衣,此一说法的关键,是由惠栋的《毛诗古义》引据《说文》"襐,饰也"之训诂所确立的,陈氏《疏》即依据这一解释进而引申发挥的。又如《采苹》"于以湘之",惠氏谓引《汉书·郊祀志》、颜师古注等认为

---

① 惠栋《九经古义》,中华书局,1985 年,第 68 - 69 页。
② 钱大昕《潜研堂集·答问》,上海古籍出版社,1989 年,第 79 页。
③ 惠栋《九经古义》,第 80 页。

"湘训享无考,当从韩诗作鬺"①,质疑毛《传》,陈氏乃明确指出"湘读为鬺,假借字也",对惠氏有所匡正,而论述过程和引述的文献大抵承袭《毛诗古义》。

由《诗经》的研究可见,惠栋对于后人的影响很大,其实,他对《左传》《尚书》《汉书》《周易》等诸种经书的研究影响也是如此。惠氏作为清代训诂的开山之人,后人对于经文的解释,有很多都是依据惠栋的观点。然而,后人在训诂过程中有不少径引古籍而未标明参考惠氏,如惠栋在《尚书古义》中对"旅天子之命"的训释是:"《史记》云'鲁天子之命',孔颖达《春秋正义》云'石经古文鲁作衺'。《说文》曰'衺,古文旅,古文以为鲁卫之鲁'。盖古旅字鲁字皆作衺,故旅字亦作鲁。秦和钟曰'以受毛鲁多釐',董逌曰'鲁,古文旅'。秦时已误鲁为旅,司马袭秦旧文故也。"②此处惠栋通过征引异文,指出"鲁""旅"古字通,并引秦和钟铭为例证,此可谓是精确之说,也是清代学术史上第一次对此异文从字形上进行的沟通。后来研究《史记》或者《尚书》诸家,对于"鲁天子之命"的解释,基本上就按照此论辩程序,然而,后来学者均没有标明是依据惠栋的说法,如梁玉绳在《史记志疑》中云:"《书》序作'旅天子之命',《释诂》云'旅,陈也'。……考宋丁度《集韵》'旅古作鲁'。而字之所以通用者,古文旅、鲁字皆作衺,故旅亦作鲁。又宋董逌《广川书跋》云:"秦和钟曰'以受毛鲁多釐',鲁,古文旅。然则秦时已写旅为鲁,史公袭秦之旧文耳。"③此处与惠说完全相同,然而在论述过程之中却没有指明出处。孙星衍《尚书今古文注疏》云:"史公'旅'作'鲁'。'旅'者《释诂》云:'陈也。'郑书见《书》疏。史公'旅'作'鲁'者,见《周本

---

① 惠栋《九经古义》,第 50 页。
② 同上书,第 41 页。
③ 梁玉绳《史记志疑》(一),中华书局,1981 年,第 94 页。

纪》。说文'旅'古文作'衮',古文以为鲁卫之鲁。是鲁于旅通也。"①孙说亦本惠氏,然亦没有注明惠氏之说。

更有甚者,训诂学者不引惠栋之说,反而引用抄袭惠栋之说者,如皮锡瑞《今文尚书考证》引陈乔枞②云:"案:《春秋正义》云:石经古文鲁作衮。《说文》云:'衮古文旅,古文以为鲁卫之鲁。'盖古旅字、鲁字皆作衮,故旅字亦作鲁也。鲁秦和钟曰:'以受毛鲁多釐'。董逌云'鲁,古文旅'是已。《索隐》乃云'鲁'字误,史意韵周公嘉天子命,于文不必作'鲁',此由不知鲁即旅字。"③此处陈说与惠氏之说基本相同。陈说应完全依据惠说,我们的依据有三:一,所得结论与论证过程基本相同;二,陈乔枞的生卒年是1809年至1869年,比惠栋(1697—1758)小一百多岁,由此可见,陈氏有参考惠氏的可能。三,陈氏所用的"鲁秦和钟"这一证据,"鲁秦和钟"不确,应为"秦和钟"。古文献中多有引用"秦和钟铭"者,如董逌《广川书跋》有记"秦和钟铭";《六书故》卷三十三"秦和钟铭:不显皇祖";《诗毛氏传疏》卷二十八"秦和钟铭'龚夤天命'";《佩文韵府》卷二十二"秦和钟铭'以昭霉孝享'"等等,但是诸种文献均无言"鲁秦和钟"。陈乔枞此处说成是"鲁秦和钟",当是引用惠栋原文之时因断句所误。惠栋云"盖古旅字鲁字皆作衮故旅字亦作鲁秦和钟曰……","鲁"字当从上句。也就是因为此类情形,使惠氏的贡献和影响逐渐隐没不彰,从而也使后人忽略了惠氏在清代新疏形成与发展中的作用。

### 三、词义训释方面的价值

惠氏词义训释方面的价值,我们在文中已多处提到。总结

---

① 孙星衍《尚书今古文注疏》,中华书局,1986年,第600页。
② 陈乔枞所说见《今文尚书经说考》卷三十二,清刻左海续集本。
③ 清刻左海续集本、今中华书局本均是"鲁秦和钟"。以上所引见中华书局1989年本,第522页。

起来，主要有如下几方面：

（一）为历代有争议的词义提供了更为科学的**解释**

《左传·桓公十二年》"坐其北门"。关于"坐"的意义历来说法不一，杜预言"坐犹守也"，洪亮吉谓"坐当训为止"，杨树达言"坐即坐立之坐"，惠栋言："兵法有立阵坐阵，见《尉缭子》。立阵所以行也，坐阵所以止也。传曰'裹粮坐甲'，又云'王使甲坐于道'，又云'士皆坐列'，《司马法》曰'徒以坐固'，《荀子》曰：'庶士介而坐道'，及此传'坐其北门'，皆坐阵也，杜训坐为守，盖未通于古义。"①我们认为，惠氏此处以古代的兵法制度进行阐释，认为"坐"为"坐阵"之义，比各家之说更为科学合理，后孔广森从其说。（具体考证见商榷部分）

《尚书·尧典》"静言庸违"。关于"庸违"一词解释，历来有诸多不同。概言之，可以归纳为两种意见：一种意见认为"庸违"为形容恶德之词，义为用意邪僻，司马迁、孙星衍、皮锡瑞、周秉钧、毛亨等从此说；一种意见认为"庸违"通康回，即共工名，惠栋首次提出这种解释："《楚辞·天问》曰：'康回冯怒，地何故以东南倾。'王逸曰：'康回，共工名也。'案：郑注《尚书》以为共工名氏未闻，先祖居此官故以官为氏。然则《楚辞》所谓康回者，即《书》所云'静言庸违'"也。"②段玉裁、王国维等从此说。比较两种不同的意见，我们认为惠栋此说更为科学。（详细论证见商榷部分）

（二）为后人的解释提供了有价值的线索

《左传·宣公十四年》传："楚子闻之，投袂而起，屦及于窒皇，剑及于寝门之外，车及于蒲胥之市。"惠栋注："高诱《吕览》注

---

① 惠栋《左传补注》，中华书局，1991年，第8页。
② 惠栋《九经古义》，第28页。

引此传作绖皇,与《庄十九年》绖皇一也。"此处惠栋仅仅指出了"窀皇"的异文形式"绖皇",没有确切解释其具体含义。"绖皇"为墓道之义,已没有争议,所以,太炎先生依据这个异文提供的语义线索,得出了"窀皇"的准确含义和意义来源。他考证"窀皇"为"唐"字之缓言,为庭院中的甬道之义,与墓道之取义完全相同,"墓亦有廷,自冢以前皆是也。《诗经·陈风·墓门有棘》传云:'墓门,墓道之门。是墓门外有道,故知既入门后,亦有至墓之道,犹宫室之制,既入门,其庭中有道也。鬻拳则葬于其道。'"①惠氏所说,为后人解释词义提供了重要的线索。(具体考证见商榷部分)

**四、辞书编纂方面的价值**

《尚书·洪范》:"无有作好,遵王之道;无有作恶,遵王之路。"惠氏在《尚书古义》中通过异文材料,对"有"字进行了考证:"《吕览》引云'毋或作好,遵王之道,毋或作恶,遵王之路。'高诱曰:'或,有也。'古有字皆作或。"②根据此处惠栋提供的线索我们认为"无有"之义当与"毋或"同。"无有",《史记·宋微子世家》引作"毋有",《韩非子·有度》云"臣毋或作威,毋或作利,从王之指;毋或作恶,从王之路",此文实际也是引用《尚书》的文字,只是稍作变化。后洪亮吉、王引之等人均同意此说。"无有""无或""毋或""毋有"为上古常见副词性结构,一般用于谓语动词前作状语,表示禁止或劝阻,相当于"不要"③,如《左传·襄公二十三年》:"毋或如东门遂不听公命,杀嫡立庶。"《礼记·月令》:"是月也,天子始絺。命野虞出行田原,为天子劳农劝民,毋

---

① 章太炎《章太炎儒学论集》(上),四川大学出版社,2011年,第149页。
② 惠栋《九经古义》,第39页。
③ 楚永安《文言复式虚词》,中国人民大学出版社,1986年,第356页。

或失时。"《左传·昭公十九年》:"平丘之会,君寻旧盟曰:'无或失职!'"《礼记·月令》:"是月也,树木方盛,乃命虞人入山木,毋有斩伐。"

《汉语大词典》释"无有"有五个义项,第一个义项为"没有",引《尚书·洪范》"无有作好,遵王之道;无有作恶,遵王之路"为书证用例,通过惠氏解说可知,此处"无有"非"没有"义,而是"不要"之义。另外,《汉语大词典》无"毋有"这一词条,依此处惠栋的解释,当增补此词条。

## 第二节 惠栋训诂的不足

### 一、过于尊古,疏于考辨

"尊汉求古"是惠栋训诂的一大长处,但尊古问题也应当辩证地来看待。重汉儒古训固然有其积极的一面,既可以使研究者心无旁骛,全力钻研经学,又可以广征博引,从学术源流和学术体系的高度对其展开研究,这样的研究自然就比较深入。但是,重汉儒古训必须适度,必须实事求是,如果不分青红皂白一概墨守,抱残守缺和胶柱鼓瑟就不可避免。惠栋虽然注意到了这个问题,但是,在其训诂实践中亦存有过于尊古疏于考辨的例子。《四库全书总目提要》已列举了数条,并对惠栋《左传补注》一书的评价为"盖其长在博,其短亦在嗜博;其长在古,其短亦在泥古也"[1]。下面我们再通过具体实例,以说明之:

如《左传·闵公二年》:"尨凉、冬杀、金寒、玦离。"惠栋言:"《说文》引作'犺惊',云:'惊,犺牛也。'牛之杂色者,不中为牺

---

[1] 永瑢、纪昀等《四库全书总目提要》(一),河北人民出版社,第 770 页。

牲,衣之不纯者,不得为太子,若以尨为凉,义无所取,古文省少,或借凉为惊。"①惠氏据《说文》以"凉"为"惊"的借字,训"凉"为牛之杂色者。后来的洪亮吉、王念孙、刘文淇、杨伯峻均从此说。惠氏所说本《说文》,以"凉"为"惊"之借字。根据文意,此说值得商榷。此语出自《闵公二年》:

> 狐突叹曰:"时,事之征也;衣,身之章也;佩,衷之旗也。故敬其事则命以始;服其身则衣之纯;用其衷则佩之度。今命以时卒,闷其事也;衣之尨服,远其躬也;佩以金玦,弃其衷也;服以远之,时以闷之。尨凉冬杀,金寒玦离,胡可恃也? 虽欲勉之,狄可尽乎?"

根据文意,"凉""杀""寒""离"分别为"尨""冬""金""玦"的象征。若以"杂"释"凉",则没有象征意义,不符合句法规律,而且也没法表现太子衣尨的象征意义。惠栋似乎有见及此,便加以解释,然而,还是不符合文意。

杜预在此所下的注释颇为中肯,他说:"寒、凉、杀、离,言无温润。""无温润"即无亲亲之义,亦是太子申生的忧虑。顾炎武的解说与杜注同,"林氏曰:衣之尨襖,则有凉薄之意。命以穷冬则有萧杀之意。金属秋方,其性刚而寒,玦如环而缺,离不相连属"②。段玉裁亦言:"《闵二年》传本作尨凉,盖许引之证此二字,所以从尨从京也,京者凉之省也,……传写误,为《春秋传》曰'犺惊',殊不可通。"③杀、寒、离都有不温润之感,凉亦不例外。"凉"字《说文》云:"凉,薄也。""薄"就是不温润。《庄公三十二

---

① 惠栋《左传补注》卷一,中华书局,1991年,第 16 页。
② 顾炎武《左传杜解补正》,中华书局,1991年,第 8 页。
③ 段玉裁《说文解字注》,浙江古籍出版社,1998年,第 51 页。

年》:"虢多凉德,其何土之能得?"杜注:"凉,薄也。"《昭公四年》:"君子作法于凉,其敝犹贪。"杜注:"凉,薄也。"由此可知,"凉"训为"薄","尨凉"言赐予杂色的衣服与太子,意谓凉薄。结合文意,魏公赐尨衣与太子,有疏远、凉薄的意味,所以,此说与文意相同。

惠栋在《左传补注》一书之中屡屡引顾炎武说,而此处则不用其说,主要是其看到《说文》引作"牻惊",就将其视为本字,而未加考辨。由此可知,当后人之说与汉儒抵触,参考数据又不足时,惠栋以汉儒为主,不轻易采取汉儒以后的新见解。今研究《左传》的学者,如林尧叟、沈钦韩、高本汉、李宗侗均用顾说。

《说文·马部》:"骤:马白州也。"惠栋注:"州当作川,《山海经》云:'其川在尾上'。"惠氏此处仅盲目崇信《山海经》之文,认为《说文》之"州"作"川",大误。考《山海经·北山经》曰:"干山有兽,其川在尾上。"注:"川,窍也。"今段玉裁、王筠、朱骏声、桂馥四大家均谓:"川,为州之误。"而钱坫《斠诠》、高翔麟《字通》则主定字说。《说文》云:"𡱂,臀也。"字亦作脲,《集韵》:"𡱂,《说文》'膞也。'亦作脲。"《吕氏春秋·观表》:"许鄙相脲。"高诱注:"后窍也。""𡱂"上古音溪纽幽部,"州"上古端纽幽部,二者双声邻纽,音相近,故州当为"𡱂"之假借字,而非惠氏所说为川。钱坫、高翔麟依惠氏说,误。

## 二、数据引证未能准确详实

广征博引是惠栋训诂实践的一个很大的特点,在引证的过程之中,如单凭记忆,不审核原典,往往会产生疏漏。惠栋学富五车,熟读六经百家之书,但在引证文献之时,亦难免有所疏失。

首先,征引文献没有认真验证,经常会出现引用文献上的错讹脱漏,如,《左传·襄公十三年》传"窀穸"。惠栋注:"孔庙碑作窀夕，《说文》无岁字，明不从穴也。"①惠栋谓《说文》无"岁"字，但今诸本《说文·穴部》有"窀，窀夕也"一句，洪亮吉云："《说文·穴部》'岁'字即在'窀'字之下，而惠云无'岁'，何邪？"②《成公三年》"荀骓"，惠栋言："按《世本》'骓，谥文子'。"洪亮吉云："索隐：'骓，谥文子。'按：惠氏以为出《世本》。"③今《史记·晋世家》第九"荀骓"，司马贞《索隐》"骓，音佳，谥文子"，也可证惠说为非。《襄公十四年》："卫侯出奔齐。"惠注："仲尼修之曰：'卫侯衎出奔齐。'……诸侯失国名，《公》《穀》皆有'衎'字，《左传》脱也。"④今存《穀梁传》诸本并无"衎"字，洪亮吉云："《穀梁》本亦无'衎'字，惠氏误记。"⑤《尚书·皋陶谟》"扰而毅"，惠栋注："《春秋传》'乃扰畜龙'，应劭音柔，《说文》云'㹗，牛柔谨也，从牛夒声，读若柔'。《管子·地员》云'其木宜扰桑'，扰桑，柔桑也。字书皆音而小反非也，徐邈音饶，亦误。"⑥按：今诸本《管子·地员》作"其木宜㯯扰桑"，惠氏所引缺一"㯯"字；另，"扰"《唐韵》《集韵》《韵会》《正韵》均为"尔绍切"，《说文》"而沼切"，均无作"而小反"者，惠氏所说亦有不确。《尚书·益稷》"予弗子"，惠栋注云："《释文》云'子如字，郑氏音将吏反'。案：《乐记》云'易直子谅'，注云'子读如不子之子'，徐邈音子为将吏反，盖从郑读。《列子·说符篇》云"禹纂业事雠，唯荒土功，子产弗字，过门不入。……"⑦惠氏引《列子》之文不当在《说符篇》，今诸本均在《杨朱篇》。《诗经·国风·谷风》云："不远伊迩，薄送我畿。"传云："畿，门内也。"惠氏注："《吕览·正月纪》曰：'出则以车，入则

---

① 惠栋《左传补注》，第63页。
② 洪亮吉《春秋左传诂》，中华书局，1987年，第527页。
③ 同上书，第448页。
④ 《左传补注》，中华书局，1991年，第63页。
⑤ 洪亮吉《春秋左传诂》，第527页。
⑥ 惠栋《九经古义》，中华书局，1985年，第32页。
⑦ 惠栋《九经古义》，第41页。

以鳌。务以自佚,命之曰招蹷之机。'……"①惠氏所引《吕氏春秋》文应在《本生篇》而非《正月纪》。

其次,引前人旧说而不著所出自的书名。如《左传补注》中,引服虔说 211 次,引贾逵说 34 次,引京相璠说 24 次,这些旧说皆辗转引自他书,惠栋却未写出所转引的出处。《四库全书提要》云:"征引佚书,当以所载之书为据,栋引《世本》不标《史记注》,引京相璠《土地名》不标《水经注》,正体例之疏,未可。"②如《成公二年》:"将及华泉。"惠注:"京相璠曰:'华泉,华不注山下泉水也。"此转引自《水经注·济水篇》"京相璠《春秋土地名》曰:'华泉,华不注山下泉水也'"。《尚书·立政》:"予旦已受人之徽言。"惠氏注:"蔡邕石经曰:'旦以前人之微言。'《论语撰考谶》曰'子夏六十四人,共撰仲尼微言。'《汉书·艺文志》云'昔仲尼没而微言绝'小颜曰'精微要妙之言'。"③按:《论语撰考谶》汉无名氏撰,汉代《论语》纬书的一种,唐以后散佚。对于此种佚书,惠栋直接引用而没有指明出处,不妥。此条当引自《文选》李善注。《文选·思友人诗》曰"自我别旬朔微言绝于耳",李善注:"《论语崇爵谶》曰'夏六十四人共撰仲尼微言'。"惠氏此处《论语撰考谶纬》有误,当按李善注为《论语崇爵谶》。因《文选·移书让太常博士》"及夫子殁而微言绝",《文选·王仲宣诔》"宣强记洽闻,幽赞微言",《文选·郭有道碑文》:"收文武之将坠,拯微言之未绝",此四处李善注均为《论语崇爵谶》。

再次,征引汉儒古注欠详。如在《左传补注》中引郑玄、高诱等汉儒说经常不注明出处来源,从考据学的眼光来看,这是不够严谨的。如果仅从郑玄看,他的解经之作有《毛诗笺》《三礼注》

---

① 惠栋《九经古义》,第 50 页。
② 永瑢、纪昀等《四库全书总目提要》,河北人民出版社,2000 年,第 752 页。
③ 惠栋《左传补注》,第 398 页。

等,如不注明出处,将不知出自何书,如《左传·僖公十五年》,"乱气狡愤。"惠注:"郑康成曰:'愤,怒气充实也。'"①检视《礼记·乐记》:"广贲之音作,而民刚毅,廉直劲正。"郑注:"贲读为愤,愤,怒气充实也。《春秋传》曰:'血气狡愤。'"此文应出自《礼记·乐记》郑玄注,但惠栋未列出书名。《僖公二十四年》:"以志吾过。"惠注:"郑康成曰:'志,古文识,识,记也。'"②检视《周礼·保章氏》:"保章氏掌天星,以志星辰日月之变动。"郑注:"志,古文识,识,记也。"此出自郑玄的《周礼·保章氏》注。此类例证中,惠栋仅注明郑玄,却未能明言出处,如要审核原文,将十分不便。

最后,因惠氏不精审所引之语料,从而引起词义训释的错误,如:《左传·僖公九年》:"献公使荀息傅奚齐,公疾,召之曰:'以是藐诸孤,辱在大夫,其若之何?'"惠栋注:"杜注:'言其幼贱,与诸子县藐。'按:吕谌《字林》曰:'藐,小儿笑也。'(《文选注》)顾君训藐为小,亦未当。"③惠栋据《文选》注引《字林》曰"藐,小儿笑也",从而训释此句中的"藐"为"小儿笑",与文义完全脱离。这种失误就因其没有对《文选》李善注这一则语料进行认真考辨。《文选》潘岳《寡妇赋》序:"少丧父母,适人而所天又殒,孤女藐焉始孩,斯亦生民之至艰。"李善注:"《广雅》曰:'藐,小也。'《字林》曰:'小儿笑也。'《孟子》:'孩提之童,无不知爱其亲者',赵岐曰:'孩提,谓二三岁之间,始孩笑,可提抱者'";④由李善注引赵岐曰"孩提……始孩笑,可提抱者";《孟子·尽心上》"孩提之童,无不知爱其亲者",赵岐曰"孩提,谓一二岁之间,始孩笑,可提抱者",可知"孩"为"孩笑"之义,李善注所引《字林》曰

---

① 《左传补注》,中华书局,1991年,第22页。
② 同上书,第27页。
③ 同上书,第20页。
④ 萧统编,李善注《文选》(上)卷十六,中华书局,1997年,第233页。

"小儿笑也"当脱"孩"字。"孩"训为"笑"义,古文献中常见,《庄子·天运》:"不至乎孩而始谁。"陆德明《释文》:"孩,笑也。"惠栋未察觉俗本《文选》注脱"孩"字,把"薮"误解为小儿笑也,遗为后人笑柄。王引之就对其提出过批评:

> 杜以薮为县薮,诸为诸子,以是县薮诸子孤,斯为不词矣。《文选·寡妇赋》:"孤女薮焉始孩。"李善注:《广雅》曰:"薮,小也。"《字林》曰:"孩,小儿笑也。"是小儿笑乃释"孩"字〔出《说文》〕,非释薮字。俗本《文选》注脱孩字,而惠遂以薮为小儿笑,其失甚矣。顾训薮为小,是也。①

"薮孤"后成一固定的词语,表示幼年丧父,失去依靠的孤儿。在后世文献中屡屡使用。清方文《田居杂咏》之二:"身后遗薮孤,粗足供箪籝。"清赵翼《题长椿寺九莲菩萨画像》诗:"从来母后当冲帝,每利薮孤擅神器。"或作"孤薮",《晋书·列女传·杜有道妻严氏》:"年十三,适于杜氏,十八而嫠居。子植、女韡并孤薮。"唐陈子昂《为宗舍人谢赠物表》:"孤臣不天,早失父荫,兄弟孤薮,并未成人。"范仲淹《张公神道碑》:"复常好施,与宗族同其有亡,中外孤薮,一养于家。"

惠栋对于易学的研究亦存有这种问题,如《易汉学》辑佚了汉朝的易学研究成果,影响深远,《四库提要》便肯定此书说:"栋采辑遗闻,钩稽考证,使学者得略见汉儒之门径,于《易》亦不为无功矣。"②然此书在引用资料方面存在错讹脱衍等失误,后世学者亦指出了此种不足,先有陈寿熊(1812—1860)作《读易汉学私记》,以举正其辑佚考证上的缺失,陈氏云:"《易汉学》八卷,惠

---

① 王引之《经义述闻》,上海古籍出版社,2016年,第990页。
② 永瑢、纪昀等《四库全书总目提要》,河北人民出版社,2000年,第175页。

氏栋所撰。盖于汉儒象数之说,颇涉其源流者也。顾规模略具,考核实疏。经生家以惠氏世治《汉易》,罔悟其失,将恐后来者惑焉,辄举正之如左。"①后又有沈竹礽撰《惠栋易汉学正误》综合前人意见,对其辑佚的材料做了全面的辨证,使汉人《易》说全貌才得以正确呈现。

### 三、疏于音韵学,考辨失误

惠栋大倡从古字重古音,但惠氏本人对音韵训诂并无深入的研究。惠栋之前虽已有顾炎武等人离析古韵,但大规模的更革尚要待江永、戴震、钱大昕、段玉裁等人来开辟。因此,惠栋在训诂实践中,虽然注意到了文字的声韵问题,但因其音韵学造诣不深,在训诂实践中有很多例证未能正确地言明两字间的声音关系,以至于误以讹字为古字。如《左传·襄公十八年》"伐雍门之萩"。惠注:"萩,郦元引作荻。按《玉篇》音且留切,云:'蒿,当从荻,又七肖反。'《释文》云:'本又作秋'。"②按:"萩"郦道元引作"荻",惠栋引《玉篇》谓荻当从萩,音七肖反。今考"荻"《广韵》"徒历切",上古音定母锡韵,"萩"《广韵》"七由切",上古音清母幽韵,两字声韵母各不相同,没有声音上的关系。正如王引之所言:"惠氏《补注》曰:萩,郦元引作荻。引之按《水经·淄水》注引《左传》作荻,乃传写之误,非郦氏原文也,凡书传中萩,传写多误作荻。"③由此可知,"荻"与"萩"因形似,而致使传写之误。惠栋未仔细分辨二者的上古音,而误以"荻"为"萩"。《左传·昭公二十八年》:"慭使吾君闻胜与臧之死也。"惠注:"慭,愿也。言钧死耳,愿使吾君先闻二人之死以为快……慭读为银,与宁同音,

---

① 陈寿熊《读易汉学私记》,载《续修四库全书》第 34 册,上海古籍出版社,第 103 页。
② 惠栋《左传补注》,中华书局,1991 年,第 67 页。
③ 王引之《经义述闻》(三),上海古籍出版社,2016 年,第 1061 页。

又读为甯,古宁、甯同字,《说文》宁与甯皆训为愿。"①惠栋以为"憖"读为"银",与宁同音,今按:"憖"上古为疑纽真韵,"宁"(甯)泥纽耕韵,二者并无语音上的关系,更没有同音。

因不通音理,而有时又妄说假借字为讹误字。如《系辞传》下:"既有典常"。惠注:"其出入以度,故有典常。《曲礼》曰:'假尔泰龟有常,假尔泰筮有常'。《今文尚书》曰:'假尔元鬼,罔敢知吉。'是无典常也。惠疏云:日行一度,度有经常,故有典常。《曲礼》云者,伏生《尚书·西伯勘黎》文,今作格人,俗儒改假为格,讹尔为人,失其义矣。神以知来,故吉凶可知;罔敢知吉,是无典常也。"②按:惠氏此处通过论证,认为《今文尚书》"假尔元鬼"之"假"作"格","格"是后人所改的讹字,值得商榷。我们认为,"格"应为"假"之假借字,曾运乾《尚书正读》言:"'格人元龟',《潜夫论·卜列》引作'假尔元龟','格'作'假'者,声之借也。"曾氏所说为是。"假"上古见纽鱼部,"格"见母铎母,二者双声,鱼铎阴入对转,音相近,二者在古书之中多通用,如《尚书·高宗肜日》:"惟先格王正厥事。""格"《汉书·孔光传》引作"假"。《诗经·鲁颂·泮水》:"昭假烈祖。""假"《文选·出师颂》李善注引作"格"。又《商颂·那》"汤孙奏假",《经典释文》:"假,郑作格。"《庄子·德充符》:"彼且择日而登假。"郭庆藩《集释》:"登假即登格也。假、格古通用。"惠氏不明音理,不能理清二者的通假关系,故妄议前人误改误解。这种情况在其训诂实践中屡见,如《尚书·尧典》"舜让于德,不嗣",有作"不怡""不台"者;"平章百姓"或作"辨章""便章"等,皆为假借字之类,惠栋却列为误字而改之。

---

① 惠栋《左传补注》,第117页。
② 惠栋《周易述》卷十八《系辞下传》疏文,中华书局,2007年,第337页。

有时貌似因声求义，但实际上是拘形索义或望文生训。如释"伏羲"之义云："庖牺，孟、京作伏戏，许慎以《易》孟氏为古文，故知古文作伏戏。伏读为服，戏读为化，古训音与义并举，故云伏，服也；戏，化也。伏戏为太昊有天下之号，伏戏画八卦以治天下，始于幽赞，终于赞化育，故天下伏而化之。"①按：伏戏，或作伏羲、宓羲、庖牺、包牺等。戏、羲、牺古属歌部，伏、庖并母字，包为帮母字，皆读重唇，故字异而音同。惠氏因庖牺孟、京作"伏戏"遂训伏为服，戏为化，为伏而化之义，虽因声求义，实际是望文生训。

王引之批评惠栋曾言："夫古字通用，存乎声音，今之学者不求诸声而但求诸形，固宜其说之多谬也。"②此论深中惠氏之弊。疏于音韵、考辨失误是惠栋训诂实践中存在的最大缺陷，也是吴派影响不如皖派深远的重要原因之一。

以上，我们对惠氏训诂的不足进行了简单的剖析。我们把这些失误拿来讨论甚至批评，决不是苛求前贤，而是为了更好地了解和评价他的学说，为了更好地继承和发展他的理论，为了更好地开展和促进训诂学研究，从而使训诂这一古老的研究在新时代再创辉煌、再放异彩。

---

① 惠栋《周易述》卷十七《系辞下传》疏文，中华书局，2007 年，第 304 页。
② 王引之《经义述闻》，上海古籍出版社，2016 年，第 150 页。

# 附录一　惠栋训诂商榷

## 1. "庸违"考

　　《尚书·尧典》:"静言庸违。"《楚辞·天问》曰:"康回冯怒,地何故以东南倾。"王逸曰:"康回,共工名也。"案:郑注《尚书》以为共工名氏未闻,先祖居此官,故以官为氏。然则《楚辞》所谓康回者,即《书》所云"静言庸违"也。关书作"请言"。王逸引《书》云"浅浅请言"。《公羊》亦云"戋戋莫诤这(言)。"违与回通。《诗·大雅》云:"厥德不回。"毛传云:"回,违也。"《春秋传》晏子云"君无违德,回邪辟也",《论衡》引作"回德",回,邪辟也。故《史记》云:"共工善言,其用僻。"是训违为辟,与回同也。古庸字或作康,故《楚辞》言"康回"。《秦诅楚文》云:"今楚王熊相康回无道。"董逌释康为庸,是也。①

　　按:惠氏此处,指出"庸违"当为共工之名,所言甚是。
　　"庸违"一词,历来注家众说纷纭,概言之,可以归纳为两种意见:一种意见认为:庸违为形容恶德之词,义为用意邪僻,司马迁、孙星衍、皮锡瑞、周秉钧、毛亨等从此说;一种意见认为庸违通康回,即共工名,王逸、惠栋、段玉裁、王国维等从此说。后一种意见亦被闻一多、沈从文、何光岳、杨鹓国等用于神话研究和

---

① 惠栋《九经古义》卷三,中华书局,1985年,第28页。

民族关系及源流的考证中,并产生了诸多让人信服的成果。但是,持第一种意见的学者认为此种说法为妄言,没有根据。如皮锡瑞说:"王叔师传今文家说,何至妄举共工之名?……段氏引其说,不加辨证,亦失之。"①孙星衍言:"康回疑庸回之误,以为共工名,未知出典。"②

那么,比较以上截然不同的两种意见,我们以为,当以第二种意见为长。

历来诸多《尚书》注释者采用第一种说法,其中一个很重要的原因,恐怕是受到了司马迁《史记》以训代字的影响。司马迁在《史记·五帝本纪》中将此段文字翻译为:"尧曰:'谁可顺此事?'驩兜曰:'共工旁聚布功,可用。'尧曰:'共工善言,其用僻,似恭漫天,不可。'""静言庸违"四字,司马迁译为:"共工善言,其用僻。"张守节《正义》注曰:"共工善为言语,用意邪僻也。"我们认为,司马迁的解释在此句中虽可通,但亦有值得商榷之处。首先,古代神话传说一般都把共工描写成一位性情暴孽的神,对于其善用言语、阳奉阴违的性格却没有文献记载。因而,此处将共工说成"善用言,用意邪僻",缺少文献依据。其次,因为"庸违"一词解释为"用意邪僻",致使后面"象恭滔天"一句解释各异:孙星衍释为"貌似恭敬,而慢其天性",将"滔天"释为"慢其天性"。王先谦云:"盖共工为人,貌似恭谨,而其横肆不敬之心弥漫充满,上极于天。"将"滔天"释为"弥漫充满,上极于天"。以上均释"滔天"为比喻义,比喻共工的罪恶极大。此段文字下一句为:"帝曰:'咨四岳,汤汤洪水方割,怀山襄陵,浩浩滔天。下民其咨,有能俾乂?'"此"滔天"历来释为洪水之势,用其本义。"滔天"一词在《尚书》中共出现三次,另外为《益稷篇》:"洪水滔天。"

---

① 皮锡瑞《今文尚书考证》,中华书局,1989年,第31页。
② 孙星衍《尚书今古文注疏》,中华书局,1986年,第26页。

亦为本义。遍检先秦文献,仅在《史记》中出现三次,《汉书》中出现四次,均用于本义。"滔天"用作比喻义直到魏晋时期才大量地出现于文献之中。我们认为此处"滔天"也应为本义。"静言庸违,象恭滔天"一句,关键是"庸违"一词的解释,此词解释恰当,别的也都迎刃而解了。

"共工"本为尧舜水官职称之名,刘掞藜言:"按后稷是两字相连的官名,与共工为两字相连的官名一样。《尧典》中所称,'汝后稷''汝共工''汝羲暨和'皆是古人命名的一种口气。"①郑玄注《尚书》言:"共工,水官名,其人名氏未闻,先祖居此官,故以官氏之也。"按:"庸违"即"康回",当为共工之名。"回"上古为匣纽微部,"违"亦为匣纽微部,二者双声迭韵,往往通用。《广韵·灰韵》:"回,违也。"《诗经·小雅·大明》:"厥德不回,以受方国。"毛传:"回,违也。"《诗经·大雅·常武》:"徐方不回。"马瑞辰:"经传多借违为回,盖以迭韵相假借。"庸违亦作庸回,《左传·文公十八年》引《尚书》作"靖谮庸回"。《论衡·恢国篇》②《潜夫论·明闇篇》③"庸违"俱作"庸回"。又庸回亦为康回,庸、康俱从庚声,古字通用。《史记·楚世家》:"熊渠乃立其长子康为句亶王。"司马贞《索隐》引"康"作"庸";《秦诅楚文》:"今楚王熊向康回无道。"董逌释"康回"作"庸回"。《楚辞·天问》:"康回冯怒,地何故以东南倾?"《楚辞》王逸章句云:"康回,共工名。"闻一多《天问疏证》云:"《淮南子》言共工与颛顼争为帝,不得,怒而触不周之山,天维绝,地柱折,故东南倾也。"由此可见,庸违即康回,在尧舜之时,曾任"共工"这一职务。

庸违释为共工之名,亦可以从历史地理的角度间接地找到

---

① 顾颉刚《古史辨》(第一册),上海古籍出版社,1982年,第90页。
② 北京大学历史系《论衡》注释小组《论衡注释》,中华书局,1979年,第1130页。
③ 王符《潜夫论》(第四册),上海古籍出版社,1978年,第61页。

证据。

据杨鹍国考证,共工部落为三苗集团的一支。① 朱俊明言:"三苗不是一个统一的民族,而是荆州地区若干部落联盟的总称。"②故而,共工庸违部落原来也应活动在江淮荆楚地区。《淮南子·修务篇》云:"三苗,盖谓帝鸿氏之裔浑敦,少昊氏之裔穷奇,缙云氏之裔饕餮,三族之苗裔,故谓之三苗。"穷奇为庸回的别称,为少皞氏的后裔。《左传·文公十八年》之言:"少皞氏有不才子,毁信废忠,崇饰恶言,静潛庸回,服馋搜慝,以诬盛德,天下之民谓之穷奇。"由此可见,大概庸回其人很凶恶,因而天下之民才起了穷奇这一别称。《史记·五帝本纪》云:"三苗在江淮荆州数为乱,于是舜归言于帝,请流共工于幽陵,以变北狄。"按此记载,可证共工部落原来生活在江淮荆州之地,后因子次作乱,流放于幽州。依《史记》的记载,我们可以推测,在当时或庸违一人被迁至幽陵,或整族被迁。若只迁庸违一人,"以变北狄"则不能成立。司马迁治学态度严谨,不会如此草率。但若尽迁庸违全部落,按当时历史条件又不可能。因当时三苗已遍于荆州江淮地区,以尧为代表的华夏势力不仅不能把其中之一的庸违集团都迁到幽州,也不可能使之"流"到本地深山野林中去,因为当时还没有彻底打败庸违的物质基础。因而司马迁所指,应是少部分被迁幽州,改变北狄的风俗,而绝大部分则仍留在江淮荆州地区,并逐步演变为殷周时的"庸"人。《说文·邑部》云:"墉(即庸),南夷。""庸"人曾建立过国家,并且参加过武王伐纣时的战争(《尚书·牧誓》)。而关于"庸"人的来源,史学界至今未见详述。从地理位置上说,庸国所在位置当在荆楚之地。《括地志》

---

① 杨鹍国《"康回"与苗族关系管窥》,《贵州民族研究》,1985 年第 3 期。
② 朱俊明《论汉晋以前武陵民族成份及民族来源》,《贵州民族研究》,1982 年第 2 期。

云:"房州竹山,即金洲古庸国。"王桐龄亦说"庸,今湖北竹山县"。① 据《尚书·牧誓》所载之"庸、蜀、羌、髳、微、卢、彭、濮"人,孔安国传云:"庸、濮在江汉之南。"而从《竹书纪年统笺》卷六所言"楚子熊渠伐庸,至于鄂"看,庸国当在汉水中下游一带。由此可见,庸国在地望上与庸违所居江淮荆州之地吻合。"庸"国之"庸"当出自于"庸违"或"庸回"之称。故可视为"庸违"名称在其后裔的直接遗存。

"庸"人为庸违名称的直接遗存,还可以从二者的图腾崇拜中找到证据。如前所言,"庸违"为少皞氏后裔。《左传·昭公十七年》载:"我高祖少皞氏挚之立也,凤鸟适至,故纪于鸟,为鸟师而鸟名。"据此,杨鹓国考证,少皞氏当以"凤鸟"为图腾,因此,作为少皞氏后裔的庸违部落的族徽无疑亦应是"凤鸟"。那么,作为庸违部落"庸"人自然当以凤鸟为族徽。② "庸"人后来被楚灭亡,成为楚人的一部分,所以他们的图腾亦对楚人发生深刻影响乃至于成为楚人直接的图腾崇拜。童书业曾指出:"楚人似本以鸟为图腾之祖。"③楚人奉凤鸟为图腾,已为考古发掘所证明:1982年湖北江陵马山一号墓出土了大量的楚人器皿和艺术品,上面绘有栩栩如生、神态各异的凤鸟图像。另外,正因为楚人崇拜凤、钟爱凤,所以无怪乎伟大诗人屈原于《楚辞》中,对凤、鸾和鸷等尽情地赞美和歌颂,并常以之自喻。"鸷鸟之不群兮,自前世而固然";"拘云霓之晻霭兮,鸣玉鸾之啾啾";"吾令凤鸟飞腾兮,继之以日夜"……综合以上两点,直接可证明,共工被"流"于幽州后,庸违部族的绝大部分留居原地(江淮荆州),后来发展为庸国;间接可证明庸违为共工之名。

---

① 王桐龄《中国史》(第一册),江西人民出版社,2008年,第228页。
② 杨鹓国《"康回"与苗族关系管窥》,《贵州民族研究》,1985年第3期。
③ 童书业《春秋左传研究》,上海人民出版社,1980年,第353页。

"庸违"释为共工之名,可以更好地理解文意。帝曰:"畴咨若予采。"驩兜曰:"都,共工方鸠僝功。"帝曰:"吁！静言庸违,象恭滔天。"《国语·周语》中记有共工治水及造成灾祸一事:"昔共工氏……壅防百川,堕高堙庳,以害天下,祸乱并兴,共工用灭。其在有虞,有崇伯鲧,播其淫心,称遂共工之过。"涵泳文意,此与《尚书·尧典》记载相吻合,《国语·周语》之"壅防百川"即《尚书》之"方鸠僝功"。按:方当读为防。鸠当读为聚,孔安国传:"鸠,聚也。""僝"当读为栫,"僝"从纽文部,"栫"从纽元部,双声对转,古音相近。《说文·木部》:"栫,以柴木壅水也。"此为因共工治水有功,驩兜向尧帝推荐其为治水之人。"象恭滔天"之象为潒之省,《说文·水部》:"潒,水潒瀁也,读若荡。"潒后世写作荡;恭当从水作洪,即洪之别体;"滔天"用其本义。"象恭滔天"亦指洪水浩荡滔天。《广韵·静韵》:"静,息也。"《礼记·月令》:"百官静事毋刑"。注曰:"静,息也"。又"静"与"安"互训,《广韵·寒韵》:"安,止也。"故"静"字有"止息"义。"静言庸违"者,犹今语"不要再提共工了吧！"这是尧帝制止驩兜推荐共工治理洪水的话。从语法上说,在"静言庸违,象恭滔天"句中,"庸违"二字当有重文,或即"象恭滔天"四字承前宾语省略了主语"庸违",应读作"静言庸违,庸违象恭滔天"。"庸违象恭滔天"句与上文"共工方鸠僝功"句正相对。共工、庸违皆用作主语,实则为同人异称,职名对举。观上下文,驩兜推荐共工治理洪水,称赞共工广聚百川汇于江海,施功于天下,而尧帝却斥责共工震荡洪水,使之滔天。一句"静言庸违",便把尧帝讨厌共工、拒绝驩兜推荐共工的神情刻画得恰到好处。①

---

① 贺基德《释"静言庸违"》,《宁夏社会科学》,1991年第2期。

## 2. "譳媉"考

《说文·言部》:"譳,譳媉也。"惠栋注:"譳媉未详。《类篇》引之作'譳諑'。《广雅》:'諑,譳也。'此误为媉。"①

按:"譳諑"历来在《说文》研究著作中无解。如,"譳媉"《段注》言"譳媉,其义则未闻"。桂馥、朱骏声等也对此没有作解释,惠栋此处亦然。首先对其作出解释的应为章太炎先生,他在《新方言》里将"譳媉"解释"迟缓、愚钝"之义,为同义双音词,言:"媉训随从,引伸有钝迟义,《说文》'逯,行谨逯逯也。'《汉书·萧何曹参传》:'当时录录未有奇节,'师古曰:'录录犹鹿鹿,言在凡庶之中也。'录逯皆与媉同,譳亦此义。今广信谓愚为譳,苏州亦尔。"②我们认为"譳媉"当为叠韵连绵词,不应将其分开来解释。

我们认为"譳媉"与譇詉、譳讶、讶譳、厃厊、睚眦、乍呼、咋呀、咤呀、咤叱、咤呼、咤咄、痄疨、鲊䱇等为同族词,有大声斥责、喧哗之义。

"譳媉"《类篇》引作"譳諑",《广雅》亦作"諑譳"《玉篇》作"諑譳"。由此可见,譳媉、譳諑、諑譳为一词之变形。"譳諑"即"譳讶"音转而来,諑,上古音,来纽屋部,《广韵》"力玉切",入烛来。讶,上古疑纽鱼部,《广韵》"吾驾切",去禡疑,二者音相近。《广韵·上声》三十五马韵:"譳讶,诃兒。"又《去声》四十五骂韵"讶,嗟讶,鱼驾切。""嗟讶"盖为"譳讶"(嗟、譳音近)。"譳讶"为呵斥之貌,义与"眦眦"相通。《类篇·目部》:"睞,眦睞,恨视。眦或作睞。""睚,睚眦,恨视。""睚"与"睚","睞"与"眦"通。是"睚眦"

---

① 惠栋著,江声参补《惠氏读说文记》,中华书局,1985年,第68页。
② 章太炎《新方言》,《章太炎全集》,上海人民出版社,2014年,第67页。

为"眦睚"之倒语,均为恨视之貌。"譴讶"二字从"言",义为张口怒斥;"眦睚"二字从"目",义为瞪眼怒斥,二者的构词理据,为对人发怒表情的不同描述。"譴"与"眦","睚"与"讶"均为同类双声词。今关中话把训斥人称为"讶譴",多用于大人施与小孩,有禁止其行为的意思,如"这娃给好好说不听,非讶譴不行"!二字音同"牙乍",当是"譴讶"之颠倒。"譴讶"颠倒为"讶譴"犹《类篇》"睚眦"颠倒为"眦睚",其理正同。

由怒斥之义,引申为大声喧哗吵闹之义。"譴誽"亦作"譇詉",明张自烈《正字通》言:"譴,娽也,孙氏侧加切。女部'娽,随从也'。借娽训譴,误。《六书故》譇,别作諆、譴、誃。《溯原》譇俗譴字,据二说譴与譇通。"由此可见,"譇"与"譴"因形近而讹。"詉"上古音娘纽鱼部,《广韵》"女加切",平麻泥。"誽",上古音来纽屋部,《广韵》"力玉切",入烛来,二者音相近。在古籍之中,"譇詉"又作"譇挐",经常连用,有争吵怒骂之,《六书故》:"譇,语喧也,挐譇、譇挐,语竟也。"《玉篇》:"譇,怒也。"清周亮工《书戚三郎事》:"乃急人,久之,闻譇詉声;已,复闻郝挞妇。"今客家方言言妇女发生口角时,东拉西扯,吵嚷不休曰"譇挐",罗翙《客方言·释言》:"繁词牵引曰譇挐。今俗语妇女口角牵引不止谓之譇挐。"今北京官话形容声音很大,尖细刺耳、吵闹等义亦言"譴娽"(zhāla),老舍《骆驼祥子》十五:"虎姑娘瞪了老头子一眼,回到自己屋中,譴娽着嗓子哭起来,把屋门从里面锁上。"亦写作"咤啦",音义与"譴娽"同,北京官话中,把喜欢尖声喊叫的人称为"咤啦星",形容人叫声不绝,叫"咤啦流星"。此"譴娽""咤啦"与"譇挐"音义皆通,应为一词之变体。今方言中亦作乍呼、咋呀、咤呀、咤叱、咤呼、咤咄等等,均与此音义相通。

由此可见,"譴娽"当为"譴讶"音转而来,其本义是怒斥之义,与睚眦、嗟讶等为同族词,后引申为大声喧哗吵闹之义,与譇詍、咜啦、乍呼、咋呀、咜呀、咜叱、咜呼、咜咄为同族词。在今北京官话中依然存在这一用法。

### 3. "侊饭不及一食"考

《说文》大徐本:"侊,小貌,从人光声。《春秋国语》曰:'侊饭不及一食。'"《惠氏读说文记》:"《春秋国语》曰'侊饭不及一食',一食者壶飧之误。"①

按:惠氏所说为是。《说文》所引"侊饭不及一食"一句出自《国语·越语下》"至于玄月,王召范蠡而问焉"章,今本原文云:"至于玄月,王召范蠡而问焉,曰:'谚有之曰:觥饭不及壶飧。今岁晚矣,子将奈何?'"关于《国语》此句,各种字书所引不同。《玉篇》卷三:"《国语》云:'侊饭不及壶湌。'注云:'侊,大也。大饭曰盛馔。'"《类篇》卷二十二:"侊,盛也,又古横切,《说文》'小儿'引《春秋国语》:'侊饮不及一湌。'"《集韵》卷三十一唐:"侊,盛也,一曰小儿"。平声庚第十二:"侊《说文》:'侊,小儿,引《春秋国语》曰:'侊饮不及一餐。'"《广韵》十一唐:"侊,盛貌"。十二庚"侊,小儿。《春秋国语》曰:'侊饭不及壶湌。'"是《集韵》《类篇》引"饭"作"饮","壶飧"作"一餐",《玉篇》作"一湌",《广韵》作"一湌"。各种字书所引不同,那么到底应为"侊饭""壶飧"抑或是"侊饮""一餐""一湌",需进一步考证。

"飧"之为食,有溶于水为之的,如《释名》:"飧,散也,投水于中解散也。"《北堂书钞》:"顾和云:夏侯家浆酪水飧,独胜于羹也。"故这种食物可以用壶去盛,在古书中,亦多处用"壶飧"一

---

① 惠栋著,江声参补《惠氏读说文记》(下),中华书局,1985年,第319页。

词,《左传·僖公二十五年》:"晋侯问原守于寺人勃鞮,对曰:'昔赵衰以壶飧从径,馁而弗食,故使处原。'"《资治通鉴·汉献帝建安十四年》:"至令士大夫故污辱其衣,藏其舆服;朝府大吏,或自挈壶飧以入官寺。"《战国策》记有中山君"以羊羹亡国壶飧得士"之事。由于其形制像水,故亦名"水飧",杜甫《寒硖》诗:"野人寻烟语,行子傍水飧。"由此可见,"壶飧"当为壶盛的汤饭熟食,是指用于旅途中所带的简便食物。"侁饭"应作"觥饭",为丰盛的食物,如韦注云:"觥,大也。大饭,谓盛馔。"与"壶飧"相对为文。"侁饭不及壶飧"的意思即为"盛馔未具,不能以虚待之,不及壶飧之救饥疾"。此句俗谚表明越王虽志在觥饮但虑不至壶,喻认为己德小不能远图。说明越王认为现在最为紧要地是灭吴取快意得之,不可奢望能有更伟大的成就。

由此可见,《集韵》《类篇》引"壶飧"作"一餐",误。"一"写作"壹",与"壶"形近,故由此递伪。"飧"亦作"飡",与"餐"字形近,从而致误;《说文》"餐"或体作"湌",《食部》"餐或体作湌",也就有《广韵》之"一湌";《玉篇》以"湌"为"沧",当为刊刻致误。由此可见,《国语》此语应为"侁(觥)饭不及壶飧",《说文》《集韵》《类篇》《玉篇》《广韵》所引均误。惠氏所言为确言。

### 4."瘢瘝,皮肥也"考校

《说文》大徐本:"瘗小肿也,从疒坐声,一曰族絫。臣铉曰'今作瘶蠡',非是。昨禾切。"惠注:"一曰族絫,臣铉曰'今作瘶蠡,非','絫'依陆德明《释文》引作'瘝',云'瘢瘝,皮肥也',今本无之,疑阙落。"①

---

① 惠栋著,江声参补《惠氏读说文记》(上),中华书局,1985年,第206页。

按：惠氏仅仅依据陆德明的《经典释文》就判定《说文》有脱落，证据不足。我们检验其他书籍所引，均无"瘯瘰，皮肥也"之句，如唐《一切经音义》释"痤鬼"言："《说文》'痤，小肿也，一曰族累'。"《玉篇》："疖也，《说文》曰：'小肿也。'"《广韵》："痤，疖也。"《类篇》："痤，《说文》'小肿也，一曰族絫'。"戴侗《六书故》："痤，《说文》'小肿也，一曰候累'。"《集韵》："痤，《说文》：'小肿也'，一曰族絫"。戴侗作"候累"，"候"当为"族"之形伪，"累""絫"音同可通。玄应所见唐本及宋代诸种《字书》所见均作"族絫"，均无"皮肥也"句。

另，"臣铉曰：今作瘯蠡，非。"按：此处徐铉所说，就版本校勘而言，所校为是，而就词义解释而言，不甚妥当。《左传·桓公六年》传："为其不瘯蠡也。"《释文》云："蠡，《说文》作瘰，云'瘯瘰，皮肥也'"。肥当为"痱"之假借字，《集韵》卷七未部："痱，病也，或作腓、疿。"又卷一微部："痱，风病，一曰小肿也，或作从肥。"张自烈《正字通》："疿同痱"。则《释文》与《说文》训虽殊而义实同。族絫和瘯蠡为一组音转同族词。在此组同族词中亦有疾瘰、瘯癙等，《通雅》："瘯蠡一作族絫、疾瘰、瘯癙。戴合溪引陆德明言《左传》'不疾瘯蠡'《说文》作'瘰'，或是唐蜀本，凡夫以为当作'瘯癙'。""瘯瘰"急言之则为"痤"，王筠云："《左传》释文'蠡'力果切，絫之音当如之。'痤''絫'迭韵，短言之为'痤'，长言之为'族絫'，与芋、疾藜一例。"痤为"小肿"，在汉语系统中，短与小义亦有"cuo"音，《众经音义》卷二引《通俗文》云："侏儒曰矬"，则"矬"长言之则为"侏儒"；《众经音义》卷十六引《声类》云："锉䥇，小釜也。"《尔雅·释木》："痤，接虑李。"郭璞注云："今之麦李。《齐民要术》引《广志》云：'麦李细小。'麦李细小，故有接虑之名。急言之亦近于痤，故又谓之痤。接虑、族累、锉䥇，皆语之转耳。"族累、瘯蠡、瘯瘰、侏儒、锉䥇、接虑皆为音转同族词，声义相通。

## 5. "贮,积也"考

《说文》大徐本:"贮,积也,从贝宁声,直吕切。"惠氏注:"贮训积,俗义也。《字林》云:'贮,尘也'。"尘训久义甚古,以积易尘始于宋人,《宁部》曰:'宁,辨积物也'。即贮古省贝。①

按:惠氏此处认为"贮"之本义为尘,聚积之义为俗义,到宋时才有,此说大谬。首先,惠氏引《字林》说,应当出自《史记·平准书》:"而富商大贾或蹛财役贫。"索隐云:"萧该云:《字林》云:'贮,尘也,音仃。'此为居积停滞尘久也,或作贮。"此处是因文生意,非字之本义。其次,以贮训积,不始于宋代,在先秦文献中屡见,如《吕氏春秋·乐成》:"我有田畴,而子产赋之;我有衣冠,而子产贮之。"《汉书·扬雄传》:"素初贮厥丽服兮。"颜师古注:"贮,积也。"《春秋公羊传》经:"桓公曰:无障谷,无贮米。"最后,"尘"《说文》作"麤",从三鹿,言:"鹿行扬土也",是尘造意为鹿群行而飞散的灰土,后为物放久聚集的尘土,徐灏云:"物久则生尘,因之尘为久。"②再次,甲骨文"贮"作 🔲(乙六六九三),🔲(铁遗九·十六),🔲(后编下一八、八)等诸形,罗振玉言:"其像内具于宁中形,或贝在字下,与许书做贮,贝在宁旁义同。"③金文亦作 🔲(颂鼎),🔲(沈子簋)🔲(兮甲簋)等形。从甲、金文构形来看,其像贝盛于器皿中,积贮之义了然可见。"贮"之积贮之义当为本义,而非到宋代才有。

---

① 惠栋著,江声参补《惠氏读说文记》(上),中华书局,1985 年,第 176 页。
② 徐灏《说文解字注笺》卷一,《续修四库全书》第 225 册,第 532 页。
③ 李孝定《甲骨文字集释》,(六),台湾"中央研究院"历史语言研究所,1965 年,第 1173 页。

## 6. 古文奇字

《说文》大徐本:"兂,奇字无,通于元者,王育说天屈西北为兂。"惠注:"……奇字《古文奇字》卫宏撰。"①

按:惠氏以为此处"奇字"为卫宏撰《古文奇字》,非是。"奇字"为王莽所言六书之一,《说文解字·叙》:"及亡新居摄,使大司空甄丰等校文书之部,自以为应制作,颇改定古文。时有六书:一曰古文,孔子壁中书也;二曰奇字,即古文而异者也;三曰篆书,即小篆,秦始皇帝使下杜人程邈所作也;四曰左书,即秦隶书;五曰缪篆,所以摹印也;六曰鸟虫书,所以书幡信也。"《说文》明注为"奇字"除此例之外还有四处:"儿,古文奇字人也"(卷八),"仓,奇字仓"(卷五),"晉,籀文香从二子。一曰晉,即奇字晉"(卷十四),"𣶒,奇字涿从日乙"(卷十一)。马叙伦言:"奇字者,壁中书与小篆之外,一切异于古文小篆者,以其体去古文近,故曰'即古文而异者也',奇字之中,大篆盖尽存焉。"②马先生将奇字说成是史籀之大篆,从王莽六书的角度来看,是有道理的。王莽六书的前四书都是字体,奇字与古文、小篆、隶书并列,则奇字应当是史籀大篆的代称。然而,《说文》的奇字是否就是籀文呢? 如果是籀文,许慎既已具列籀书字体,为什么又别称奇字。由以上六例可见,"奇字"字体简单,与《说文》籀文繁迭的风格迥异,而与古文简略的风格相似。魏《三体石经》古文仓作𠉮,其所从仓,正与《说文》奇字相吻合。战国玺印文字"苍"作𠈌,亦与仓形体相近。所以,董希谦先生云:"《说文》中的奇字应属于

---

① 惠栋著,江声参补《惠氏读说文记》(下),中华书局,1985年,第354页。
② 马叙伦《〈说文解字〉研究法》,商务印书馆,1933年,第22页。

古文,经过甄丰等人改造,应该看作是古文的异体字。《说文》奇字收的很少,有不少奇字大概已经同古文相混了。"①

### 7. "眔"字考

《说文》大徐本:"眔,目相及也,从目隶省,徒合切。"小徐本:"眔,目相及也,从目隶省声,读若与隶同也,道合反。"惠注:"眔声与隶同,当作隶省声。"②

按:考甲骨文字形,小徐本及定宇说"眔为隶"之省,误。甲骨文"眔"字作🖐(甲八五三)🖐(粹一四三),金文作🖐(静簋),郭沫若言:"眔字卜辞及彝器铭习见,均用为接续之辞,其义如后如与,《说文·目部》有此字曰:'眔,目相及也,从目隶省声。'《虞书》曰:'㠯咎繇。'案:眔、㠯此二字者,本系一字,自乃目之伪,氺乃水之伪,而水亦非隶省。眔于甲骨文字上列诸形,字之不从隶省,其显而易见,如,免簋作🖐,周公殷作🖐,由此等殷周古文字推测之,余谓此当系涕之古字,象目垂涕之形。更由音而言,许云:'读若与隶同'。隶、涕古本同音字。"③依郭先生所说,"眔"像目垂涕状,而非隶省也。

### 8. "坐其北门""裹粮坐甲"

《桓公十二年》传"坐其北门"。注:"坐犹守也。"案:兵法有立阵坐阵,见《尉缭子》。立阵所以行也,坐阵所以止也。传曰"裹粮坐甲",又云"王使甲坐于道",又云"士皆坐列",《司马法》曰"徒以坐固",《荀子》曰"庶士介而坐道",及

---

① 董希谦、张启焕《许慎与〈说文解字〉研究》,河南大学出版社,1988年,第66页。
② 惠栋著,江声参补《惠氏读说文记》(上),中华书局,1985年,第99页。
③ 《甲骨文字集释》(四),台湾"中央研究院"历史语言研究所,1965年,第1136页。

此传"坐其北门"皆坐阵也,杜训坐为守,盖未通于古义。①

按:关于"坐"的意义历来说法不一,杜预言"坐犹守也",洪亮吉谓"坐当训为止",杨树达言"坐即坐立之坐",孔广森与惠氏说同,为"坐阵"之义。我们认为,惠氏此处以古代的兵法制度进行阐释,比各家之说更为合理。正如惠氏所说,古代兵阵的形式,从作战方法上分,有立阵和坐阵两类。立阵就是采取立姿作战的战斗队形,坐阵就是采取坐姿作战的战斗队形。坐阵在秦汉以后已经很少使用。然而,在先秦文献中,坐阵经常出现,例如《商君书·赏刑》:"武王与纣战与牧野之中,士卒坐阵。"《孙膑兵法·十阵》载,在"玄襄之阵"中,是"甲乱则坐";在"数阵"中,是"甲恐则坐";《司马法·严位》载"凡战之道",其中有"立进俯,坐进跪,畏则密,危则坐"的规定;又有"跪坐坐伏""坐膝行而推之"等规定。《管子·兵法》谈到战场上的指挥系统时说:"鼓所以任也,所以起也,所以进也……金所以坐也,所以退也。"在古代军事训练中亦有"坐"的科目,如《史记·孙子吴起列传》中记孙子练兵的要求就有"左、右、前、后、跪、起皆中规矩绳墨,无敢出声",这里的"跪",也就是"坐"。《周礼·夏官·大司马》中的训练内容是"以教坐、作、进、退、疾、徐之节",第一项"坐",《吴子兵法·治兵》中说得更清楚,"圆而方之,坐而起之",就是说,从圆阵转为进攻,就要由坐姿转为立姿,由此亦可见,坐阵是与防御相联系的。隋唐以前的坐姿与今不同,并不是如今天臀部着地,而是两膝着地,两脚后置,臀部放在脚后跟之上,即所谓"两膝着地,以尻着踵而安者为坐",战争中采取坐姿,主要有几种作用:一是在军队中处于守势或劣势时,采取坐姿可以稳定对列,

---

① 惠栋《左传补注》,中华书局,1991年,第8页。

不致发生移动变化，更不致随便后退，这就是"乱则坐"的道理。二是坐下之后，前竖盾牌作为全身的遮掩，就可保证部队不受敌方射来的矢箭伤害①。

由上下文而言，"楚伐绞，军其南门，莫敖屈瑕曰：'绞小而轻，轻则寡谋，请无扞采樵者以诱之。'从之。绞人获三十人。明日绞人争出，驱楚役徒于山中，楚人坐其北门，而覆诸山下。"此处言，楚军伐绞，军队驻扎在南门，以砍柴人引诱他们，在山下设伏兵，楚人想绞人遇伏兵，必逃向北门，故在南门布坐阵埋伏，以待其来。惠氏所言，验之上下文亦通顺。《左传》全文中，亦有类似记载，如《昭公二十八年》："使甲坐于道及其门，门阶户席，皆王之亲，当时设备如此，其严然终不免于祸。"《宣公十二年》："越骦夜至于楚军，席于军门之外。""席"为动词，即席地而坐。均为坐阵之法。

然而，惠氏将"裹粮坐甲""庶士介而坐道"作为类比例证，认为此中的"坐"与"坐其北门"均为"坐陈"之例，不妥。

"裹粮坐甲"语出《左传·文公十二年》："十二月戊午，秦军掩晋上军。赵穿追之，不及，反。怒曰：'裹粮坐甲，固敌是求。敌至不击，将何俟焉？'""坐甲"有两解。孔颖达疏："甲，临敌则被之于身；未战且坐之于地。"竹添光鸿《会笺》："籍甲而坐之以待敌，使及敌至可亟擐也。"此皆以"坐甲"为未着甲而坐于地。惠栋《补注》云："昭二十七年传云，吴王使甲坐于道，故云'坐甲'。"沈钦韩《补注》云："言被甲而坐，不时脱也。"此皆以"坐甲"为已着甲而坐于地。"坐"均释为"坐于地"之义，我们认为不妥，此处"裹粮"与"坐甲"连用相对，"裹粮"为动宾结构，"坐甲"应当也为动宾结构，我们认为"坐甲"当为手持、穿上之义。坐与挫古相通，朱骏声《说

---

① 袁庭栋《解密中国古代战争》，山东画报出版社，2008年，第252页。

文通训定声·随部》:"挫,又假借为坐。《春秋考异邮》:'清明者,精芒挫收也。'《庄子》山木叶离挫议。《墨子》视上叶挫靡。"《老子》五十六章:"挫其锐。"汉帛书甲本"挫"作"坐"。挫有"持""取"之义。《楚辞·招魂》:"挫糟冻饮,酎清凉些。"王逸注:"挫,捉也。言……提去其糟,但取清醇。"《庄子·人间世》:"挫针治繲,足以糊口。"陆德明释文引司马彪曰:"挫针,缝衣也。"即持针缝衣。《老子》:"或行或随,或歔或吹,或强或羸,或挫或隳。"陆德明《释文》:"挫,搦也。"搦有"持""捉"之义,《广韵·觉韵》:"搦,持也。"

由此可见,"坐"假借为"挫","挫甲"即持甲之义,与"裹粮"正相对。此成语是说兵士临战之前,准备干粮,穿戴兵甲的情景,描述了兵士全副武装,准备战斗的场面。在古籍之中亦有"擐甲执兵""被甲执兵""被甲枕革"等,与此义均相同。惠氏所释为"坐陈"亦不妥,此处的"甲"为铠甲之义,非兵士,故不能"陈列"。《汉语大词典》《辞源》等均释为"携带干粮,披甲而坐",不妥。

"庶士介而坐道"出自《荀子》。王念孙言:"宋钱佃本及元刻'夹道'并误作'坐道',而卢本从之。"则正应作"夹道"。就上下文而言,上文云天子出,"三公奉軶持纳,诸侯持轮、挟舆先马,大侯编后,大夫次之,小侯、元士次之,庶士介而夹道,庶人隐窜莫敢视望"。由此可见,天子出之时则三公奉軶持纳,诸侯持轮挟舆先马,然则庶士岂能坐道乎?杨倞注本云:"介而夹道,被甲夹于道侧,以御非常也。"今见宋吕本亦作"夹道"。《周官·条狼氏》"王出入则八人夹道"亦为此意。

### 9. "不庭"考

《隐公十年》传:"以王命讨不庭。"惠栋注:"《尔雅·释诂》'庭,直也。'谓诸侯之不直者。"①

"不庭"一词,历来注家众说纷纭,概言之,可以归纳为两种意见:一种意见认为,庭训为直,不庭为诸侯不直者,明方以智,清惠栋、洪亮吉、刘文淇、洪颐煊等均从此说;一种意见认为庭为动词,不庭即"不朝于庭",如杜预、王念孙、竹添光鸿、杨伯峻等均从此说。那么,比较以上截然不同的两种意见,我们以为,二者均值得商榷。

从其文意来说,郑伯之所以伐宋,乃因隐公九年,"宋公不王,郑伯为王左卿士,以王命讨之,伐宋"。"宋公不王"的"王",王念孙解释言:"诸侯见于天子曰王。王之言往也,往见于天子也。宋公不王,犹言宋公不朝。"王引之征引大量证据,证明"不王"犹"不朝",其言可信,在这个情况下,"不王"与"不庭"二者的意义可相呼应。

在古文献中,"庭""廷"古本通,王静安(国维)云:"古文但有廷字,后世加广作庭,义则无异。由《说文》之例,庭字当为廷下重文。"②林义光所言:"廷与庭古多通用,疑初皆作廷。"朱骏声《说文通训定声》"庭"字下云:"假借为廷……《诗·韩奕》:'干不庭方。'《周语》:'以待不庭不虞之患'。按犹不朝也,传、注皆训直,失之。""以王命讨不庭"的"不庭",也就是秦公簋"蔼蔼文武,镇静(靖)不廷","镇静(靖)不廷"即是镇压不来朝贡诸国之意。《尚书·周官》云:"惟王抚万邦,巡侯甸,四征弗庭"者,"四征弗庭"者,四处征讨不来朝觐之国也。由此可见,"以王命讨不庭"当以第二种意见为长。

然而,"不庭"一词,《左传》共见三次,则不能仅仅以第一种

---

① 惠栋《左传补注》,中华书局,1991年,第4页。
② 周法高《金文诂林》,香港中文大学出版社,1975年,第1061页。

或第二种解释释之。如,一见《成公十二年》:

> 宋华元克合晋、楚之成。夏五月,晋士燮会楚公子罢、许偃。癸亥,盟于宋西门之外,曰:"凡晋、楚无相加戎,好恶同之。同恤菑危,备救凶患。若有害楚,则晋伐之;在晋,楚亦如之。交贽往来,道路无壅;谋其不协,而讨不庭。有渝此盟,明神殛之,俾队其师,无克胙国。"

其次,见于《襄公十六年》:

> 晋侯与诸侯宴于温,使诸大夫舞,曰:"歌诗必类。"齐高厚之诗不类。荀偃怒,且曰:"诸侯有异志矣。"使诸大夫盟高厚,高厚逃归。于是叔孙豹、晋荀偃、宋向戌、卫宁殖、郑公孙虿、小邾之大夫盟曰:"同讨不庭。"

三处的"不庭",洪亮吉皆以《尔雅》为依归,沿袭惠栋说以"直"训"庭",从上下文意来说难通。成公十二年,晋、楚会盟,相约讨伐背叛晋、楚之侯国,"不庭"正指涉这种特定的情况。"不直"当然不能清楚表示这种情况。襄公十六年的"同讨不庭",是说一起讨伐不敬盟会的人或诸侯国,如说成"同讨不直",便不切合事件的本质。如说成"不庭于朝",也不是很恰当。

彝器鼎文未见"庭"字,而只有"廷"。《说文》"廷"字的解释是"朝中也"。可知训"不直"自是引申义,而"不来于庭"为基本义。二者之用,应根据上下文来决定。然而,考诸"不庭"的用法,并非以上两种解释可以涵盖。就《左传》而言,《成公十二年》之"不庭"和《襄公十六年》之"不庭",无论用哪一种解释都不能切合文意。由于字义会不断流变,没有一个字在不同用法上会有完全相同的意义,所以,"不庭"二字,不太可能以"直"或"不朝于庭"义来训释三种不同的语境。张鹏飞认为"'不庭'一语,常见于先秦典籍,是当时的常用语。"不庭"的本义可能为不来于王廷,后引申为"不直""不正"之意。"①所言为是。正因在古代文献中经常使用,无论它的本义或引申义,都被泛用为不服从王命,或不服从强大的诸侯之命者,如《成公十二年》之"谋其不协,而讨不庭";或可泛用为"不敬",适合《襄公十六年》"共讨不庭";又或泛用作"不履行对王室的义务,不合于法度、或不合于道等,适合于《诗经·大雅·韩奕》:"干不庭方,以佐戎辟。"更适于本《传》文:"以王命讨不庭"。

综合以上所言,"不庭"的本义为"不朝于庭",由此又引申为"不直""不敬","不服从王命","不履行对王室的义务,不合于法度、或不合于道"等,从而形成了由本义与引申义而形成的语义场。要清楚确定他属于哪一个确切含义,便要根据它出现的语言环境来决定。

### 10. 窒皇

《左传·宣公十四年》:"投袂而起,屦及于窒皇,剑及于寝门之外。"惠注:"高诱《吕览》注引此传作'絰皇',与《庄十九年》'絰皇'一也。"②

按:此处惠栋仅仅指出了"窒皇"的异文形式,没有确切解释其具体含义。"窒皇""絰皇"仅出现在《左传》一书。关于此词语

---

① 张鹏飞《洪亮吉左传诂斠正》,香港商务印书馆,1996年,第25页。
② 惠栋《左传补注》,中华书局,1991年,第46页。

的解释,历来说法不一,总结起来主要有三种说法:一指门阙。最早提出这种说法的是杜预,他言:"窒皇,寝门阙。"后来唐孔颖达、宋魏了翁等均采其说。现在研究古代建筑的一些学者,亦采用其说,并认为"经皇"为阙的异名。① 二指门前庭院,主此说者以杨伯峻为代表,杨伯峻注:"经皇即《宣十四年传》'屦及于窒皇'之窒皇。窒、经字通。盖殿前之庭也。"三指门前甬道,主此说者以洪亮吉为代表,谓"窒皇盖即今之拥道,上实中虚,今乾清宫陛下甬道亦然。《庄十九年》'鬻拳自杀葬于经皇'同。盖经皇之在墓上,即隧道,羡道也"。后章太炎也从此说。我们认为当以后两种说法为长。

第一种说法与文意不符。"窒皇"一词出自《宣公十四年传》:"楚子闻之,投袂而起,屦及于窒皇,剑及于寝门之外,车及于蒲胥之市。"此文出现的语境为:春秋时楚庄王使申舟去齐国聘问,申舟路过宋国,被宋人所杀。楚王听到这个消息后,振袖而起,未纳屦,未带剑,未乘车,急遽而走出寝宫。左右士卫奉屦追及窒皇,奉剑追及寝门,御者驾车而追及于蒲胥之市。此段文字形象地描绘了楚王的动作坚决迅速。由此段描写可知,由窒皇至蒲胥之市,皆由近至远,则窒皇在寝门之内可知。然而,如杜预所说为"门阙",则与文意不符。因为阙在古代建筑中,一般矗立在建筑的入口,有时可以充当门的作用。《释名》:"阙,在门两旁,中央阙然为道也。"诚如杜注所言,解释为"门阙",则就是先过门阙,后进寝门,于理不合。故而,杜氏所言不妥。今研究古代石阙制度的信立祥等先生,直接将其作为门阙的异文,实为不妥。

第二种说法,推测上下文倒是可通。但是,杨伯峻先生得出

---

① 重庆市文化局等编著《四川汉代石阙》第5页、信立祥《汉代石阙综合研究》第293页。

此结论主要的依据是《吕氏春秋》中所出现的异文。《吕氏春秋·行论》:"庄王方削袂,闻之曰:'嘻!'投袂而起,履及诸庭,剑及诸门,车及之蒲数之市。""庭"正与"窒皇"相对为文。然而,相对为文,未必完全相同。因为《左传》全文,与先秦多种古籍形成异文,然而,这些异文的意义并非完全一一对应。如,《吕氏春秋·骄恣》:"晋厉公侈淫,好听谗人,欲尽去其大臣而立其左右。"《左传·成公十七年》"晋厉公侈,多外嬖。反自鄢陵,欲尽去群大夫而立其左右。"《吕氏春秋》之"淫"与《左传》之"多外嬖"相对为文,"淫"指动作行为的性质,"多外嬖"则指动作行为的结果,二者也不是完全对等。如《论语·卫灵公》:"卫灵公问陈于孔子。孔子对曰:'俎豆之诗,则尝闻之矣,军旅之事,未之学也。'"《左传·哀公十一年》:"孔文子之将攻大叔也,访于仲尼。仲尼曰:'胡簋之事,则尝学之矣,军旅之事,未之闻也。'"此处《左传》改"卫灵公问"为"孔文子访",纯属虚构事实,传用《论语》易"俎豆"为"胡簋",互易"闻"与"学",则这种异文就构不成一一对应的关系。《晏子春秋·谏上》:"景公疥且疟,期年不已。召会谴、梁丘据、晏子而问焉。"《左传·昭公二十年》记载此事则言:"齐侯疥遂痁,期而不瘳,诸侯之宾问疾者多在。"《晏子》"疥且疟"与《左传》"疥遂痁"构成异文,"且"为表并列关系,表明其为两病,而"遂"表因果关系,表明两病有先后递进之义。二者虽为异文,其意义也不完全相同。由此可见,杨氏仅仅依据《吕览》此一处异文,就得出"门前庭"之结论,有些武断。再者,"窒皇"为何为"门前庭",其得名依据为何,杨先生也没有能够说明白。

从语言文字角度来说,"窒皇"正如章太炎先生所说为两字之合音,"绖皇反音为唐"①。则窒皇为"唐"字之缓言。窒,徒结

---

① 章太炎《左传读》,载《章太炎全集》第二册,第199页。

切,上古定纽质部。皇,胡光切,匣纽阳部。唐,徒郎切,上古定纽阳部。语言学上常说的词语的缓急变易,长言则一字可伸为二字,短言则二字缩为一音。在古代汉语系统中有很大一部分词是由缓急变异而形成的,如,瘦为虺隤、椎为终葵、芫为芄兰、痤为族絫、笔为不律、箫为细腰①等等。由此可见,窒皇与唐为一词,仅有读音的长短、缓急之别。"唐"在先秦文献中多用作道路之义,如,《尔雅·释宫》:"庙中路谓之唐。"《诗经·陈风·防有鹊巢》:"中唐有甓。"传曰:"唐,堂涂也。"孔颖达疏:"唐,门内之路。"《庄子·田子方》:"是求马于唐肆矣。"成玄英疏:"唐,道也。"《汉书·扬雄传》:"平原唐其坛曼兮。"颜师古注:"唐,道也。"《逸周书·作雒解》:"内阶玄阶堤唐山墙,以墨石为阶。"孔晁注:"唐,中庭道。"诸如此类,不胜枚举。

"窒皇"为甬道之名,亦可以从古代房屋的结构中找到其原型。原始社会最初的房屋建构,与今不同,它们是往下掘地为之,立柱,然后上面蒙盖上东西,如今天之蒙古包之形。程瑶田言:"古者初有宫室时,易复穴为盖构,不过为廇然之物以覆于上,当如车盖然,中高而四周减下以至于地。"②今发掘出不少早期的房屋遗址多为此形。以西安半坡为例,其中的方形屋建筑,一般是先掘地为坎,从今出土的遗址来看,一般的坎深四五尺,然后在坎山立柱盖茅;门前有斜下之道,上边也立柱盖茅,最前设门。如图一、二。屋前那个好像门罩的结构,旧不知何名,我们以为就是窒皇,其道斜下,与墓道相似。图中所示是六千年前的半坡房屋的形制,时代发展,半地下式的房屋变为全地上或筑在高台上,窒皇的形制当然也会发生变化,如图三。然而其基本形制则沿袭下来,直到现在农村的堂屋门前还建有厦廊。洪亮

---

① 此例见蒋礼鸿《义府续貂》,中华书局,1981年,第1页。
② 程瑶田《程瑶田全集》第一册,黄山书社,2008年,第467页。

吉释曰"若今甬道",则为这种由庭院通往房屋的道路。如房屋建在平地上,则这种道路是平的,而如果建立在高台上,则就是斜的了。

图一　　　　图二　　　　图三

"窒皇"释为"甬道"之名,在其他地方亦可通。《庄公十九年》:"十九年春,楚子御之,大败于津。还,鬻拳弗纳。遂伐黄,败黄师于踖陵。还,及湫,有疾。夏,六月庚申,卒。鬻拳葬诸夕室,亦自杀也,而葬于绖皇。"章太炎先生言:"墓亦有廷,自冢以前皆是也。《陈风·墓门有棘》传云:'墓门,墓道之门。'是墓门外有道,故知既儒门后,一有至墓之道,犹宫室之制,既入门,其庭中有道也。鬻拳则葬于其道。"①

## 12. 转而鼓琴

《左传·襄公二十四年》:"皆居转而鼓琴。"杜注:"转,衣装。"孔疏:"衣囊耳,当是盛衣甲之囊也。"惠栋注曰:"傅逊曰:'转当为轸。'栋案:《文选注》引许慎《淮南子》注曰:'轸,转也。'或是古轸字有作转耳。《方言》曰:'轸谓之枕'。郭璞曰:'车后横木。'"②

按:此处的"转"字,历来有多种不同的解释,总结起来主要

---

① 章太炎《左传读》,《章太炎全集》(二),上海人民出版社,2014年,第199页。
② 惠栋《左传补注》,中华书局,1991年,第73页。

有以下四种意见：一，杜预注："转，衣装"，后阮元①、竹添光鸿②等又认为"转，通縳，衣囊"，义与杜同。二，傅逊云："转必軫字之伪。谓车前后两端横木，踞之可以鼓琴。"③胡玉缙进一步申述其为后面的横木，"所踞者必后軫，后軫在车厢外，横拒底板。"④三，洪颐煊认为"转"为唱歌之义，"转踞而鼓琴"为"箕倨自歌以鼓琴也"⑤。四，章太炎云"转借为叀。《说文》叀下云：'从叀，引而止之也。'叀者，如叀马之鼻，然则叀乃马鼻绳也。"后叀引申为"牵引"之义，"叀，以引止马，有转戾掺缚之义……言引叀而当琴鼓之。而者，如也。盖有绝技，能使叀声如琴"⑥。此四种说法均值得商榷。

第一种说法，"转"为盛衣服的衣囊，衣囊亦名"橐"。"橐"为衣囊之义常见，如《礼记·檀弓》"赴车不载橐"，注"甲衣也"，《礼记·少仪》"则袒橐举胄"，注"错衣也"，皆其证也。然"转"为衣囊之义，在文献中则较为少见。"踞转而鼓琴"下句言"取胄于橐而胄"，下句既用常语"橐"，此句又用僻语，与《左传》用语不符。

第二种说法与古代车制不符。古代车軫之长度，在《周礼》中有明确的记载，《周礼·考工记》云："六分其广为一为軫围。"郑注："軫，舆后横者也，兵车之軫围尺一寸。"郑珍云："軫围一尺一寸，两边厚一寸四分，两面广四寸一分，长六尺六寸，向前一边中为槽，深七分以受底版。"⑦《初学记》十六引《琴操》曰："琴长三尺六寸六分。"⑧由此可知，二人居于长六尺六寸之軫间，各

---

① 《十三经注疏》（下册），上海古籍出版社，1997 年，第 1982 页。
② 竹添光鸿《左传会笺》（下册），富山房编辑局，1911 年，第 81 页。
③ 《春秋左传注辨误》（卷下），明万历十三年日殖斋刻本。
④ 胡玉缙撰、王欣夫辑《许廎学林》，中华书局，1958 年，第 90 页。
⑤ 洪颐煊《读书丛录》卷五，清道光二年富文斋刻本。
⑥ 章太炎《章太炎全集》（二），上海人民出版社，1984 年，第 524－525 页。
⑦ 孙诒让《周礼正义》，中华书局，1987 年，第 3198 页。
⑧ 《唐代四大类书》第三册《初学记》，清华大学出版社，2003 年。

自弹三尺六寸六分之琴,其长度必不允许。所以竹添光鸿云"车琴长三尺六寸,二人相并踞于后轸,琴首尾相碍,不可得而弹"①。竹添说甚是。

第三种说法洪颐煊得出此结论所使用的例证为:《左传·昭公三十一年》"赵简子梦童子嬴而转以歌。"《淮南子·修务篇》"故秦、楚、燕、卫之歌也,异转而皆乐。"二者或"转以歌"或"转而皆乐"。由此可见,"踞转而鼓琴",谓箕倨自歌,则传文当曰"踞而转",文义方顺。踞转连属,不合古经之文例。

第四种说法为牵执转戾缰绳,如弹琴一般,亦有不妥:一则"踞转而鼓琴"的主语是张骼、辅跞两人,二者皆执辔,不合古代战车的驾驭制度;二则"转辔如琴声",亦缺少文献依据。

我们认为"踞"当为"居"之假借字,为安放、旋转之义,"转"为"轸"之误,为弦乐器上系弦线的小柱。"皆踞转而鼓琴"为"二人皆镇定自若地调整琴弦而弹奏之义"。

踞、居常通用。《说文·尸部》:"居,蹲也。"段玉裁注:"凡今人蹲居字,古只作居。"朱骏声《说文通训定声》云:"踞,此为居之俗字。""居"由物之所蹲居,引申为处置、放置之义,如《群经平议·周易二》:"君子以慎辨物居方。"俞樾言:"物之所处谓之居,处置其物亦谓之居。"《逸周书·作雒解》:"士居国家,得以诸公大夫。"孔晁注:"居,治也。"桓宽《盐铁论·授时》:"夫居事不力,用财不节,虽有财如水火,穷乏可立而待也。"《汉书·循吏传》:"循吏如河南守吴公、蜀守文翁心属,皆谨身帅先,居以廉平,不至于严,而民从化。"

古琴上系弦线并调节琴弦松紧的小柱名轸,琴柱"轸"之得名于车舆之"轸",郑珍云:"以軥踵承其下,当轸中为圆孔,连踵

---

① 竹添光鸿《左传会笺》(下册),富山房编辑局,1911年,第81页。

通之,上大下小。合时,以一圆木旋转关之,令上与轸面平,复以横錗键其下,若解舆则向上旋转脱之。軦与围固合而不稍移掉倾脱者,钩心之后全赖此,轸之名,转琴柱之名轸,皆由斯义。"①在古文献中"轸"用为"转琴柱"之义常见:《韩诗外传》:"孔子曰:'丘知之矣。'抽琴去其轸,以授子贡。"刘向《列女传·阿谷处女》:"向者闻子之言,穆如清风,不拂不寤,私复我心,有琴无轸,愿借子调其音。"《魏书·志十四》:"中弦粗细,须与琴宫相类,中弦须施轸如琴,以轸调声,令与黄钟一管相合。"崔鸿臣《十六国春秋》:"臣恐颓风獘俗,亦且改变靡途,中兴之歌,无以轸诸咏矣。"李白《北山独酌》寄韦六诗:"坐月观宝书,拂霜弄瑶轸。"王琦注:"琴下系弦之柱,谓之轸。"董解元《西厢记诸宫调》卷四:"初移轸,啼乌怨鹤,飞上七条弦。"《警世通言·俞伯牙摔琴谢知音》:"伯牙开囊取琴,调弦转轸,弹出一曲。"

就上下文意而言,晋国张骼、辅跞两位将军在挑战楚师之时,让宛射犬先驾广车前行,自己坐乘车跟着,并镇定自若地调整琴弦而弹奏。濒临楚师,宛射犬根本就没有通知他们,疾驰而进。然而,当两位将军杀入敌营后,则如虎入羊群,横冲直撞,英勇无比,杀敌无数。"皆距转而弹琴"与"搏人以投""收禽挟囚"形成了场面的对比,"踞转""弹琴"与"搏人""收禽"为二人战争前后行为神态的对比,这种对比体现了战争场面和人物情绪弛张有度、柔刚相兼的变化,使晋军的英武气概跃然纸上。

### 13. 平章百姓

《尚书·尧典》"平章百姓",《史记》作"便章"。《尚书大

---

① 孙诒让《周礼正义》,中华书局,1987年,第3198页。

传》作"辩章"。(《索隐》云:"今文作辩章。")案:下文"平秩"字,伏生作"便"。郑玄作"辩"。《说文》云:"采,辨别也,读若辨,古文作𠔌,与平相似。"《于部》云:"古文平作𠂞。"孔氏袭古文误以𠔌为平,训为平和,失之。辨与便同音,故《史记》又作"便"。《汗简》云:"《古文尚书》'平章'字作𠂞,《玉篇》同。"《毛诗·采菽》云:"平平左右。"《左传》作"便蕃"。毛苌曰:"平平,辩治也。"服虔亦云:"平平辩治不绝之貌。平亦当从古文作𠂞。"(郑注云:"辩,别也。"亦与毛、服义通。)①

按:惠栋认为"辩(辨)别"之"辩",古文作"𠔌","平舒"之"平",古文作"𠂞"。二字形体相近,后世混而为一,所以"平章"当为"采章"之讹。惠栋此处求之过深。《索隐》言:"古文《尚书》作'平',平既训便,因作'便章',其今文作'辩章'。"由此可见,"平""辩"的不同是今古文用字的差异。《后汉书·刘恺传》《班固传》注并引《尚书》曰:"辩章百姓。"郑注曰:"辩,别也。"从郑玄这些注释,可以知道,郑玄并没有见古本《尚书》有作"采"者,如有古本作"采"者,则郑注当曰"采,古辩字",或曰"采,辩别也"。只有如此,才能合诂经之体。故段玉裁《尚书撰异》云:"郑注《尚书》读平为辩,从《今文尚书》也。"王引之也认为此是因为版本不同造成的,"作'辩章'者郑氏本,作'平章'者马融本"。先秦文献中对于此句的引用亦多有"平章百姓"者:《后汉书》曰:"更选忠清,平章赏罚。"李贤注:"平,和也。""平章"字当本于《尚书·尧典》。《白虎通义·姓名》引《尚书》"平章百姓"。曹植《求通亲亲表》引传曰:"九族既睦,平章百姓。"李善注与李贤同。此皆在梅氏《古文尚书》未出以前,而字正作"平",所以不能以为误也。

---

① 惠栋《九经古义》,中华书局,1985年,第26页。

"平"与"辩"古音可通,"平"古音在耕部,"辩"古音在真部,三者在古文献之中往往通用:《周易》"祇既平无咎。"焦循章句:"平犹辩也。"《大戴礼记·文王官人篇》:"辩言而不顾行。"《逸周书·官人篇》:"辩作屏。""屏"与"平"通。《诗经·小雅·采菽》:"平平左右。"《左传》引作"便蕃"。毛传训为"辩治"。段玉裁《尚书撰异》言:"平、辩虽一在古音十一部,一在古音十二部,而同入最近。是以《周易》清真通用,《洪范》偏、平合韵。《尚书》平、便皆训使,此平章即便章之理也。不必如惠所说。"

惠栋在论述的过程之中,使用的例证也存有问题。他说"下文'平秩'字伏生作'便',郑玄作'辩'",并以此当做古文"采""平"相通的证据,亦为不妥。"平秩"之平,马融本作"苹"。唐写本《释文》云:"平,如字,均也。马作苹,使也。"《尔雅·释诂》曰:"抨,使也,与苹同。"马本作"苹",他本作"平",犹《周礼·春官》"车仆苹车"之苹,故书作"平"也。《说文》古文"采"字注不言《尚书》有此字,《丰部》"艵"字则引虞书曰:"平艵东作",其字正作"平",与马融本"苹"字同声,许用本字,马是用假借字。"平秩"非误字可知。《初学记·礼部》上引崔骃《西巡颂》曰:"惟秋谷既登上将省敛,平秩西成。"赵岐注《孟子·万章》篇曰:"书曰:'平秩东作',谓治农事也。"则崔、赵所见本亦作"平"。

由此可见,惠栋所说"平"为"采"之误字当为非。由此,王引之发出感叹:"夫古字通用,存乎声音。今之学者不求诸声而但求诸形,故置其说之多谬也。"

### 14. 弗嗣

《尚书·舜典》:"舜让于德弗嗣。"徐广曰今文作"不怡"。《史记》作"不怿"。怡,怿也。李善《文选》注引《书》云"舜让于德不台",台犹怡也。"《汉书音义》云:"古文台作嗣。"案:嗣与怡音义绝异,《毛诗·子衿》曰"子宁不嗣音",韩诗作"诒音",古怡、诒字皆省作台,古嗣字皆省作司,高宗肜日"王司敬民",《史记》作"王嗣敬民"。吕大临《考古图》载齐姜鼎云"余惟司朕先姑",《集古録》刘原父皆释司为嗣,是司为古文嗣,或古司台字相似,因乱之也。(台本音怡,故《史记》自序云"唐尧逊位,虞舜不台"。)①

按:惠氏所说非。"司"篆书作司,"台"作㠯,二者从字形并不相关。王引之云:"司与台篆隶皆不相似,写者无由乱之。不嗣之为不怡为不台,嗣音之为诒音,皆以声相近而通,非以字相似而误也。"段玉裁言:"台声司声古音同在第一'之咍部'。是以《公羊》'治兵'作'祠兵',《韩诗》'嗣音'作'诒音',今文《秦誓》'俾君子易辞'作'俾君子怠',与此'嗣'作'台'正同。"司与台声相近,故从司从台之字可互通。《诗经·郑风·子衿》:"子宁不嗣音。"《经典释文》:"嗣,《韩诗》作诒。"《尔雅·释兽》:"丑之初,其二反。字书以为古齝字。"嗣与辞通,俞樾《群经平议·尚书四》:"恐不获言嗣。"俞樾按:"嗣当为嗣,乃籀文辞。"《易·系辞上》:"辩吉凶存乎辞。"《释文》云:"辞本作嗣。"

辞与从"台"得声之字,很多通用,《史记·周本纪》:"怡说妇人。"裴骃《集解》引徐广曰:"怡一作辞。"《周礼·小宰》:"听其治讼。"孙诒让疏:"《小司徒》云:听其辞讼。辞讼即治讼也。"《老

---

① 惠栋《九经古义》,中华书局,1985年,第29页。

子》:"万物作焉而不辞。"马王堆汉墓帛书《老子》乙本作"始"。由此可见,"司"与"台"相通,在古文献中非个别现象,惠氏说其为字形讹误,不自知其圆凿而方枘也。

# 附录二  惠栋著作统计表[①]

| 重要版本存在形式 | 书名 | | | 版本及馆藏情况 | 备注 |
|---|---|---|---|---|---|
| | 撰著 | 辑佚 | 批校 | | |
| 刻本 | | 郑氏周易 | | 《雅雨堂丛书》本《四库全书》本《丛书集成初编》本 | 郑玄撰,王应麟辑,姚士粦补辑,惠栋补 |
| 刻本 | 周易郑注爻辰图 | | | 《雅雨堂丛书》本《四库全书》本《丛书集成初编》本 | 一般附在《郑氏周易》之后 |
| 刻本 | 周易述 | | | 乾隆二十五年雅雨堂刻本《四库全书》本(第52册)《皇清经解》本《四部备要》本 | 二十一卷 |
| 刻本线善 | | | 周易义海撮要 | 苏州图书馆藏 | 十二卷 |
| 刻本线善 | | | 古周易订诂 | 南京图书馆藏 | 十六卷 |
| 刻本 | 易微言 | | | | 一般附于《周易述》之后 |
| 刻本 | 易大义 | | | 《节甫老人杂著》本 | 二卷 |
| 刻本 | 易例 | | | 《贷园丛书》本《四库全书》本(第52册)《皇清经解》本《四部备要》本 | 二卷 |

---

① 本表格制作参考了漆永祥与郑朝晖两位先生的研究成果。

(续表)

| 重要版本存在形式 | 书名 | | | 版本及馆藏情况 | 备注 |
|---|---|---|---|---|---|
| | 撰著 | 辑佚 | 批校 | | |
| 刻本 | 明堂大道录 | | | 《经训堂丛书》本《续修四库全书》本(第108册)《皇清经解续编》本《丛书集成初编》本 | 八卷 |
| 刻本 | 禘说 | | | 《皇清经解续编》本《续修四库全书》本(第108册)《丛书集成初编》本 | 二卷 |
| 刻本线善 | | | 周礼注疏 | 上海图书馆藏 | 四十二卷 |
| 刻本线善 | | | 礼记注疏 | 上海图书馆藏 | 六十三卷 |
| 刻本线善 | | | 礼记正义 | 国家图书馆藏 | 七十卷 |
| 刻本线善 | | | 周易义海撮要 | 苏州图书馆藏 | 十二卷 |
| 刻本线善 | | | 易纂言 | 南京图书馆藏 | 十二卷 |
| 刻本线善 | | | 古周易订诂 | 南京图书馆藏 | 十六卷 |
| 刻本 | 易汉学 | | | 《皇清经解续》本《四库全书》本《丛书集成初编》本 | 八卷 |

(续表)

| 重要版本存在形式 | 书名 | | | 版本及馆藏情况 | 备注 |
|---|---|---|---|---|---|
| | 撰著 | 辑佚 | 批校 | | |
| 稿本刻本 | 周易本义辨证 | | | 上海图书馆藏手稿本<br>清惠氏红豆斋钞本<br>《省吾堂四种》本<br>《续修四库全书》本(第21册) | 五卷 |
| 刻本线善 | | | 易传集解 | 苏州图书馆、上海图书馆藏 | 十卷,李鼎祚撰,惠栋校注 |
| 钞本线善 | | | 易传 | 复旦大学图书馆藏 | 三卷,京房撰,惠栋批校 |
| 刻本线善 | | | 周易乾凿度 | 南京图书馆藏 | 二卷 |
| 刻本线善 | | | 周易兼义 | 北京图书馆藏 | 九卷 |
| 刻本 | 左传补注 | | | 《守山阁丛书》本<br>《贷园丛书》本<br>《墨海金壶》本<br>《四库全书》本<br>《皇清经解》<br>《丛书集成初编》本<br>中华书局1991年据《守山阁丛书》本排印 | 六卷<br>上海图书馆藏有手稿本 |
| 刻本线善 | | 论语郑注 | | 清嘉庆四年浮溪精舍刊本 | 惠栋、江声辑,宋翔凤补辑 |
| 刻本线善 | | | 春秋公羊传注疏 | 上海图书馆藏 | 二十八卷 |

(续表)

| 重要版本存在形式 | 书名 | | | 版本及馆藏情况 | 备注 |
|---|---|---|---|---|---|
| | 撰著 | 辑佚 | 批校 | | |
| 刻本线善 | | | 春秋榖梁传注疏 | 台湾"国图"藏 | 二十卷 |
| 刻本线善 | | | 尚书注疏 | 上海图书馆藏 | 二十卷 |
| 刻本线善 | | | 十三经注疏 | 国家图书馆藏 | 三十三卷 |
| 刻本 | 九经古义 | | | 桂林府同知李文藻刊本《贷园丛书》本《四库全书》本（第191册）《皇清经解》本《丛书集成初编》本 | 《周易古义》二卷《尚书古义》二卷《毛诗古义》二卷《周礼古义》二卷《仪礼古义》二卷《礼记古义》二卷《公羊古义》二卷《榖梁古义》一卷《论语古义》一卷共计十六卷 |
| 刻本 | 惠氏读说文记 | | | 《借月山房汇钞》本《式居汇钞》本《泽古斋》本《指海》本《丛书集成初编》、《续修四库全书》（第203册）、1985年中华书局均据《借月山房汇钞》本影印出版 | 十五卷，旧题为惠栋撰，据考证应为惠士奇、惠栋父子所作 |

（续表）

| 重要版本存在形式 | 书名 | | | 版本及馆藏情况 | 备注 |
|---|---|---|---|---|---|
| | 撰著 | 辑佚 | 批校 | | |
| 刻本 | 后汉书补注 | | | 《粤雅堂丛书》本《史学丛书》本《丛书集成初编》、《续修四库全书》（第270册）、中华书局1985年均据《史学丛书》版影印 | 二十四卷。有顾栋高序及冯集梧序、李保泰跋 |
| 刻本线善 | | | 后汉书 | 苏州大学图书馆藏 | 一百二十卷 |
| 刻本 | | 汉事会最人物志 | | 此本为江标所藏，而刻入其《灵鹣阁丛书》本《丛书集成初编》依据此本影印 | 三卷 |
| 刻本线善 | | 尸子 | | 乾隆五十三年任氏刻《心斋十种》本中国国家图书馆藏 | 三卷附录一卷，周尸佼撰，惠栋辑，任兆麟补遗 |
| 刻本线善 | | | 荀子 | 上海图书馆藏 | 二十卷 |
| 刻本 | 太上感应篇集传 | | | 光绪二十五年正定王氏合刊 | 四卷，后俞樾、姚学塽、于觉世等续有赘言 |
| | 说铃注 | | | 清华氏刻本上海图书馆藏 | 二卷，汪琬自注，惠栋增补 |
| 刻本 | 松崖笔记 | | | 《聚学轩丛书》本《丛书集成续编》据此本影印出版 | 此书三卷，二百五十余条，前有翁广平序 |

(续表)

| 重要版本存在形式 | 书名 | | | 版本及馆藏情况 | 备注 |
|---|---|---|---|---|---|
| | 撰著 | 辑佚 | 批校 | | |
| 刻本 | 九曜斋笔记 | | | 《聚学轩丛书》本《丛书集成续编》依据此本影印 | 三卷,有五百多条,前两卷杂论 |
| 刻本 | 渔洋山人精华录训纂 | | | 东吴惠氏红豆斋刻本《四部备要》《四库存目丛书》均依据此本影印 | 十卷 |
| 刻本 | 渔洋山人精华录训纂补 | | | 乾隆间德州卢氏刊本 | 五卷,二册 |
| 刻本 | 精华录笺注辨讹 | | | 惠氏红豆斋刻本 | 一卷,金荣笺注,惠栋辨讹 |
| 刻本 | 渔洋山人年谱注补 | | | 红豆斋刊本《四部备要》《续修四库全书》据此本影印 | |
| 刻本 | 松崖文钞 | | | 《聚学轩丛书》本《丛书集成续编》本据此影印 | 二卷,三十一篇 |
| — | 东吴三惠诗文集 | | | 台湾"中研院"中国文哲研究所2006年 | 《松崖文钞》二卷,《惠栋遗文》一卷 漆永祥点校 |
| 线善 | | | 熊先生经说 | 国家图书馆藏 | 七卷 |

（续表）

| 重要版本存在形式 | 书名 | | | 版本及馆藏情况 | 备注 |
|---|---|---|---|---|---|
| | 撰著 | 辑佚 | 批校 | | |
| 线善 | | | 新刻困学纪诗 | 上海图书馆藏 | 一卷 |
| 线善 | | | 朝野类要 | 国家图书馆藏 | 五卷 |
| 线善 | | | 新刻诗考 | 上海图书馆藏 | 一卷 |
| 线善 | | | 新刻印古诗语 | 上海图书馆藏 | 一卷 |
| 线善 | | | 新刻玉海纪诗 | 上海图书馆藏 | 一卷 |
| 线善 | | | 神僧传 | 上海图书馆藏 | 九卷，惠栋圈点 |
| 线善 | | | 孟东野集 | 上海图书馆藏 | 十卷，惠栋评点 |
| 稿本 | 周易讲义合参 | | | 上海图书馆藏 | 二卷，一册 |
| 稿本 | | 周礼会最 | | 北京大学图书馆藏 | 一册，不分卷 |
| 稿本 | | 古文春秋左传 | | | 汉贾逵、服虔等撰，旧题宋王应麟辑，惠栋补辑 |
| 稿本 | | | | 上海图书馆藏 | |
| 稿本 | 松崖读书记 | | | 复旦大学图书馆藏 | 二册，残稿本，王欣夫辑 |
| 稿本 | 荀子微言 | | | 上海图书馆藏《续修四库全书》影印本（第932册） | |

(续表)

| 重要版本存在形式 | 书名 | | | 版本及馆藏情况 | 备注 |
|---|---|---|---|---|---|
| | 撰著 | 辑佚 | 批校 | | |
| 稿本 | 山海经补注 | | | 南京图书馆藏 | 五卷,一册 |
| 钞本 | | 尚书大传 | | 惠氏红豆斋钞本 中国国家图书馆藏 | 四卷,补一卷。伏胜撰,郑玄注,惠栋辑补,翁方纲批校 |
| 钞本 | 说文校勘记 | | | 上海图书馆藏 | 三卷,清道光十二年叶名沣辑钞何焯、惠栋、王念孙各一卷 |
| 刻本线善 | | | 隶续 | 上海图书馆藏 | |
| 刻本线善 | | | 说文解字系传 | 上海图书馆藏 | 四十卷 |
| 刻本线善 | | | 说文解字三种校本 | 上海图书馆藏 | 明万历二十六年陈大科刊本(国图本) 明汲古阁刻本十五卷(上图、复旦、东北师大、湖北师大藏本) 朱氏椒华吟舫刻本(浙图本) 明岱云楼刻本(中山藏本)十五卷 |
| 刻本线善 | | | 尔雅 | 上海图书馆藏 | 三卷 |
| 刻本线善 | | | 群经音辨 | 上海图书馆藏 | 七卷 |

（续表）

| 重要版本存在形式 | 书名 | | | 版本及馆藏情况 | 备 注 |
|---|---|---|---|---|---|
| | 撰著 | 辑佚 | 批校 | | |
| 刻本线善 | | | 尔雅 | 上海图书馆藏 | 三卷 |
| 刻本线善 | | | 经典释文 | 上海图书馆藏 | 三十卷 |
| 钞本 | | 汉事会最 | | 国家图书馆藏 | 二十四卷，周星诒跋 为纂《后汉书补注》而荟萃的资料 |
| 钞本 | 五经条辨义例 | | | 北京大学图书馆藏 | 有《诗条辨》《春秋条辨》《礼记条辨》《易条辨》与《书条辨》五种 |
| 钞本线善 | 惠定宇先生所定考古应查之书 | | | 清黄安涛编《真有益斋钞书》四种之一，山东省图书馆藏 | 一卷，王献唐先生校并跋 |
| 钞本线善 | | | 孔子家语 | 上海图书馆藏 | 十卷 |
| 刻本 | | | 论衡 | 《中国子学名著集成》本 | 三十卷 |
| — | | 九经会最 | | 未见 | 惠氏《精华录训纂》中屡屡称引《九经会最》 |
| — | | 博物记 | | 未见 | 《清史艺文志拾遗·子部·杂家类》著录 |
| — | | 增辑松崖文钞 | | 未见 | 王欣夫先生辑本，今不见 |

（续表）

| 重要版本存在形式 | 书名 | | | 版本及馆藏情况 | 备注 |
|---|---|---|---|---|---|
| | 撰著 | 辑佚 | 批校 | | |
| 一 | 渔洋山人精华录笺注 | | | 未见 | 王欣夫先生《蛾术轩箧存善本书录》下册第1031页著录 |
| 一 | 竹南漫录 | | | 未见 | 惠氏注《渔洋山人精华录》时，屡引《竹南漫录》 |
| 一 | 更定四声稿 | | | 未见 | 惠栋《周易本义辨证》卷一曰："志，应也。应与中韵，详余所撰《更定四声》。" |
| 一 | 续汉制考 | | | 未见 | |
| 一 | | 诸史会最 | | 未见 | |
| 一 | 惠氏百岁堂书目 | | | 未见 | 《苏州府志》载"《惠氏百岁堂书目》三卷" |
| 一 | 王氏书目 | | | 未见 | 翁方纲《复初斋文集》卷二七《题王文简载书图》自注曰："惠定宇所录《王氏书目》，凡一百三种。" |

(续表)

| 重要版本存在形式 | 书名 | | | 版本及馆藏情况 | 备 注 |
|---|---|---|---|---|---|
| | 撰著 | 辑佚 | 批校 | | |
| 一 | 惠氏铭状集 | | | 未见 | 清吴修《昭代名人尺牍》卷二一录惠栋手书"附到《礼说》一种及先人《名状》三册,又栋所注《渔洋诗》并呈教正" |
| 一 | 唐写本毛诗传笺 | | | 未见 | 《清史稿艺文志·经部·诗类》著录 |

# 参考文献

## 一、惠栋著述类

（清）惠栋.春秋左传补注,阮元编.清经解（第 2 册）.上海书店出版社,1988.
（清）惠栋.古文尚书考.续修四库全书（第 44 册）.上海古籍出版社,1995.
（清）惠栋.后汉书补注.续修四库全书（第 270 册）.上海古籍出版社,1995.
（清）惠栋.惠氏读说文记.中华书局,1991.
（清）惠栋.九经古义.中华书局,1985.
（清）惠栋.九曜斋笔记.丛书集成续编（第 92 册）.上海书店出版社,1994.
（清）惠栋.松崖笔记.丛书集成续编（第 92 册）.上海书店出版社,1994.
（清）惠栋.荀子微言.续修四库全书（第 932 册）.上海古籍出版社,1995.
（清）惠栋.中庸注.续修四库全书（第 159 册）.上海古籍出版社,1995.
（清）惠栋.周易本义辨证.续修四库全书（第 21 册）.上海古籍出版社,1995.
（清）惠栋.周易述（附《易例》《易汉学》）.中华书局,2007.
（清）惠栋.禘说.续修四库全书（第 108 册）.上海古籍出版社,1995.
（清）惠栋.明堂大道录.续修四库全书（第 108 册）.上海古籍出版社,1995.
（清）惠栋.周易讲义合参.上海图书馆藏手稿本.

## 二、研究参考著作类

（东汉）王符.潜夫论.上海古籍出版社,1978.
（东汉）刘熙撰,（清）毕沅疏证,王先谦补.释名疏证补.中华书局,2008.
（梁）萧统编,（唐）李善注.文选注.上海古籍出版社,1986.
（明）傅逊.春秋左传注解辨误.明万历十三年日殖斋刻本.
（东汉）许慎撰,（清）胡重临惠士奇、惠栋、胡士震、胡仲澐校.说文解字.清初毛氏汲古阁刻本.

(东汉)许慎撰,纪心斋录,惠栋校.说文解字.清初毛氏汲古阁刻本.

(清)陈奂.诗毛氏传疏.山东友谊书社,1992.

(清)戴震.戴震集.上海古籍出版社,1980.

(清)丁寿昌.读易会通.大孚书局有限公司,2010.

(清)段玉裁.说文解字注.浙江古籍出版社,1998.

(清)段玉裁.古文尚书撰异.续修四库全书(第46册).上海古籍出版社,1995.

(清)桂馥.说文解字义证.齐鲁书社,1987.

(清)洪亮吉.春秋左传诂.中华书局,2004.

(清)洪颐煊.读书丛录.商务印书馆,1936.

(清)胡承珙.毛诗后笺.黄山书社,1999.

(清)江藩著,漆永祥笺.汉学师承记笺释.上海古籍出版社,2006.

(清)江声.尚书集注音疏.续修四库全书(第44册).上海古籍出版社,1995.

(清)李慈铭撰,由云龙辑.越缦堂读书记.上海书店出版社,2000.

(清)李桓.国朝耆献类征初编.明文书局,1985.

(清)梁启超.清代学术概论.上海古籍出版社,1998/2005.

(清)梁启超.中国近三百年学术史.天津古籍出版社,2003.

(清)梁玉绳.史记志疑.中华书局,1981.

(清)卢文弨.抱经堂文集(卷二).九经古义序.清乾隆六十年刻本.

(清)马瑞辰.毛诗传笺通释.中华书局,1989.

(清)皮锡瑞.经学历史.中华书局,1981.

(清)皮锡瑞.经学通论.中华书局,1982.

(清)皮锡瑞.今文尚书考证.中华书局,1989.

(清)钱大昕.嘉定钱大昕全集.江苏古籍出版社,1997.

(清)钱大昕.潜研堂集.上海古籍出版社,1989.

(清)钱大昕.十驾斋养新录.江苏古籍出版社,2000.

(清)阮元.十三经注疏.上海古籍出版社,1997.

(清)王国维.古史新证.清华大学出版社,1994.

(清)王国维.观堂集林.中华书局,1959.

(清)王鸣盛.十七史商榷.上海古籍出版社,2016.

(清)王念孙.读书杂志.中国书店,1985.

(清)王念孙.广雅疏证.江苏古籍出版社,1984.

(清)王先谦.后汉书集解.中华书局,1984.

(清)王引之.经传释词.江苏古籍出版社,2000.

(清)王引之.经义述闻.江苏古籍出版社,2000.

(清)吴玉搢.说文引经考.续修四库全书(第223册).上海古籍出版社,1995.

(清)孙诒让.周礼正义.中华书局,1987.

(清)余萧客.古经解钩沉.山东友谊出版社,1993.

(清)臧庸.拜经日记.清嘉庆二十四年武进臧氏拜经堂刻本.

(清)朱骏声.说文通训定声.中华书局,1998.

(清)朱克敬.儒林琐记.清代野史(第五辑).中国人民大学出版社,2006.

(清)永瑢、纪昀等.四库全书总目提要.河北人民出版社,2000.

(日)竹添光鸿.左传会笺.富山房编辑局,1911.

惠仰泉主修.惠氏宗谱.无锡艺海美术印书馆,1947.

黄侃.黄侃论学杂著.上海古籍出版社,1980.

白兆麟.新著训诂学引论.上海辞书出版社,2005.

张振镛.国学常识答问.商务印书馆,1936.

台湾"国家图书馆"特藏组编."国家图书馆"善本书志初稿."国家图书馆"出版,1996.

周法高.金文诂林.香港中文大学出版社,1975.

白兆麟.新著训诂学引论.上海辞书出版社,2005.

蔡可园.清代七百名人传.上海世界书局,1937.

岑溢成.诗补传与戴震解经方法.文津出版社,1992.

陈寿熊.读易汉学私记.艺文印书馆,1970.

陈祖武.清儒学术拾零.湖南人民出版社,1999.

陈祖武.中国学案史.文津出版社,1994.

陈文和主编.嘉定钱大昕全集.江苏古籍出版社,1997.

程俊英,梁永昌.应用训诂学.华东师范大学出版社,1989.

程千帆.校雠广义.齐鲁书社,1998.

(清)程瑶田.程瑶田全集.黄山书社,2008.

楚永安.文言复式虚词.中国人民大学出版社,1986.

崔大华.儒学引论.人民出版社,2001.

(清)戴震.戴东原文集(增编本).黄山书社,2008.

(清)戴震.戴震全书.黄山书社,1994.

邓升国.清代礼仪文献研究.上海古籍出版社,2006.

丁福宝.说文解字诂林.云南人民出版社,2006.

董洪利.古籍的阐释.辽宁教育出版社,1995.

方东树.汉学商兑.三联书店,1998.

冯桂芬等.中国地方志集成.上海书店出版社,1996.

冯浩菲.中国训诂学.山东大学出版社,1997.

傅举有,陈松长编著.马王堆汉墓文物·图版.湖南出版社,1992.

顾颉刚.古史辨.上海古籍出版社,1982.

顾震涛.吴门表隐.江苏古籍出版社,1999.

(清)顾炎武.顾亭林诗文集.中华书局,2008.

管燮初.西周金文语法研究.商务印书馆,1981.

郭沫若.殷周青铜器铭文研究.社会科学出版社,1961.

郭在贻.郭在贻文集.中华书局,2002.

何九盈,胡双宝,张猛.中国汉字文化大观.北京大学出版社,1995.

何九盈.中国古代语言学史.广东教育出版社,2000.

胡朴安.中国训诂学史.上海书店出版社,1983.

胡奇光.中国小学史.上海人民出版社,1987.

(清)胡玉缙撰、王欣夫辑.许庼学林.中华书局,1958.

黄侃.黄侃国学讲义录.中华书局,2006.

黄治安主编.唐代四大类书(第三册)初学记.清华大学出版社,2003.

黄金贵.古代文化词义集类辩考.上海教育出版社,1995.

黄侃.黄侃国学讲义录.中华书局,2006.

黄侃.文字声韵训诂笔记.上海古籍出版社,1983.

蒋绍愚.古汉语词汇纲要.商务印书馆,2005.

李建国.汉语训诂学史.上海辞书出版社,2002.

李开.戴震评传.南京大学出版社,1992.

李孝定.甲骨文字集释.商务印书馆,1980.

梁东汉.新编说文解字.山西教育出版社,2006.

梁启超.饮冰室合集.中华书局,1989.

林庆彰主编.乾嘉学术研究论著目录.台湾"中央研究院"中国文哲研究所筹备处,1995.

刘复.中国文法讲话.北新书局,1993.

刘明水.国学纲要.商务印书馆,1947.

刘起釪.古史续辨.中华书局,1989.

陆忠发.现代训诂学谈论.浙江大学出版社,2008.

陆宗达,王宁.训诂与训诂学.山西教育出版社,1994.

马景仑.段注训诂研究.江苏教育出版社,1997.

漆永祥.乾嘉考据学研究.中国社会科学出版社,1998.

马叙伦.说文解字研究法.商务印书馆,1933.

潘景郑.著砚楼读书记.辽宁教育出版社,2002.

濮之珍.中国语言学史.上海古籍出版社,1987.

齐佩瑢.训诂学概论.中华书局,1984.

钱穆.中国近三百年学术史.中华书局,1987.

钱仪吉编.碑传集.文海出版社,1985.

钱宗武.今文尚书语言研究.岳麓书社,1996.

裘燮君.商周虚词研究.中华书局,2008.

桑兵.国学与汉学.浙江人民出版社,1999.

沈从文.中国古代服饰研究.上海书店出版社,2005.

沈兼士.沈兼士学术论文集.中华书局,1986.

沈玉成,刘宁.春秋左传史稿.江苏古籍出版社,1992.

宋永培.当代中国训诂学.广东教育出版社,2000.

童书业.春秋左传研究.上海人民出版社,1980.

王力.清代古音学.中华书局,1992.

王力.王力语言学论文集.商务印书馆,2003.

王宁.训诂学 高等教育出版社,2004.

王宁.训诂学原理.中国国际广播出版社,1996.

王桐龄.中国史.江西人民出版社,2008.

王欣夫.蛾术轩箧存善本书录.上海古籍出版社,2002.

王钟翰.清史列传.中华书局,1987.

王重民等编.清代文集篇目分类索引.中华书局,1965.

吴德旋.初月楼续闻见录.文海出版社,1987.

邢福义.现代汉语.高等教育出版社,2004.

徐复.后读书杂志.上海古籍出版社,1996.

徐复.徐复语言文字学丛稿.江苏古籍出版社,1990.

徐世昌.清儒学案.中国书店,1990.

杨伯峻.中国文法语文通解.商务印书馆,1936.

杨伯峻.春秋左传注.中华书局,2009.

杨树达.积微居小学金石论丛.中华书局,1983.

杨向奎.清儒学案新编.齐鲁书社,1985—1988.

杨向奎.中国古代社会与古代思想研究.上海人民出版社,1964.

姚淦铭.王国维文献学研究.江苏古籍出版社,2001.

殷寄明.语源学概论.上海教育出版社,2000.

殷孟伦.子云乡人类稿.齐鲁书社,1985.

余嘉锡.四库全书辨证.中华书局,1985.

袁庭栋.解密中国古代战争.山东画报出版社,2008.

张慧剑.明清江苏文人年表.上海古籍出版社,1986.

张舜徽.清人笔记条辨.中华书局,1986.

张舜徽.清儒学记.齐鲁书社,1991.

张舜徽.郑学丛著.齐鲁书社,1984.

张舜徽.中国古代史籍校读法.云南人民出版社,2004.

张舜徽.中国文献学.中州书画社,1982.

张鹏飞.洪亮吉左传诂斠正.商务印书馆,1996.

张涛、陈修亮.周易述导读.齐鲁书社,2007.

章太炎.章太炎全集.上海人民出版社,1984.

赵尔巽.清史稿.中华书局,1998.

支伟成.清代朴学大师列传.岳麓书社,1998.

朱承平.异文类语料的鉴别与应用.岳麓书社,2005.

郑朝晖.述者微言——惠栋易学的"逻辑化"世界.人民出版社,2009.

## 三、研究参考文章类

(清)戴震.题惠定宇先生授经图//戴震文集.中华书局,1980.

(清)段玉裁.与刘端临第二十三书//经韵楼集补编(卷下)//段玉裁遗书.

(清)彭启丰.惠定宇传//国朝耆献类征初编(卷四一九),第46函,武汉大学古籍馆.

(清)朱绶.传经图序//国朝耆献类征初编(卷四一九),第46函,武汉大学古籍馆.

(清)王念孙.说文解字序.段玉裁.说文解字注.浙江古籍出版社,2002.

(清)王引之.与焦理堂先生书.王文简公文集//高邮王氏遗书(上虞罗氏辑本).上海古籍出版社,1995.

(清)陈黄中.惠征君栋墓志铭//碑传集(第11册).中华书局,1993.

(清)钱大昕.惠先生栋传//潜研堂集.上海古籍出版社,1989.

蔡孝怿.惠栋《春秋左传补注》之研究.高雄师范大学国文学系硕士论文,1997.

岑溢成.训诂学与清儒训诂方法.香港中文大学新亚研究所博士论文,1996.

陈旦.清儒治文字学之派别及其方法述略.国学丛刊,1923,1(2).

于亭.异文用于训诂实践的历史透视.长江学术,2009(3).

陈居渊.清代的家学与经学——兼论乾嘉汉学的成因.汉学研究,1998(2).

陈修亮.乾嘉易学三大家研究.山东大学博士论文,2005.

陈修亮.试论惠栋《周易述》的治易特色.周易研究,2005(1).

陈智贤.清儒以《说文》释诗之研究.台湾政治大学中国文学研究所博士论文,1997.

陈蒲清.《尚书·洪范》作于周朝初年考.湖南师范大学学报,2003(1).

程克雅.乾嘉学者"以例释礼"解经方式比较研究.台湾师范大学国文研究所博士论文,1998.

程嫩生.论惠栋、戴震治诗中的信古与求是——兼论吴、皖学派分帜问题.社会科学战线,2005(6).

董志翘.故训资料的利用与古汉语词汇研究.中国语文,2005(3).

董志翘.训诂学与汉语史研究.语言研究,2005(2).

杜维运.清盛世的学术工作与考据学的发展(台湾).大陆杂志,1964,28(9).

耿志宏.惠栋之经学研究.台湾政治大学中国文学研究所硕士论文,1984.

顾颉刚.清代汉学家治学精神与方法//现代名人演讲集.商务印书馆,1937.

贺基德.释"静言庸违".宁夏社会科学,1991(2).

胡自逢.吴门三惠——惠周惕惠士奇惠栋(台湾).国语日报,1967(11).

黄德宽.关于古代汉字字际关系的确定.中国文字研究(第四辑).广西教育出版社,2003.

黄顺益.戴震与惠栋的学术关系.孔孟月刊,2000,38(11).

黄克武.清代考证学的渊源——民初以来研究成果之评价.近代中国史研究通讯,1991(11).

黄丕烈.明道本国语校刊札记//国语:后附.商务印书馆,1958.

黄顺益.惠栋的成学历程.人文及社会学科教学通讯,2000(5).

黄顺益.惠栋、戴震与乾嘉学术研究.台湾中山大学中国文学研究所博士论文,1998.

江弘远.惠栋易例研究.台湾师范大学国文研究所硕士论文,1988.

康全诚.清代易学八大家研究.中国文化大学中国文学研究所博士论文,2003.

来新夏.清代考据学述论.南开大学学报,1983(3).

李亚明.训诂学研究方法的继承与创新.古籍整理研究学刊,1995(6).

梁一成.吴门三惠所著书目.书和人,1967(70).

刘墨.乾嘉学术的知识系谱.南京师范大学博士论文,2003.

刘师培.近儒学术统系论//刘师培经典文存.上海大学出版社,2004.

吕美琪.惠栋毛诗古义研究.彰化师范大学国文学系硕士论文,1998.

阙育铃.惠栋《读说文记》研究.台湾成功大学历史语言研究所硕士论文,1988.

漆永祥.《四库总目提要》惠栋著述纠误.文史,2000(4).

漆永祥.东吴三惠诗文集整理记.古籍整理研究学刊,2005(3).

漆永祥.东吴三惠著述考.国学研究(第十四卷).北京大学出版社,2004.

漆永祥.惠栋易学著述考.周易研究,2004(3).

漆永祥.惠栋与古籍整理.古籍整理研究学刊,1992(1).

钱宗武.洪范"者"字辩——兼谈"者"的词性.古汉语研究,1991(4).

钱慧真.惠栋研究述评.殷都学刊,2009(6).

钱慧真.惠栋《春秋》学研究,南京师范大学文学院学报,2010(4).

钱慧真.《尚书·尧典》"庸违"考.古籍整理研究学刊,2010(5).

钱慧真.《左传》疑义新证,广西社会科学,2011(1).

钱慧真.《诗经》"中、名"结构存在与消失的原因.古汉语研究,2015(2)

钱慧真.《惠氏读说文记》系惠士奇、惠栋父子所作,图书馆理论与实践,2011(2)

杨国荣.清代朴学方法发微.华东师范大学学报(哲学社会科学版),1985(4).

余英时.清代思想史的一个新解释//中国思想传统的现代诠释.江苏人民出版社,1995.

三英.惠栋的治学思想.社会科学辑刊,1993(3).

孙剑秋.惠栋易学著作特色及其贡献述评.台北师范学院学报,2003(1).

孙剑秋.清代汉学成原因述论//第二届清代学术研讨会论文.台湾中山大学中国文学系,1991.

孙剑秋.清代吴派经学研究.台湾政治大学中国文学研究所博士论文,1992.

汪学群.论惠栋复兴汉儒易学的学风.中国史研究,2005(4).

王应宪,杨翔宇.惠栋"通经致用"思想及其学术转型意义.重庆社会科学,

2006(12).

王应宪.东吴三惠研究述评.兰州学刊,2007(2).

王应宪.清代吴派学术研究.华东师范大学出版社,2009.

杨旭辉.吴中惠氏经学平议.漳州师范学院学报,2004(4).

杨鹍国."康回"与苗族关系管窥.贵州民族研究,1985(3).

尹彤云.惠栋《周易》学与九经训诂学简评.宁夏社会科学,1997(1).

尹彤云.惠栋学术思想研究.清史研究,1999(2).

于省吾.从古文字学方面来评判清代文字、声韵、训诂之学的得失.历史研究,1962(6).

张素卿."经之义存乎训"的解释观念———惠栋经学管窥//乾嘉学者的义理学.台湾"中研院"中国文哲研究所,2003.

张素卿.惠栋《毛诗古义》与清代诗经学//第六届《诗经》国际学术研讨会论文.

张素卿.惠栋的春秋学.台大文史哲学报,2002(57).

郑朝晖.略论惠栋的考据学特色与既济思想——以《易大义》为例.周易研究,2005(1).

郑朝晖.略论惠栋重构汉学的方法.安徽大学学报,2005(6).

郑朝晖.述者微言——惠栋易学研究.武汉大学博士论文,2002.

周祖谟.清代的训诂学//周祖谟语言文史论集.浙江古籍出版社,1988.

朱俊明.论汉晋以前武陵民族成份及民族来源.贵州民族研究,1982(2).

# 后 记

　　时光荏苒,从此书完成至今已七年。今日细细读来,旧日里求学的经历、生活的场景一幕幕涌现于眼前。

　　我首先要感谢我的硕士、博士导师——山东大学徐超教授。2003年6月,我本科毕业,因家庭条件不好,父母想让我直接去工作。但执拗而又热爱读书的我,偏偏又瞒着父母考上了研究生。当时家里的情况,根本无力再为我承担每年一万块钱的学费。徐老师听说后,多次找学校,为我申请到了山东省政府委托培养的奖学金,还亲自给我父母打电话,评说读研的好处,安慰父母不需要花钱。研究生毕业,徐老师又鼓励我读博士。在山东大学六年的时间里,徐老师以严谨的态度、广博的学识引导我一步步走上了学术之路。博士毕业后,徐老师又分析当下形势,极力劝我不找工作,全脱产直接到南京师范大学董志翘先生那里做博士后。当时我还有些犹豫,徐老师说:"没有家庭、工作的拖累,全身心地做学术也就这两年,等工作等成家了时间就被打散了。"现在每日里为工作、家庭琐事忙碌,当夜深人静,孩子老人睡去、家务忙清、学生作业改完,再咬着牙拖着疲惫的身躯准备读专业书、写论文的时候,总会想起徐老师的话。徐老师是我的第一位学术导师,又是我的人生导师。

　　2009年6月承蒙董志翘先生不弃,忝入董门之列,开始了为期两年的博士后研究工作。因博士、硕士论文都和训诂学史相关,所以,董老师很快为我划定了研究范围,他认为惠栋在清代训诂学史上占据着重要的地位,但其训诂学成就很少有人进行专门研究。所以我就确定了选题,并展开了相关的研究。在这期间,董老师给予了最大的引导和帮助。虽名义上是博士后的合作导师,但董老师从没对我放低要求,从篇章布局到遣词造句,都给予了细心和耐心的指导。小书蕴含了先生的无数心血,但是距先生的要求距离还很远,唯有来日更加努力,不让先生失望。

在做博士后期间,我跟随董先生左右,先生对学术动态的准确把握,对语言现象的精准洞察,对域外境内的各种语料如数家珍,往往使我惊叹不已。但最让我感动的还是先生对晚辈后生不遗余力的提携帮助。他为在校的学生写各种推荐信,为已经毕业的学生申请项目操心,一遍遍帮助修改申请书,写跋序语。无论新老学生,事无巨细,每求必应。师母张意馨教授,是我们董门学生的母亲。董老师的硕士生、博士生有100多人,师母对每个学生的情况都了如指掌,甚至对毕业十年二十年的学生依然记忆犹新。每逢节日师母都会让我们到家里去,亲手为我们做"董门大虾""红烧肉""卤鸭蛋"等各种美味佳肴。

最后,还要感谢我的父母。他们一辈子在黄土地上辛勤地劳作,没有多高的文化水平,母亲甚至不认识几个字,他们不会用高深的语言、先进的方法教育子女,但他们坚韧热情、质朴善良的品行潜移默化地影响着儿女们。他们将以诚待人的热情和不怕吃苦的精神、质朴善良的品格传承给了我,这也成了我在这个世界上的立身之本。我的丈夫刘国强,自2006年相识至今已走过12个春秋,不论多困难,不论我做什么决定,他都在身后默默地支持我。父母、丈夫的理解支持,一直是我最大的精神支柱。

我的同门,赵家栋、李明龙、张春雷、张俊之为肺腑之交,朱乐川、吴淞、董守志、李彬为莫逆之交,崔兰、洪晓婷、姜黎黎为胶漆之交,等等,不一而足。我们经常在一起切磋学问、吃饭喝酒、斗嘴取乐，一幕幕温馨的画面令人难忘。

  自从2011年6月进入南京师范大学国际文化教育学院工作至今，学院各位领导在学术上给予了莫大的鼓励和支持，并全力资助出版。最后，还要感谢母校出版社，为拙作申报江苏省"十三五"重点图书出版规划项目，并有幸入列。由于时间有限，难免还有诸多疏漏讹误，还请读者不吝赐教。

钱慧真
2017年10月30日于石头城下
2018年7月17日改定